我 在 南 非 二 十 年

梵澄译丛·主编闻中

我在南非二十年

［印］莫罕达斯·卡拉姆昌德·甘地 著

黄迎虹 译

广西师范大学出版社
·桂林·

总顾问

高世名

顾　问

（以姓氏笔画为序）

王志成

毛世昌

卢勇

乐黛云

孙波

孙向晨

杜伽南达

吴学国

张颂仁

高世名

雷子人

主　编

闻中

前　言

我们之所以将甘地吉①（Gandhiji）的著作纳入《甘地文集》中，是因为近年来在世界各地日益兴起了"消极抵抗"或者"萨提亚格拉哈"（Satyagraha，或"坚持真"）浪潮。马丁·路德·金博士，这位伟大的美国黑人运动领袖，就是圣雄甘地的热忱信徒，他在美国发动的黑人公民权利运动很大程度上是按照"坚持真"模式运作的。最近的捷克事件②也充分说明了非暴力不合作和"消极抵抗"是对抗外敌入侵的一种可行手段。在现代一些西方思想家的眼里，"坚持真"已然成为一种"合乎道德的战争替代物"。

甘地吉最初采用古吉拉特语撰写了他在南非的非暴力抗争历史，这部著作的英文版首版于1928年出版。其后至今，该著作已有了几个版本。我们衷心地希望，这部著作对那些于甘地主义的"坚持真"斗争有浓厚兴趣的人能有所裨益，这种斗争是反抗社会、经济和政治不公、抵御侵害个人和国家自由等种种暴行的有力武器，正如甘地吉

---

① 印度人尊称领袖或长辈为吉（ji）。——译者注
　以下注释除特殊标明外皆为译者注，不再一一标出。
② 指1968年8月捷克发生"布拉格之春"这一改革运动而招致以苏联为首的华约五国武装干涉。其间，捷克民众曾为此发动反对外部干涉的运动。

所言:"'坚持真'是一种无与伦比、无坚不摧的武器,那些能驾驭它的人将夙愿成真,永不失败。"

什里曼·纳拉扬

艾哈迈达巴德·拉吉·巴万

1968年10月24日

英文译者序

（第二版）

本版本是对第一版的重印。在我的请求下，我的朋友维耶·埃尔温（Verrier Elwin）先生通读全文并提出了几处修改建议。此外，全文基本不变。

V. G. 德赛

（旧历）2006年巴德拉帕德·克里希那月6日

（St 2006 Bhadrapad krishna 6）

（第三版）

在这里，我很荣幸地对C. F. 安德鲁斯（C. F. Andrews）先生、达塔查亚·巴尔克里斯那·卡乐尔卡尔（Dattatraya Balkrishna Kalelkar）先生和阿贝查德·戈温德吉·德赛（Abhechand Govindji Desai）先生表示衷心的感谢，他们在最前面的几个章节里给我提出了弥足珍贵的修改意见。

V. G. 德赛

（旧历）2017 年阿萨德哈·克里希那月 5 日

（St 2017 Ashadha krishna 5）

目 录

导 言 \ 001

第一章 地 理 \ 002

第二章 历 史 \ 006

第三章 印度人来到南非 \ 017

第四章 对悲惨经历的回顾：纳塔尔 \ 022

第五章 对悲惨经历的回顾：德兰士瓦和其他殖民地 \ 027

第六章 对早期斗争的回顾 \ 033

第七章 对早期斗争的回顾（续前章）\ 042

第八章 对早期斗争的回顾（结尾）：在英国的工作 \ 056

第九章 布尔战争 \ 059

第十章 战争之后 \ 069

第十一章 对温顺的回报：黑暗法令 \ 082

第十二章 "坚持真"的到来 \ 088

第十三章 "坚持真"与"消极抵抗"\ 095

第十四章 派代表团前往英国 \ 100

第十五章 伪善政策 \ 107

第十六章 艾哈迈德·穆罕默德·卡查理亚 \ 110

第十七章 不和之兆 \ 117

第十八章 第一个"坚持真"囚犯 \ 120

第十九章 《印度舆论》\ 123

第二十章 连续被捕 \ 126

第二十一章 第一个协议 \ 134

第二十二章　反对与袭击 \ 137

第二十三章　欧洲人的支援 \ 150

第二十四章　更多内部纠纷 \ 159

第二十五章　史沫资将军背信弃义？\ 164

第二十六章　重新发起运动 \ 172

第二十七章　焚证之火 \ 176

第二十八章　被指责妄生事端 \ 179

第二十九章　索罗布吉·萨普拉吉·阿达加尼亚 \ 183

第三十章　达乌德·穆罕默德先生等人加入 \ 188

第三十一章　驱逐出境 \ 193

第三十二章　第二次派遣代表团 \ 199

第三十三章　托尔斯泰农庄之一 \ 204

第三十四章　托尔斯泰农庄之二 \ 207

第三十五章　托尔斯泰农庄之三 \ 214

第三十六章　戈克利到访 \ 228

第三十七章　戈克利到访（结尾）\ 235

第三十八章　背信弃义 \ 239

第三十九章　当婚姻不再是婚姻 \ 243

第四十章　狱中的妇女 \ 249

第四十一章　一群劳工 \ 253

第四十二章　会面及以后 \ 258

第四十三章　穿越边境 \ 263

第四十四章　伟大征程 \ 267

第四十五章　全部入狱 \ 272

第四十六章　考　验 \ 279

第四十七章　结局浮现 \ 284

第四十八章　初步协议 \ 290

第四十九章　信件往来 \ 293

第五十章　运动结束 \ 297

结　语 \ 300

导　言

瓦尔吉·德赛先生[①]的译本经过了我的修订。我可以保证，在译者的辛劳之下，古吉拉特文原著的精神得到了完美的保存。原本各章节根据我的记忆撰写而成，其中部分在耶罗伐达监狱完成，部分在我提前出狱后完成。译者对这段历史非常熟悉，并精心研读了《印度舆论》中的相关文献，一旦发现我的回忆有误，就马上予以修正。因此读者与我都要庆幸，虽然没有参考资料，但本文并无什么纰漏。毫无疑问，我要提醒大家的是，那些每周追读《我体验真理的故事》一个章节的读者们，如果你们也想要掌握我体验真理过程的全部细节，不应错失这部关于"萨提亚格拉哈"的著述。

M.K.甘地

---

① 即前文的V.G.德赛先生。

第一章 地 理

非洲是世界上最大的洲之一。印度被认为是一个洲，而非一个国家。但单就地域而言，非洲可以抵上四五个印度。人们普遍认为非洲是世界上最热的地方，某种程度上说，事实确实如此。赤道穿过非洲，印度人无法想象赤道附近的国家有多么炎热。我们在印度最南端感受到的酷暑可以让我们有些体会。但是南非却并非如此，因为远离赤道，南非的许多地方天气温和舒适，即便欧洲人也可以舒舒服服地在那里安居乐业。但是，欧洲人要在印度定居却相当困难。况且南非和西藏地区、克什米尔（Kashmir）一样，有许多高地，其高度又不像西藏地区那样达到1万英尺乃至1.4万英尺；所以空气干燥、凉爽，适宜居住，有些地方还被荐为休假胜地。其中有个名为约翰内斯堡（Johannesburg）的地方，号称南非的黄金之城。五十年前，那里遍地荒芜、杂草丛生，但自从发现黄金矿后，高楼大厦如变戏法般纷纷建立起来，现在遍地都是金碧辉煌的建筑了。富人们以一棵树苗1基尼（guinea）①的价格从欧洲以及南非土地肥沃的地方购买树苗移植当地。那些对这里的历史一无所知的游客，还误以为这些树木是土生

---

① 英国旧货币单位，1基尼等于21先令。

土长的呢!

我无意对南非各处一一描述,我只谈与本书主题有关的地方。除了一部分地方由葡萄牙人控制外,南非的其他地方都归英国管辖。葡萄牙属地被称为德拉瓜湾(Delagoa Bay),是印度轮船到达南非必经的第一个港口。继续南行,便是英国在南非的第一个殖民地纳塔尔(Natal)省,其主要海港是纳塔尔港——在南非,人们喜欢以德班(Durban)称呼它。德班是纳塔尔省最大的城市。纳塔尔的首府彼得马里茨堡(Pietermaritzburg),距德班约60英里,坐落在海拔2000米的内陆高地上。德班的天气类似孟买,只是更寒冷些。越过纳塔尔再往内陆走,便是德兰士瓦(Transvaal),那里富产黄金,矿物远销世界各地。几年前,人们还在那里发现了许多(包括世界上最大的)钻石矿。其中有一种被矿主称作"古力兰"(Gullinan)的钻石,重达3000多克拉或者超过4/3磅——要知道,著名的"科依诺尔"(Kohinoor)钻石[①]只有100克拉,俄国的王牌钻石"欧拉夫"(Orloff)也才200克拉!

约翰内斯堡虽是金矿中心,附近也盛产钻石,但却不是德兰士瓦的首府。其首府比勒陀利亚(Pretoria),距离约翰内斯堡约36英里。在比勒陀利亚,其主要居民是官员、政客以及任人驱使的平民百姓,因此相对安宁平静。相比之下,约翰内斯堡的人们就显得车水马龙了。来自印度乡村或小城镇的人定会对孟买的喧嚣繁杂倍感厌烦,同样地,来自比勒陀利亚的人也会对约翰内斯堡深有同感。毫不夸张地说,约翰内斯堡人走路简直不是步行,而是在奔跑。没人有闲

---

① 皇冠钻石,英国王室收藏的印度产的大钻石。

暇关心他人，所有人都在忙忙碌碌中追名逐利。离开德兰士瓦再往内陆西行，人们将抵达奥伦治自由邦（Orange Free State）或奥伦治亚（Orangia）。奥伦治亚首府布隆方丹（Bloemfontein）是一个安静的小镇，那里没有德兰士瓦那样的矿产。从这里出发，只需几个小时的火车就可抵达南非最大殖民地——海角殖民地（Cape Colony），其首府也是南非最大海港——开普敦（Cape Town）。这个海港位于好望角（Cape of Good Hope），"好望角"一词是由葡萄牙的约翰国王命名的，这位国王希望臣民们可以据此找到更快捷的通往印度的新航道——这在当时是航海事业最伟大的目标。

除隶属于英国的这四个主要殖民地外，还有若干受英国人"保护"的地区，居住着一些早在欧洲人到来之前就迁居于此的民族。

南非的主要产业是农业，这里最适合发展农业。部分地区阳光充足，土地肥沃。玉米作为主要作物，因为耕种不太费力，成为当地黑人的主要食物。另外有些地区主要种植小麦。南非的水果也非常出名。纳塔尔盛产种类繁多且美味的香蕉、木瓜、菠萝，其产量很大，即使是贫贱人士也可轻易获得。在纳塔尔及其他殖民地，橙子、桃子和杏仁产量巨大，需要成千上万的劳动力收摘果实。海角殖民地则是葡萄和李子产地。很少有地方可以盛产如此鲜美诱人的葡萄。每逢成熟季节，葡萄价格低廉，穷人也能购得许多。在印度人居住的地方，您不可能看不到芒果。印度人在南非广泛种植芒果树，因此其产量相当可观。这里的许多品种完全可以与孟买最好的品种相媲美。在土地肥沃的地方，人们也种植蔬菜，可以说，印度人将母国的几乎所有品种的蔬菜都移植于此，以供食用。

这里蓄养着大量牛只。与印度牛只相比，这里不论是母牛还是阉牛都体形庞大，体格健壮。每当我在声称保护"圣牛"的印度看到牛只与民众同样羸弱时，总是倍感羞耻，心如刀割。在南非，我四处奔走、所见甚广，从未见过一头羸弱的牛。

大自然不只赐予这个国家享用不尽的各种宝物，她也不吝赐予它美丽风景。德班风景如画，开普敦更胜一筹。开普敦位于不高不低的桌山（Table Mountain）山下。一位天资过人的女诗人深深迷恋这里，她在一首诗里写道："此地风景独秀，它处焉能比肩？"这确实有点夸大，但有一点我非常赞同，她说桌山的位置恰使其成为开普敦居民的好友——其高度并不是令人生畏到只能远远朝拜，相反，这种高度刚好供人在山上建屋居住。它傍临海滩，海水清澈、浪花击石，男女老幼尽可满山游逛，欣赏美妙无尽的潮音。树木林立、花朵芬芳、色彩斑斓，这些尽给山脉增添姿色，让人百看不厌，乐而忘返。

南非没有像恒河或印度河那样值得炫耀的河流。只有一些不起眼的小河，河域不广，也没有运河直通高地。再说，没有大河，哪来的运河呢？在南非地表水不足的地方，自流井深埋地底，人们用风车和蒸汽设备进行灌溉。政府大力扶持农业，派遣专家教授耕作技术，建立标准试验田，为农户供应品种优良的牛崽和植物种子，提供低息贷款、鼓励农户挖掘自流井，准许他们分期付款。与此同时，政府还建立带刺的栅栏保护农田。

南非地处赤道之南，印度地处赤道之北，因此两地气候完全不同，季节更替次序相反。比如，我们的盛夏，正是南非的冬末。那里雨季捉摸不定、反复无常，常常不期而至，每年的降雨量很少超过20英寸。

第二章　历　史

前一章所述并非南非的古代地理，人们很难知晓远古时期南非最早原住民的情况。欧洲人迁居南非伊始，就发现黑人已居住于此。人们通常认为，这些黑人是挣脱枷锁后逃至此地的美洲奴隶。他们由祖鲁人（Zulus）、斯威士人（Swazis）、巴苏陀人（Basutos）、贝楚纳斯人（Bechuanas）及其他几个部落族人组成，操各种语言。这些黑人被视为南非原住民。但南非很大，完全可容纳二三十倍于现在黑人数量的人口。从开普敦到德班的火车线路长达1800英里，走海路也不下1000英里。四个殖民地总共有47.3万平方英里。1914年，这里的黑人人口接近500万，而欧洲移民仅有125万。

黑人部落中，祖鲁人最为高大漂亮（handsome）——在此我特意使用"漂亮"一词，因为我们通常以为只有白皙的肤色、挺直的鼻子才算得上漂亮，但是一旦抛弃这种偏见，我们会觉得造物主并不吝于使祖鲁人也趋于完美。祖鲁的男男女女身材高大、比例匀称。他（她）们的肌肉强壮有力，手脚上的肉圆实丰满，很少见到弯腰驼背的人。他们的嘴唇宽大厚实，与体形相称，尤显其体形优美。他们的眼睛又圆又大，鼻子大而扁平，勾勒出脸部的基本轮廓。祖鲁人有一头卷发，凸显其如乌梅般的黝黑肌肤。如果问祖鲁人谁是南非原住民，他们一定会骄傲地击掌示意，毫不犹豫地站在自己民族一边，丝毫没有需要裁决的意思。祖鲁人体格天生强壮健美，绝不需要像欧洲人那样通过健身等运动来锻炼肌肉。很自然地，居住在赤道旁边的民族皮肤黝黑。如果相信"天造之物，必有其美"，我们不仅能避免所有狭隘、片面的审美观，而且印度人也能摆脱因肤色歧视而产生的惭愧和自卑感。

　　黑人们住在由编条和粗灰泥修建的圆形棚屋里。棚屋只有一面圆形的墙壁，上面是由茅草覆盖的屋顶。棚屋里面由一根柱子来支撑。一个只有屈身才能通过的低矮出口，是屋里唯一通气的地方。这个出口几乎安不了一扇门。黑人和我们一样，用泥土和家畜粪便砌墙、铺地。人们常说黑人无法建造方形物体，因为他们的眼睛已习惯于观察和制造圆形物体了。在自然界中，他们看不到任何直线或线状之物，这些可怜的自然之子当然也无从知晓这些形状。

　　房中的家私与简陋的空间相称，无处可容纳桌椅箱柜及其他东西，即便是现在，也看不到这些物品。

　　在欧洲人到来之前，黑人们身披兽衣，以动物毛皮制作地毯、床单和棉被，现在他们改用毛毯了。在英国人统治之前，这里的男男女女几乎都赤身裸体，即使现在，也仍有人如此。他们只用一小块动物皮毛遮掩私处，甚至有人一丝不挂。不可由此就推断这些人完全不懂得控制欲望。不同的社会，风俗各异，很有可能的是，某些社会的风俗完全无害，却被其他社会视为不当。但黑人对外界的看法毫不理睬。当苏卡蒂万（Shukadeva）行路中无意间瞥见一位女士赤裸着身体沐浴时，这位《薄伽梵往世书》(Bhagavata)的作者[1]告诉我们，他的内心很平静，那位女士也没有丝毫羞愧之意。我认为这是最自然不过的了，即使今天的印度，也没有人能做到这般纯洁。这些行为本身不会使我们不洁，问题只是我们自己退化了而已。人们只是因为虚荣而视黑人为野蛮人，事实上，他们绝非如此。

法律要求：黑人妇女去城镇时必须从胸部到膝盖包得严严实实。她们被迫用一块布包住身体。所以那种尺寸的布在南非相当畅销，每年都有成千上万条这样的布从欧洲进口到南非。对于男人，则只要求腰到膝盖的部分必须着装。许多黑人男士开始使用二手欧洲布衣，其他人则穿吊带灯笼裤，这些完全由欧洲进口。

黑人的主要食物是玉米及肉（如果条件允许的话）。幸运的是，他们并不知道什么是调味料。如果发现食物中有作料，哪怕只是调色用的，他们都会把头扭开；那些看起来相当让人不舒服的，更会弃之不用。毫不奇怪，祖鲁人只需一点盐就足以蘸约一磅的玉米。无论是生吃、水煮、烧烤、煎炸，都只加一点点盐。他们很喜欢玉米粥。他们可以毫无禁忌地食用任何动物。

黑人语言按照部落区别，各有不同，书写系统由欧洲引进。在黑人的世界里，并没有所谓"字母表"之类的东西。《圣经》及其他书籍都使用依据黑人语言发音的罗马字母印刷发行。祖鲁人的语言非常有趣。几乎所有的词都以"啊"音结尾，听起来温柔悦耳，既有意义又有诗韵。从我碰巧懂得的几个词来看，我相信自己的判断是准确的。刚才我们所提到的那些地名都有相应甜美而富有诗意的黑人语言

---

[1] 印度圣人苏卡蒂万是广博仙人之子，传说是《薄伽梵往世书》的主要记载者，该书主要记载印度教毗湿奴及其化身克里希那的故事。

发音，可惜我记不起来了。

基督教传教士认为黑人自古便没有宗教。但从广义上讲，我们可以说黑人确实信仰和崇拜某种超越人类的至高存在。他们对这种力量敬畏有加。他们隐约感到肉体的毁灭并不意味着生命的湮灭。如果我们同意"道德是宗教基础"的话，那么可以说，恪守道德规范的黑人也有自己的宗教，他们能明辨是非。实际上，我们及欧洲人能否像黑人原来那样坚持真理，这值得怀疑。他们没有寺庙或类似的场所。但和其他民族一样，他们也有自己的各种迷信习俗。

读者可能会觉得很奇怪，这一身体素质绝不亚于其他任何族群的民族，却对哪怕是欧洲孩童都畏惧有加。一旦被人用枪指着，他们立即逃之夭夭，甚至被吓得动弹不得。其中自有缘由。黑人们已形成一种印象——欧洲人有某种特别魔法，只需一小撮欧洲人就能征服、奴役像他们那样的民族。黑人擅长于使用投枪、弓箭。这里从不缺这些武器。他们以前没见过枪支，双方实力对比悬殊。只需按按手指，一根小管就会发出巨响，伴随着一道光亮，远处的某个人就会受伤甚或一命呜呼。其中奥妙，黑人永远也不得其解。所以一见到拥有这种武器的人，他们就会战战兢兢，不知所措。黑人及其父辈已亲眼看见了无数无助且无辜的同胞就此被夺去生命，却依然稀里糊涂，不明就里。

所谓的"文明"正在黑人内部蔓延。虔诚的传教士向他们传授基督的教诲，教他们读写。但是有些本来目不识丁、不懂文明为何物的人，原本远离罪恶，现在却被败坏了。接触过现代文明的黑人几乎都染上了喝酒的恶习。强健的身体在酒精的刺激下，变得疯狂暴躁而为所欲为。这种文明的目的在于催发人的欲望，令其变本加厉，无限膨胀。为了激发他们的需求，或者促使他们"辛勤劳作"，政府向他们征收诸如投票税、房屋税等各种税项。否则，这些习惯于农业耕作的民族就不会深入地底下几百英尺挖掘黄金或钻石矿，那些黄金、宝石就只能深埋在地底了。同样地，没有这些税项，欧洲人也很难找到仆人。结果，成千上万的黑人矿工患上了包括矿工肺结核在内的各种疾病，这是一种致命的疾病，患病者几乎无人痊愈。不用说，人们很容易知道，这些背井离乡的人们，如何可能自我约束呢？他们因此常得性病。一些有思想的欧洲人并非对此视而不见，他们中有人认为，"文明"未必能给这些人带来福音。凡此诸多丑恶，始作俑者比谁都要了然于心。

大约四百年前，荷兰人在这个国家建立了第一个聚居地，接着，这十四个崇尚质朴、简单的民族便逐渐迁居此地。他们蓄养奴隶。有些来自爪哇（Java）的荷兰人带着马来（Malay）奴隶来到海角殖民地。这些马来人都是穆萨尔人（Musalman）。他们拥有荷兰血统，有着荷兰人的某些特质。他们在南非分散居住，但开普敦是他们的主要居住地。马来女人勤快聪明，特别擅长洗衣、裁缝，她们生活住处非常洁净。男人们则做些小生意，或者用马车拉客谋生。部分马来人受过良好的英文教育，开普敦著名的阿卜杜尔·拉曼（Abdul Rahman）医生就是其中之一，他曾是开普敦原殖民地议会的成员。可惜，根据新宪法，他们被剥夺了参加议会的权利。

谈及荷兰人，我无意间谈了一大堆有关马来人的事。现在，让我们看看荷兰人是怎么发展的。荷兰人的农业耕作与其水上事业一样优秀。他们看到周围环境适宜耕作，原住民又安于现状，劳作时间短暂，那为什么不迫使这些人为自己劳动呢？荷兰人拥有枪支，加上各种巧取豪夺，懂得像驯化动物一样去驯服这些民族。再说，他们的宗教也不禁止这样做。由此，他们迫使原住民为其耕作，并且从不怀疑这样做的道德性。

正当荷兰人在这块富饶的土地上大肆扩张时，英国人也陆续来到此地。英国人和荷兰人犹如堂兄弟，他们性格相近，野心相似。正如同一瓷厂的陶器容易相互碾轧一样，这样的两个民族，在扩展利益和奴役黑人的过程中，也开始产生冲突。英国人在玛珠巴山（Majuba Hills）遭遇了一场败仗，留下了惨痛的记忆。从1899年至1902年间，布尔战争（Boer War）渐趋高潮，直至克罗吉（Cronje）将军投降，罗伯特勋爵向维多利亚女王发电报喜，这才成功报了玛珠巴之役的一箭之仇。但早在布尔战争之前，自英、荷发生第一次冲突后，许多荷兰人就不愿接受哪怕是名义上的英国统治，迁往南非罕为人知的内地，于是便开创了德兰士瓦省和奥伦治自由邦。

这些居住在南非的荷兰人被称为布尔人（Boers）。他们如同儿童依赖母亲一样依赖自己的语言，从而使其得到保存。他们强烈意识到，民族自由与母语息息相关，因此，虽然他们历经风霜，却依然保存母语不变。这种语言充分表现了他们的天分。因为无法与荷兰本土保持亲密往来，他们开始讲一种从荷兰语演变而来的方言，就像从梵文发展出佩拉克利斯语（Prakrits）①一般。为了后人的长远利益考虑，他们将这种方言确立固定下来，称之为塔尔（Taal）。他们用塔尔语写作、教育后代，要求联邦议会中的布尔议员使用这种语言发言。自从联邦成立以来，南非的塔尔人（或荷兰人）与英国人平等相待，以

---

① 一种古印度语（或方言）。

至于政府公报和议会记录都必须同时采用两种语言。

布尔人质朴、坦诚，又不乏宗教热忱。他们在广阔的农田中建屋居住。我们无法想象他们的农田有多大。我们的农田通常只有一到两英亩，甚至更少。在南非，一个普通农民却可以拥有几百英亩的土地。他们并不急着马上耕种这些土地，如果有人为此质问他们，他们会说："让它荒废着吧，我的孩子将来会耕作这些地的。"布尔人天生骁勇善战。他们也有内部冲突，但由于珍爱自由，因此在危急关头，他们总是团结一体，一致对外。他们不需专门训练，整个民族都有战斗天赋。史沫资（Smuts）将军、德围（De Wet）将军、赫兹欧（Hertzog）将军同时又都是优秀的律师、农民和战士。博莎（Botha）将军还有一片9000英亩的农田。他对农业事务无所不晓。他到欧洲洽谈和平协议期间，传闻当时没人比他更能甄别羊只的优劣了。那时博莎将军刚接替克利威格（Kruger）担任总统。他的英语相当好，但在英格兰与国王、大臣的会谈中，他宁愿使用母语。谁能说这样做不恰当呢？为什么他要炫耀自己的英文而甘冒可能失误的危险呢？为什么他要为了遣词造句、用语准确而使思路中断呢？英国的大臣们可能无意间使用某些方言，他可能会因听不明白而答复错误或产生混淆，致使工作受损。为什么他要犯这么严重的过失呢？

布尔女人如同她们的男人一样质朴、勇敢。布尔男人之所以能在布尔战争中义无反顾地抛头颅、洒热血，完全是因为他们的女人能够坚持不懈地支持和激励他们。妇女们并不担心守寡，也不会为命运未卜的将来白费心思。

前面我已说过布尔人信仰基督教，但很难说他们是崇信《新约》的。事实上，欧洲人并不相信它；在欧洲，那些自称崇信它的人,却很少能明白和践行基督和平的教义。布尔人满怀热情地阅读着《旧约》,并且深刻理解其中的战争蕴意,他们完全接受并实践摩西(Mose)"以眼还眼,以牙还牙"的教诲。

布尔女人知道,自己的宗教告诫人们必须为捍卫自由而承受苦难,因此她们坚韧而乐观地忍受了所有艰难。齐斯纳(Kitchener)勋爵作威作福、百般刁难,试图从精神上击垮她们,把她们关押在集中营,令其遭受种种难言的苦楚。她们时而饥寒交迫,时而酷热难耐。有些酗酒或失去理智的军人会伤害这些手无寸铁的女人。但即便如此,布尔女人也毫不畏缩。到了最后,爱德华国王致信给齐斯纳勋爵,表示实在无法容忍这种状况,如果非如此无法令布尔人折服的话,他宁愿屈尊议和,而非继续进行这样的战争。他命令将军立即结束战争。

这里的苦难呻吟传至英国,英国人深受触动。他们敬仰布尔人的勇敢坚毅。这样的弹丸小国竟公然与日不落帝国抗衡,一度令英国人恼怒异常。但当集中营内布尔女人的痛苦——不是通过她们或她们的男人(他们正在战场上英勇作战),而是通过南非一些品德高尚的英国人——传到英国后,英国人变得温和起来。已故的亨利·坎贝尔-班纳曼(Henry Campbell-Bannerman)爵士当时察觉到了英国人的心声,便呼吁停止战争。已故的斯特(Stead)先生曾在公众聚会上发动人们一道祈祷,祈求上苍令英国人战败。这是一个奇异的景象。在真正的受难(tapas[①])面前,铁石也会融化。这便是受难的无限潜力。这便是"坚持真"的奥秘。

[①] tapas 在梵文里是"热"的意思,在吠陀时代和印度教中被引申为精神受苦,或者苦行。

结果双方达成维利尼京（Vereeniging）和平协议，决心组建联盟，将南非的四个殖民地联合成为一个政府。印度人虽然通过报纸知晓了这个协议，但其中细节，多数人一无所知。联合政府没有立即执行协议，各殖民政府仍拥有各自的立法机关，部长也不完全对立法机关负责。德兰士瓦和自由邦虽已在英王统治之下，但博莎将军和史沫资将军并不安于这种有限自由的状况。他们对立法委员会态度冷漠，拒不合作。他们公开宣布拒绝与政府配合。米尔纳（Milner）勋爵为此发表了措辞尖刻的演讲，宣称博莎将军无足轻重，即便没有他的支持，政府也可运作自如。米尔纳勋爵决心导演一部没有丹麦王子的《哈姆雷特》。

对于布尔人的勇敢、热爱自由和牺牲精神，我总不吝赞美之词。但是，大家切不可误以为，在此生死关头，他们内部就不存在分歧，就没有软弱分子。米尔纳勋爵成功地在布尔人中间组建了一个令其满意、自以为可以获得足够支持的政党。即使是舞台剧，也不能没有英雄；但现实世界中，当权者竟会公然避开不容忽视的对手，而去谋求虚无缥缈的胜利。这无疑是愚蠢的。米尔纳的做法就是一例。所以，虽然他绞尽脑汁、机关算尽，但最终仍不得不承认，没有博莎将军的支持，想治理德兰士瓦和自由邦，犹如上青天般难。人们常见他在花园里焦急烦恼、怒不可遏的样子。博莎将军发表声明，表明按照维利尼京和约，布尔人有权立即实施内部完全自治，否则，自己当时便不会在协约上签字。齐斯纳勋爵马上回复，表示自己从未给予博莎将军任何这样的承诺。他说，只有逐渐证实自己对帝国的完全忠诚后，布尔人才能获得这种权利。现在，谁来裁决这两方的争议呢？怎样的裁决才能让博莎将军满意呢？对此，无疑帝国政府的裁决最具威信。他们只好退而求其次,承认强者应该接受另一方或者弱者对协议的解释。按照"真"和正义的原则,这是正确的解释。言者无心,听者有意。也许你想表达许多思想,但是听众和读者却只能通过你的言辞文藻获悉其中含义。我们经常违背这种颠扑不破的真理,从而造成了无尽的纠纷。这时"似真还假"——这种比"不真"还恶劣的东西——便取代了"真"。

因此,如果真理——在这个例子中真理在博莎一方——得到贯彻,他就会回来工作。所有的殖民地都会慢慢地联合起来,南非就能获得完全自治。他们也使用英国国旗,地图上也标明属于英国,但要说南非完全独立也毫不夸张。英帝国不可能未经南非政府同意而从南非获得半个便士。并且,英国的部长们也承认,即便南非不使用英国国旗,名义上闹独立,英国政府也无可奈何。但布尔人不这样做是有原因的。其中一点是,布尔的领导人泼辣而明智,他们不觉得与英帝国保持伙伴关系有什么不好或有什么损失。现实的原因是:在纳塔尔,英国人占绝大多数;在开普敦,英国人虽不是多数,但也为数不少,在约翰内斯堡,英国人也是多数。在这种情况下,如果布尔人想在南非建立独立的共和国,结果只能是内乱不止乃至爆发内战,所以南非仍然维持着英帝国自治领的地位。

南非联邦的立宪方式值得关注。殖民地各个立法机构指派的各党派代表组成全国立宪大会,会上一致拟定了宪法草案。英国议会只好完整地通过了这个法案。① 但是一位下议院议员向议会指出该法存在语法毛病,要求立即改正。已故的亨利·坎贝尔-班纳曼爵士当时反

---

① 在本书中,英文 Bill、Ordinance、Act 分别翻译作法案、条例、法律(或法令)。

对这个动议，并指出语法是否有误与政府运作毫无关系。既然宪法是英国内阁和南非部长协议的结果，英国议会就无权修改哪怕是语法的错误。最后，这部宪法以帝国法律的形式在英国两院重新审核通过。该法一字未动，没有经过任何修正。

跟这个问题有关的一个细节，仍值得一提。"联邦法案"中的有些条款在常人看来形同虚设，但其实施却导致经费大增。制宪者发觉了这一点，但他们的目标不在追求完美，而是通过折中达成谅解，以使宪法能够运作。这就是为什么南非联邦有四个首府——没有殖民地愿意放弃自己的首府。同样地，虽然旧的殖民地立法机构和总督被废除了，但各地仍建立了次一级的省议会和类似总督的机构。所有人都知道，四个立法机构、四个首府、四个总督完全没有必要，这完全是一场"秀"（show）。但是南非老到精明的政治家们并不反对这些。这种安排是象征性的，导致了大量额外的行政耗费，但只要能建成一个联邦，政治家们无视外界的各种批评，便宜行事。这种安排也获得了英国议会的批准。

前面我已经用心勾勒出南非简史，不如此，就无法说明南非非暴力运动的内在意义。下面我将介绍印度人怎样来到这个国家，又如何在运动开展之前进行艰难的斗争。

第三章　印度人来到南非

在前面章节里,我们知道英国人是如何进入南非的。他们在纳塔尔定居,虽然在祖鲁那边有些退却。他们看到纳塔尔可以种植优质的甘蔗、茶和咖啡。大规模种植这些植物需要成千上万的劳动力,很明显这不是一小撮殖民者能够做到的。他们诱使、乃至强迫黑人们来此劳作,但随着奴隶制的废除,这些做法最终失败了。黑人们不耐辛劳。他们习惯于一年只工作六个月,又怎肯在雇主的压制下常年劳作?没有稳定的劳动力,英国移民的种植业无法开展。于是他们与印度政府①协商,请求派遣劳动力。就这样,第一批印度契约工于1860年11月16日来到纳塔尔,这是一起重要的历史事件。没有这起事件,就不会有南非印度侨民及非暴力抵抗运动,这本书的故事也就无从提起了。

在我看来,印度政府采取这些行动并没有思虑周全。在印度的英国官员总有意无意倾向于他们的纳塔尔兄弟。在契约中,他们确实尽可能地采取措施保护劳工利益。旅程的安排也很妥当。但在这些离乡背井、目不识丁的工人面临不公时如何寻求救济的问题上,他们没有

---

① 此处指英殖民印度政府,后同。

充分考虑，也没有考虑如何满足印度劳工的宗教需求及维系他们的道德规范。印度的英国官员没有看到，即使奴隶制在法律上被废除了，雇主们仍妄图将雇员当作奴隶差遣。他们本应、但却没有认识到，纳塔尔劳工事实上就是奴隶。已故的W. W.亨特（W. W. Hunter）曾对劳工的状况有深入研究，在谈及纳塔尔的印度劳工时，他用了一个很棒的词，说他们处于一种"准奴隶"境况。在另外一封信中，他将印度劳工的状况描述为近乎奴隶的状况。哈利·艾斯坎比（Harry Escombe）——这位纳塔尔最优秀的欧洲人，在提交给纳塔尔议会的一份报告中也承认了这一点。同样地，这些也可从纳塔尔欧裔领袖的发言中得到印证。其中多数的证言来自其提交给印度政府的备忘录。虽然如此，但万事皆有因缘。汽轮在运载契约工人来到纳塔尔之时，也将伟大的"坚持真"种子带到了南非。

此处无法赘述以下内容——与纳塔尔有关系的印度职业介绍机构如何欺骗工人，诱使他们离乡背井、远赴他乡；到达纳塔尔后，他们所见又是如何的不同；他们在此如何艰难谋生，更多的人又怎样陆续被骗过来；他们如何打破所有宗教道德禁忌，更准确地说，这些禁忌如何被彻底抛之脑后；最后，在这些不幸的人们中，妻子与姘妇的区别又怎样荡然无存了。

当印度契约工抵达纳塔尔的消息传到毛里求斯（Mauritius）后，那些与这些契约工人有关系的印度商人便尾随而来。成千上万的印度人（包括工人、商人），在毛里求斯（这个印度到纳塔尔的中转站）居住下来。一个在毛里求斯的印度人——已故的阿布巴卡尔·阿莫德（Abubakar Amod）先生尝试在纳塔尔开店。当时纳塔尔的英国人不在意、也不知道印度商人的能力。他们用心于雇用契约工人种植利润丰厚的甘蔗、茶、咖啡，他们也制糖，在短时间内为南非提供了丰富的糖、茶和咖啡。他们为此积累了巨额财富，建造了许多豪华建筑，把一个荒原变为名副其实的花园。在这种情况下，他们很自然地并不在乎诸如阿布巴卡尔·阿莫德先生这样的商人。再说，他还有一个英国合伙人呢。阿布巴卡尔先生在这里经商，购置产业，他发迹的故事传至故乡博尔本德尔（Porbandar）及全国各地。其他的弥曼人（Memans）便也来到纳塔尔，苏拉特（Surat）的博拉[①]人也跟随而来。这些商人需要会计师，于是古吉拉特和索拉什特拉的印度教会计师也一同过来了。

　　这两个阶级的印度人在纳塔尔定居下来，一个是自由商人及其仆人，另一个是契约工人。时光穿梭，契约工人逐渐在此生儿育女。虽然没有劳动契约的约束了，但孩子们还是受制于殖民地的许多严厉法律。身为奴隶的儿子，又怎能免于奴役？纳塔尔的契约工人受制于五年的契约，期满后便不受约束，可以自由做工或者经商，还可以在当地随意定居。有些人选择就地定居，另一些人则回国去了。那些留在纳塔尔的，被称为"自由印度人"。我很有必要提这个特别的阶层。他们并没有完全获得我所说的"自由印度人"的权利。比如，他们必须获得许可才能在南非移居。如果要结婚并被法律认可的话，他们必须到一个所谓的印度移民保护机构登记。他们还受到其他法律的严厉约束。

　　印度商人发现自己不仅能和契约工或"自由印度人"做生意，而且还能和黑人做生意。对于那些怕极了欧洲人的黑人来说，印度商人

---

① 博拉（Borahs），是印度古吉拉特港口城市苏拉特的一个地名。

是个福音。欧洲商人也想做黑人的生意,但是他们的黑人顾客却从来不敢奢望能从他们那获得善待。对黑人而言,能从欧洲商人手里得到"恰如其分"的服务就是天大的幸运了。黑人对此有惨痛的经历。一位黑人可能购买4先令的物品,他付给柜台1沙弗林(sovereign)[1],结果只找回4先令而不是16先令,有时甚至什么也不找。如果这个可怜的黑人要求找回零钱,或告知对方钱没找足,他定会遭到无情辱骂。如果事情到此为止,那他就得感谢自己的星座了,否则等待他的可能是一顿拳打脚踢。我并不想说所有英国商人都这样,但是相当肯定的是,这样的情况并不鲜见。相反的是,印度商人会对黑人好言好语,有时还会开玩笑。这些质朴的黑人可以细细把玩和欣赏他们想买的物品。印度商人允许他们这样做。当然,他们这样做不是出于利他动机,而是营利所需。只要有机可乘,印度人也会欺骗黑人。但他们的谦恭很受黑人欢迎。况且,黑人从不惧怕印度商人。相反,时而发生这样的情况:印度商人欺骗黑人的行径被发现了,结果他们只能任由黑人处置,有时还会挨揍。因此,就印度人和黑人而言,刚好是前者惧怕后者。但这样,黑人反而能给印度人带来丰厚利润——而南非遍地都是黑人。

上世纪80年代[2],南非有德兰士瓦和奥伦治自由邦这两个布尔共和国。毋庸置疑,在这两个共和国中,黑人没有任何权力——那是白人的事情。印度商人逐渐发现自己可以与布尔人经商——后者质朴坦诚、从不装腔作势,他们从不觉得与印度人经商有什么丢脸的。于是,许多印度商人到这两个地方经商。因为当时没有铁路,他们还赚

---

[1] 英国旧金币,面值约1英镑。
[2] 指19世纪80年代。

了许多钱。印度商人得偿所愿，他们拥有大量布尔人及黑人顾客。同样地，有几个印度商人跑到海角殖民地，赚的也不少。因此印度人在所有四个殖民地小规模地散布开来。

为此，现在（在南非）绝对自由的印度人有四万到五万人，那些"自由印度人"（契约期满的契约工人及其后裔）也有十万之众。

第四章　对悲惨经历的回顾：纳塔尔

纳塔尔欧洲种植园主只要奴隶，不喜欢契约工人——这些人服务期满后，就可以与他们进行哪怕是微弱的竞争。契约工人之所以跑到纳塔尔，是因为他们在印度的营生——农业或其他行业——并不成功。但是不可因此就以为他们不懂得利用土地。他们发现，在纳塔尔仅靠种植蔬菜就可获得丰厚收入，而如果有块自己的土地就更好了。许多契约期满的工人开始经商或从事其他小生意。整体而言，这对纳塔尔居民有益。以前因为熟练工人紧缺而无法种植的蔬菜，现在开始种植起来。其他原来只能少量生产的农作物，也能大规模地种植起来。但欧洲农户不乐意见到这些。他们觉得自己一度垄断的行业出现了竞争者，因此就开展了一场限制契约期满印度工人的运动。也许读者会觉得奇怪：一方面欧洲人需要越来越多的契约工人，并且能轻易地从印度获得这些劳动力；另一方面，他们却想方设法为难这些期满的工人——这就是他们对工人们辛劳付出的"报答"！

这种限制运动的方式多种多样。他们的第一项动议要求必须将契约期满工人遣返印度。对那些新来纳塔尔的工人，则要求在契约中新增一个条款——如果没有续期，期满后就得返回印度。第二项动议认为，应给那些第一个五年后未能续期的工人逐年课以厉税。这两个方案都只有一个目的，就是巧立名目，以使期满工人无法作为自由人在纳塔尔生存。这些动议获得广泛关注，纳塔尔政府不得不任命了一个委员会来调查此事。由于这两个动议的诉求非常不公道，也由于契约期满工人确实对经济非常有益，委员会反对这些动议，使之没有通过。但是犹如火熄灭后仍会有余烟一样，这两个动议确实影响了当地政府。他们与农户关系密切，为此出面与印度政府进行协商。印度政府无法立即接受这些试图将契约工人贬为永久奴隶的建议。当初政府提出要将工人远派他乡，使其受制于契约，理由之一便是希望在契约期满后，他们能自由发展、改善经济处境。再者，纳塔尔毕竟仍是英帝国直辖殖民地（Crown Colony），殖民地事务部（Colonial Office）乃是其顶头上司。纳塔尔方面不指望这个部门能批准自己的非法要求。因此，为了这些以及其他事由，纳塔尔发起了要求建立责任政府的运动，并于1893年获得成功。纳塔尔越发强大了，它的任何请求都会让殖民地事务部谨慎对待。为此，刚刚建立责任政府的纳塔尔便派遣代表前往印度进行协商。他们提议向契约期满的印度人课以25磅或375卢比的人头税。显然，印度工人无法支付这么高的税收，以作为自由人在纳塔尔定居。当时的印度总督埃尔金（Elgin）勋爵认为这人头税太高，并最终接受每年3磅的人头税。但这几乎是契约工人六个月的收入呢！这一税收不仅向契约工人征收，也向其妻子、十三岁以上的女儿、十六岁以上的儿子征收。而几乎所有契约工人都有妻子和两个以上的儿女。因此，几乎每个契约工人每年得交纳12英镑。这给他们带来难以想象的艰难，这种痛楚只有那些身受其害的人才能有所体会。印度人就纳塔尔政府的这一行为开展了激烈的反对运动。他们向帝国及印度政府提交了备忘录，要求降低这个税率。但是可怜的契约工人又怎能明白这些呢？因此，这场反对运动的发起者仅限于部分印度商人，他们是出于爱国或者博爱之心，为契约工人的利益而发起运动的。

其他自由印度人的日子也不好过。纳塔尔的欧洲商人也开始了其他类似的运动。但印度商人已经牢牢扎根。他们获得了一些不错的土地。自由工人数量渐增，商品需求日益增长。从印度进口的大米数量巨大，利润丰厚。很自然地，印度商人（与其祖鲁合伙人）掌握了这些生意。他们因而成为卑劣的欧洲商人的眼中钉。再者，有些欧洲人告诉印度商人，依照法律，后者拥有纳塔尔立法机构的选举权和被选举权。部分印度人据此被列入选民名册。这使得纳塔尔的欧洲政治人物加入了反对印度人的阵营。他们担心，如果印度人在纳塔尔的声望日隆、地位益牢，欧洲人恐怕将竞争不过印度人。因此，为了对付自由印度人，纳塔尔责任政府的第一步措施就是通过一部议案，剥夺除了登记在册人员以外其他亚裔移民的选举权。1894年，纳塔尔立法机构提出了一部试图剥夺印度人选举权的议案，这是该邦含有种族区分而歧视印度人的第一部立法。印度人表示极度反对。他们连夜赶工，在一夜之间起草了一部备忘录，征集了四百人的签名。当备忘录被送到纳塔尔立法院时，该院颇为震惊，但依然通过了这部议案。一份由上万人签名的备忘录被送给了当时的殖民地大臣里庞（Ripon）勋爵。要知道，一万人意味着几乎整个纳塔尔的所有自由印度人。里庞勋爵不赞同这部议案，宣布英帝国绝不能同意这种基于肤色歧视的议案。公正的读者们将会发现这部议案的取缔对印度人而言是何等伟大的胜利！纳塔尔政府进而通过了一部号称取消种族歧视但仍间接剥夺印度人权利的法律。印度人同样予以反对，但是结果失败了。这部新法用语含糊，法意模棱两可。印度人本可将其起诉到枢密院的法律委员会，但是他们不愿这样做。对于这种避免陷入冗长法律诉讼的做法，我深感赞同——要废除这种由来已久的针对有色人种歧视，绝非易事！

但是（欧洲）农户和纳塔尔政府得陇望蜀。将印度人的政治力量扼杀于萌芽状态是不可或缺的第一步，但是他们真正要打击的是印度人的生意和印度移民。他们非常焦虑，担心数以万计的印度人口会涌入纳塔尔，将欧洲人淹没。当时纳塔尔的人口构成为：四十万祖鲁人、四万欧洲人和来自印度的六万契约工人、一万契约期满工人和一万自由印度人。欧洲人完全没有必要担心，但是言辞无法解除他们内心的莫名恐惧。欧洲人对印度人的无助处境及风俗一无所知，他们以为印度人和自己一样足智多谋、勇于冒险。他们的动机似乎无可厚非，他们担心造出一个印度人为多数、欧洲人为少数的奇怪国家。不管怎样，虽然印度人反对剥夺政治权利议案的运动获得了成功，但是纳塔尔立法院还是通过了名义上似乎要回避、实质上却实现种族歧视的两部法律。这种状况虽不算太差，但印度人仍坚决反抗。这两部法律对印度人进行严格限制：其中一部针对印度人的商业，另一部针对纳塔尔的印度移民。第一部法律的主要内容是，如果没有获得官方依法颁给的执照，任何人不得经商。在实际运作中，欧洲人可以轻易地获得执照，而印度人则面临无数困难。他们必须雇请律师并花费更多费用。那些无力支付这些费用的人，就无法获得执照。另一部法律的主要条款是，只有通过一门欧洲语言教育测试，才能够移民到该殖民地。这就将数万印度人拒之于门外。为了公允对待纳塔尔政府，我还得补充说明，该法律允许在法律通过前已经定居此地三年的印度人获得居住证，他们不必通过欧洲语言教育测试就可携带妻子和年幼子女自由出入殖民地。

除上述情况以外，纳塔尔的契约工人和自由印度人还遭受到其他法律的及法律之外的歧视。在此，我没有必要一一对之控诉。我只想告诉读者关于该主题的核心信息。要详尽描述印度人在南非的历史需要很大篇幅，这远远超出了本书的范围。

第五章　对悲惨经历的回顾：德兰士瓦和其他殖民地

如同纳塔尔一样，早在1880年之前，其他殖民地就兴起了反对印度人的活动。除开普敦之外，其他殖民地普遍认为印度人作为劳动力存在是没有问题的，但自由印度人纯粹是南非的累赘——这种观点在许多欧洲人心目中几乎成为公理。德兰士瓦采用共和体制。印度人向德兰士瓦总统要求享有英帝国公民的权利，结果只招来冷嘲热讽。当他们遭到欺压时，只能到比勒陀利亚的英国代办处申诉。令人惊讶的是，虽然德兰士瓦悬挂英国国旗，但它声称自己是独立的，即便英国代办愿意帮助印度人伸张正义也于事无补。英国印度殖民事务大臣莫莱（Morley）勋爵在位期间，曾对印度代表团发表过长篇大论，试图表明英帝国政府对实行自治的自治领的控制相当有限。英帝国政府不能直接命令，而只能通过要求、说服或者施压等方式督促其依法办事。他们对殖民地的外交事务（如布尔共和国的相关事宜）要比其内部事务更有影响力。母国与殖民地之间的关系犹如丝带般脆弱，只需一丁点压力就能令其断裂。尽管不能采取强制手段，但是他告诉代表们，自己会尽力与殖民地政府协商。由于这个原因，当战争爆发之际，改善南非共和国印度侨民的遭遇，竟一度成为兰斯多恩

（Lansdowne）勋爵、塞尔伯恩（Selborne）勋爵及其他英国政治人物对德兰士瓦宣战的借口之一。①

让我们看看印度人到底受到了怎样的待遇。印度人于1881年开始进入德兰士瓦。已故的阿布巴卡尔先生在比勒陀利亚开了一家店，并在当地的一条主要街道购买了一块地。其他商人紧随而来。印度人的巨大成功引发了欧洲商人的嫉恨，他们在报纸上大肆攻击印度人，并且向沃克斯拉阿德（Volksraad）（即议会）请愿，要求驱逐印度人，禁止其商业活动。在这个新开发的国家，欧洲人对财富有着无尽的渴望。他们完全无视任何道德规范。在他们的请愿书中有一段话："这些印度人完全不懂礼仪。他们患有各种让人讨厌的疾病。他们把所有的女人视为猎物。他们相信女人是没有灵魂的。"这四句话包含了四种污蔑！这样的例子不胜枚举。不仅普通欧洲人，就连他们的政治人物也是如此。印度人对这些险恶的、不义的、敌视他们的活动毫无所知。他们并不读报。这些报纸上的蓄意攻击和请愿获得了预想的效果，议会通过了一部法律。印度社区的领导人得知这些针对自己的事情后震惊不已。他们前去拜会克利威格总统，后者竟不愿让他们登堂入室，而让他们在院子里站着说话。没听多久，他就说："你们是以实玛利（Ishmael）的后代，一出生就该作为以扫（Esau）子孙的奴隶。②作为以扫的子孙，我们不能让你们享有与我们一样的权利。你

---

① 指布尔战争，即1899年英国与荷兰后裔布尔人为争夺南非殖民地而爆发的战争，以英国人的胜利而告终。
② 根据《圣经》（《创世纪》第21章、第25章），以实玛利是亚伯拉罕与妻子撒莱之使女夏甲所生，地位卑贱，曾被亚伯拉罕所驱逐。以扫是亚伯拉罕与妻子撒莱所生之子以撒的长子，地位尊贵。

们应该对我们已经赐予的权利感到满意。"这位总统的答复并非出于一时激愤或蓄意中伤。克利威格总统从小就接受《旧约》的教育，并相信其中句句确凿。我们怎能谴责那些坦诚表达其意见的人呢？然而即使是真诚的愚昧无知，也仍会伤害他人。结果，1885年议会通过了一部极端的法律，仿佛印度人即将要淹没整个南非一般。在印度领导人的压力下，英国政府被迫采取行动，许多申诉被送到了殖民地事务大臣面前。根据"1885年第3号法令"，在德兰士瓦共和国定居经商的印度人，必须提交25英镑的税金进行登记，印度人不能在此地拥有土地和享受公民权利。这些条款如此不公，以至于德兰士瓦政府都无法自圆其说。布尔人和英国政府曾经签订了一个《伦敦条约》（London Convention），其中第14条规定，必须一视同仁地给予所有英帝国公民同样的权利。这部法律与该条约冲突，因而招致了英国政府的反对。布尔人却反驳道，英国政府早已或明或暗地同意了这部法律。

因此，英国与布尔两政府争执不下，双方请求仲裁。仲裁结果并非令人满意。仲裁方为讨好双方，只好牺牲印度人。印度人获得的唯一好处——如果真有好处的话——只是处境没有原来那么悲惨而已。1886年，政府依照仲裁结果修改法律，登记税由25英镑减为3英镑。那个完全禁止印度人拥有财产权利的条款也被取缔了，取而代之的是，印度人可以在德兰士瓦政府预留出来的特定地域、区域和街道拥有物业。但是政府无心执行这个条款，仍拒绝允许印度人购买哪怕是其住所附近的不动产。在所有城镇，预留给印度人的都是肮脏的、远离城镇中心、没有供水、没有照明及卫生系统的地方。印度人成为德兰士瓦的"潘查摩"①。完全可以说，印度人定居的这些区域与其本国不可接触者（untouchables）住地毫无二致。就如印度教徒认为接触德斯②及其住所会使自己受到玷污一样，德兰士瓦欧洲人出于现实考虑，也认为与印度人发生身体接触或者居住在其附近，也会使自己遭到玷污。无独有偶，德兰士瓦政府也将"1885年第3号法令"解释为，印度人只能在其居住区域内从事商业活动。仲裁方判定该法应由德兰士瓦普通法庭负责解释。印度商人处境窘迫，但他们仍通过协商、诉诸法庭和施加仅有的一点影响等三种方法勉力维持。这些就是德兰士瓦印度人在布尔战争期间悲惨、动荡的境况了。

我们现在来看看自由邦方面的情况。当欧洲人发动强大的反对活动时，那里已有近十二家印度商店了。那里的议会通过一部严苛法律，试图仅凭只言片语的口头补偿就将印度商人赶出自由邦。该法不允许任何印度人在自由邦拥有任何财产或从事商业、农业，不得享有选举权。印度人只在某些特许的情况下才能从事苦力或酒店服务生工作。即便如此，当局也不会总是仁慈地赐予他们这些机会。结果，即便是体面的印度人也简直无法在自由邦待上哪怕是短短的几天。在布尔战争期间，除了几个服务生之外，自由邦几乎没有任何印度人。

在海角殖民地，也存在敌视印度人的各种宣传。印度人在那里也同样遭到羞辱。比如，印度孩童不能进入公办学校，印度人难以入住酒店，等等。但是那里没有对印度人经商或购买土地的限制。

---

① 潘查摩（Panchamas），印度的"第五个种姓"，即被排挤出传统的四大种姓之外，列为不可接触者的无种姓人士。
② 德斯（Dhedhs），印度的一种贱民种姓，主要从事搬运动物尸体或者制作皮革等工作，在印度教内被列为不可接触者而遭受各种歧视。

这当中自然另有缘由。如前所述，在海角殖民地（尤其是开普敦），居住着大量马来人。马来人是穆斯林，所以很快地就与印度穆斯林打成一片，进而与其他印度人往来密切。并且，一些印度穆斯林也与马来女人结婚。海角殖民地政府又怎能反对马来人呢？开普敦是马来人的国家，荷兰语是其母语，他们从一开始就与荷兰人一起住在这里，并且仿效其生活方式。因此，海角殖民地是肤色歧视最少的地方。

再者，海角殖民地是南非最早的定居点和主要的文化中心，这里的欧洲人冷静、大方，有绅士风度。在我看来，只要予以适当的机遇和教育，世界上任何地方、任何人种都能发展出最好的人性。我很荣幸可以在南非各地碰见这样的人物。然而，在海角殖民地，这样的人物数不胜数。其中最著名、最博学的，当属美瑞蒙先生了，他在1872年海角殖民地成立责任政府后担任首两任的部长，后来又担任联邦总理（1910年联邦成立），人们称他为南非的格莱斯顿[①]。接下来要数莫尔蒂诺家族（Moltenos）及斯赖纳家族（Schreiners）。约翰·莫尔蒂诺于1872年任殖民地首任总理。W. P. 斯赖纳是一位著名律师，曾经担任司法部长，其后又任总理。他的妹妹，奥理芙·斯赖纳（Olive Schreiner），是享誉南非乃至整个英语世界的天才人物。自从撰写了《梦》（Dreams）一书之后，她声名鹊起。她博爱慈悲，眼神里总能流露出悲天悯人的情怀。虽然出身于显赫家族并学识广博，但她生活简朴，甚至亲自清洗餐具。美瑞蒙先生、莫尔蒂诺和斯赖纳家族等一直以来都支持黑人。只要黑人权利受到伤害，他们必定坚决

---

① 格莱斯顿（Gladstone，1809—1898），英国政治家，于1868—1894年间四度任英国首相。

地站在黑人一边。虽然他们区别对待黑人与印度人，但也同情印度人。他们认为在欧洲人到来之前，黑人早已在南非定居很长时间了，前者不能剥夺后者的自然权利；但他们对立法防止印度人进行不正当竞争并无异议。即便如此，他们仍对印度人怀有善意。当戈克利[①]先生访问南非时，斯赖纳先生在开普敦的市政厅主持了一个欢迎会，这是戈克利先生在这个国家参加的第一个公共接待宴会。美瑞蒙先生热情款待他，并表达了对印度人的同情。在南非还有很多像美瑞蒙先生这样的人物，在此我只提及其中的几个代表而已。

开普敦的报纸同样也不像南非其他地方那样敌视印度人。

虽然开普敦不像其他地方那样敌视印度人，但奇怪的是，即便在这里，也仍可发现类似于其他殖民地的敌对印度人的做法。这里也通过了两部从纳塔尔照搬过来的法律——《限制移民法》和《经商许可法》。

可以说，在布尔战争期间，南非本来向印度人敞开的大门现在几乎完全关闭了。在德兰士瓦，除了3英镑登记税外，并不存在移民限制。纳塔尔和海角殖民地的港口向印度人关闭，印度人无法由此经陆路取道前往德兰士瓦，只好转经葡萄牙的一个港口——德拉瓜海湾到达那里。葡萄牙人也或多或少仿效英国人。值得一提的是，一小部分印度人也能历尽艰难险阻自行设法，或者通过贿赂口岸官员，取道纳塔尔或德拉瓜海湾抵达德兰士瓦。

---

① 全名戈帕尔·克里希那·戈克利（Gopal Krishna Gokhale，1866—1915），印度近代伟大的政治家、社会改革家，国大党内温和派领袖人物，主张通过非暴力和在现行宪政框架内谋求印度自治和社会改革，被甘地视为精神导师。

第六章　对早期斗争的回顾

前面章节，当我们在描述印度人的悲惨遭遇时，已经或多或少谈及了他们击退各种攻击的努力。然而，为了清楚描述"坚持真"运动的来龙去脉，我们必须再费点笔墨说明"坚持真"运动来临之前，印度人捍卫自身利益的各种行动。

在1893年之前，南非没有多少受过良好教育、可以帮助社区摆脱困境的自由印度人。多数懂英语的印度人是普通雇员，他们的英语仅够应付工作，不足以开展诸如撰写陈情书之类的事务。况且，他们也忙于工作，无暇旁顾这些事情。受过英文教育的另一个印度团体是出生于南非的契约工人后裔。即便他们胜任这些工作，但其中多数在政府部门担任诸如法庭翻译等工作，所以他们除了对同胞表示同情外，也爱莫能助。

再者，契约工人或契约期满工人多数来自北部省（Uttar Pradesh）或马德拉斯（Madras）两地。正如我们所知道的，多数穆斯林经商，而多数印度教徒是雇员，这些自由印度人主要来自古吉拉特。另外，还有一些帕西[①]商人和雇员，其总数不超过三四十人。第四个自由印

[①] 帕西（Parsi=Parsee）人，印度拜火教徒。

度人群体是经商的信德人（Sindhi），大概有两百多人。无论在哪里，海外的信德人都从事"奇珍异品"的买卖，比如丝绸、锦缎、精美的箱子，以及由黑檀木、檀香、象牙和其他类似物品做成的各种家具。他们的客户基本上都是欧洲人。

契约工人被欧洲人称作"苦力"（Coolies），就是搬运工的意思。这种称呼广泛流行，以至于契约工人也这样称呼自己。成百上千的欧洲人也称印度律师、商人为"苦力"律师、"苦力"商人。确实，部分欧洲人并不以为这样的称呼带有侮辱的含义，但是另一些人却带着轻蔑使用该词。因此，自由印度人尽力将自己与契约工人区别开来。因为这一点以及印度人自身的其他情况，在南非的印度人内部划分为泾渭分明的两部分：一部分是契约期内的或已自由的工人，另一部分是自由印度人。

自由印度人尤其是穆斯林商人尽力抵制前面所述的不公待遇，但是他们并不直接呼吁契约工人或契约期满工人加入。也许从来没人去鼓动后者参与；即便某些人曾有此意，他们也会担心，让契约工人卷进来只会使状况更加糟糕。他们以为自由商人才是主要的被攻击目标，因此只对该阶层做动员工作。事实上，考虑到任务艰巨、英语能力不足以及在本国缺乏公共活动训练等情况，自由印度人已经进行难得的反抗了。他们聘请欧洲律师，发起请愿，冀望当局为了维持声誉而改善自己的境遇，总之，他们尽其所能地努力改变状况。这就是1893年之前的情况了。

读者务必谨记下面几个重要的时间点：1893年之前，印度人被驱逐出奥伦治自由邦；德兰士瓦在实行"1885年第3号法令"。在纳塔尔，欧洲人只想保留契约工人，而将其他印度人驱逐出去，为此，他们策划了许多措施,并建立责任政府推行之。

1893年4月,我离开印度前往南非。当时我对那里印度移民的情况一无所知。这次行程纯粹是出于工作目的。来自博尔本德尔的弥曼人达达·阿卜杜拉(Dada Abdulla)在德班经商,他创建了一家以自己的姓名命名的公司。另外一个同样著名的竞争对手——泰·哈吉·坎玛曼(Taib Haji Khanmamad)也在比勒陀利亚经商。不幸的是,两者发生了法律纠纷。达达·阿卜杜拉在博尔本德尔的合伙人认为如果聘请我前往南非,将有助于解决问题。我当时刚加入律师行业不久,还是个新手。但他毫不担心我会耽误案子,因为他并不需要我出庭辩论,只想让我前往南非去征询那些资深同行的意见。我很喜欢这种新奇体验。我喜欢清新的田地和草原。我讨厌那些"受人钱财、替人消灾"的工作。索拉什特拉那里玩弄阴谋的把戏让我感到窒息。再说,这次聘期只有一年。我毫无理由拒绝它,自己绝不会吃亏,因为达达·阿卜杜拉公司承诺将会支付我的旅费和在南非的所有花费,并给我150英镑的佣金。这些都是如父亲般慈爱的哥哥为我安排的。他希望我能到南非闯一闯。为此,我在1893年5月到达德班。

作为律师,我精心打扮、洋洋得意地在德班登陆。不承想美梦转眼即碎。我的雇主达达·阿卜杜拉的合伙人曾向我介绍了纳塔尔的一些情况,但我亲眼所见的却是另一番景象。这不能责怪他。他是个坦诚、质朴的人,只不过没有看到事实的另一面而已。他没有看到印度人在纳塔尔的苦痛遭遇。他没有经历过那些严重侮辱。在我刚到南非的第一天,就遭受到了欧洲人给予印度人最恶劣的侮辱。

我不想详细描绘自己在南非第一、二周的惨痛经历,包括火车上被刁难、路上被鞭打、几乎找不到住宿等种种窘迫。可以说,这些经历让我的内心沉重起来——要知道，我来这里，只是出于兴趣和好奇来办理案件而已！当然，在第一个年头，我只能作为受害人和见证人面对这些。其后，我才逐渐意识到自己的义务。对我个人而言，待在南非，有损无益。我不愿意甚至非常厌恶在一个侮辱我的国度赚钱或者生活。我进退两难。摆在我面前的只有两条路：一条路是以环境有异、合约方没说明清楚情况为借口，解除与达达·阿卜杜拉公司的合约，逃回印度；另一条路是克服各种艰难险阻，务必完成任务。在马里茨堡，我被警察拽出了火车。火车走后，我孤独地待在候车室，于寒风中瑟瑟发抖。我已经忘了行李在何处，也不敢向任何人询问，我担忧会再次被侮辱或攻击。我无法入睡，内心彷徨。直到深夜，我才认识到：逃回印度是一种怯弱。我必须完成自己的职责。不论将会遭遇到多少辱骂与攻击，我必须前往比勒陀利亚。比勒陀利亚是我的目的地，案子仍在进行中。我下定决心采取一些行动，如果可能的话，使其与自己的工作并行不悖。这个决心让我的心安定和坚强起来，但我仍无法入睡。

第二天，我发电报给达达·阿卜杜拉和铁路公司的总经理。两者都马上给我反馈。达达·阿卜杜拉及其在纳塔尔的合伙人阿卜杜拉·哈吉·阿丹·嘉维立先生采取了许多有力措施。他们发电报给自己在南非的各地代理，让他们照顾我。他们还与总经理见了面。接到电报后，马里茨堡的印度商人赶来看望我。他们试图安慰我，向我倾诉他们自己类似的遭遇。但他们早已对此习以为常，满不在乎了。生意和情感恶劣地杂糅起来，他们因此把它视为一种法则，像收取现金那样去接受侮辱。他们抱怨印度人被禁止从正门进入火车站、难以购买火车票等问题。当天晚上，我前往比勒陀利亚。至高无上、众生的保护者[1]考验了我的决心。在前往比勒陀利亚的路上，我遭遇了更多的侮辱和攻击。但这让我的决心更加坚定了。

为此，我在1893年切身体会了南非印度人的悲惨遭遇。但除了偶尔与比勒陀利亚的印度人讨论这些问题外，当时我并没有做什么。对我来说，似乎无法同时兼顾这个公司的案件与改善印度人的境遇两件事，同时应付两者，只会一无所得。很快就到了1894年。我回到德班，准备返回印度。达达·阿卜杜拉为我举办欢送会，会上有人递给我一份《纳塔尔墨丘利》(*Natal Mercury*[2])的报纸。在报纸上，我发现了一篇名为《印度人选举权》的短文，其中详细介绍了纳塔尔的立法机构、立法进程。当地政府正在审议一部剥夺印度人选举权的议案，这预示着他们仅有的那点权利即将荡然无存。我当众朗读了那份报纸，并尽力向商人和在场的其他人士分析形势。虽然我仍未能把握所有细节，但我建议所有印度人齐心协力，联合起来共同抵制这部试图伤害我们的议案。他们纷纷赞同，但表示无法自己作战，恳求我代为申诉。我答应再逗留一个月或者更长时间来组织反抗。那天晚上，我当场起草了一份呈送给立法机构的请愿书。我们发电报给政府，要求推迟审议议案。我们建立了（议会）委员会，选举哈吉·阿丹先生为主席，并以他的名义发送电报。对该议案的二读因此推迟了两天。[3]这是印度人递交给南非立法机构的第一份请愿书。虽然这次请愿最终失败了，但令人印象深刻。接下来的事情，我已在第四章说过了。这是南非印度人第一次的此类动员，整个社区情绪高涨。我们天天召

---

[1] 甘地此处喻指上苍。
[2] 指罗马神话中墨丘利神，是各路神灵的使者，他本身是商业、旅行及盗窃的守护神。
[3] 根据英国法制，法律必须经三读方可通过。

集会议，越来越多的人参加进来，经费也绰绰有余。许多志愿者从事复印、征集签名及其他没有酬劳的工作。还有一些人，既出力也捐经费。契约满期工人的后裔爽快地参加运动。他们不仅熟悉英文，文章写得漂亮，而且还不分昼夜地从事复印及其他志愿者工作。不到一个月的工夫，我们做了一个万人联署签名的备忘录，呈送给里庞勋爵，摆在我们面前最紧迫的工作终于完成了。

我要求返回印度。但是印度侨民对这次动员热情无限，不愿让我回去。他们说："是您告诉我们，这是消灭我们的第一步。谁知道殖民地政府会不会对我们的备忘录予以善意回应呢？您看到了我们的热情。我们愿意随时投入工作。我们不乏经费，但是如果没人领导，这些微小的努力都会毫无意义。我们恳请您一定留下来！"我也认为建立一个旨在捍卫印度人利益的常规机构会更好一些。但是我的生计如何解决呢？他们表示，愿意给我一份固定薪酬，但被我明确拒绝了。我认为，为公共事务服务是不能谋取大额薪酬的。除此之外，我当时还是个时尚人士。我认为，自己应该按照律师的方式生活，并为社区增光，这需要很大花费。再说，将个人生计依托于需向公众征集资金的机构是不恰当的，这会削弱我的工作能力。由于这个及其他类似的原因，我坦率拒绝接受公众服务的薪金。但我建议，如果他们中的大商人能给我一份正式工作并预付薪金的话，我可以留下来。薪金必须预付一年，期满后如果双方满意再行续约。大家最终接受了这个建议。我向纳塔尔最高法院申请律师从业资格。纳塔尔律师协会仅仅以"法律不要求有色人种律师登记在簿"为由拒绝我的申请。为此，当时的首席检察官、后来的纳塔尔首相——著名律师艾斯坎比先生（现已故）为我担任辩护律师。当时流行的做法是优秀律师必须免费接收这种案子，艾斯坎比先生也不例外。他同时是我雇主的资深法律顾问。高等法院驳回了律师协会的决定，批准了我的申请。他们不承想，律师协会的拒绝无意间提升了我的威望。南非的报纸嘲讽了律师协会，有人甚至向我表示祝贺。

这个临时委员会着眼于解决长远问题。我之前从未参加过印度国大党的会议，但是阅读过一些相关资料。我拜会过伟大的印度领袖达达拜先生①，我非常崇拜他，由此成为国大党人的拥趸，并试图让其为众人所知。因为经验不足，加上担心犯错，我没有尝试新名，而是直接建议将这个机构命名为纳塔尔印度国大党（Natal Indian Congress）。我向他们介绍自己仅有的一点关于印度国大党②的知识。尽管如此，纳塔尔国大党还是在1894年4月建立起来。纳塔尔国大党与印度国大党的区别在于：它是全年运作的机构，任何人只需缴纳每年3英镑会费即可入会，当然超过这个金额就更受欢迎了。我们尽量向成员争取更多资助。有一半以上的成员每年支付24英镑，也有相当多的人支付12英镑。一个月以内就有大约300名成员参加，他们是来自印度各邦的纳塔尔居民，包括印度教徒、穆斯林、帕西人和基督教徒。第一年的工作有声有色地开展了起来。那些生活小康的商人乘坐自己的交通工具到遥远的村庄去招募成员，收集资助。没有人只是交了钱、问两句就算了。有些人还征询下一步的行动。这种征询

---

① 即达达拜·瑙罗吉博士（Dr. Dadabhai Naoroji, 1825—1917），印度棉花贸易商人、民族主义者、民族解放运动早期活动家，国大党的奠基人之一。曾多次担任国大党主席，并于1892年在英国代表自由党参加议会竞选且获胜，成为英国历史上第一位印度籍下议院议员。
② 印度国大党是印度民族运动的主要领导机构，由英国人休谟创建，原为论坛性质的组织，后逐渐成为争取印度独立的主导性政党。

是一种政治训练,它可以使人们熟悉当前局面。每个月我们至少召开一次大会,一起审核账目,在会上通报工作进展,并详细记录会议情况。成员们在会上提出各种问题、审议新议题。这些做法的好处是使那些从来没在这种场合讲过话的人慢慢适应。演讲必须按照一定的程序进行。所有这些对社区而言都是前所未有的经验,因此大家兴致勃勃地参与进来。与此同时,外面传来了好消息——里庞勋爵废除了选举权剥夺议案,这使得大家的信心与热情倍增。

在发动外部动员的同时,我们也大力推行内部自我革新工作。欧洲人之所以发动反对印度人运动,也与双方的生活方式不同有关。他们总指责印度人脏乱不堪、喜好紧邻聚居(close-fisted),不区分生活与谋生场所。印度人住在简陋的棚房里,不愿花钱改善居住环境。洁净、大方、生活讲究的欧洲人怎愿与这些吝啬、肮脏的人们平起平坐呢?我们在会议上就改善家庭及个人卫生、商铺与住宅必须区分、小康商人应维持与身份相应的生活等问题进行了一系列的演讲、辩论和建议。所有这些,都要求先从古吉拉特人做起。

读者可以看到印度人进行了如此多的行动与政治实践。在国大[①]的赞助下,纳塔尔印度人教育协会(Natal Indian Educational Association)建立起来了,它旨在为那些出生在纳塔尔、讲英文的契约期满工人子女服务。协会只向成员征收很少的费用。协会的目的在于提供场所给这些年轻人聚会,增进他们对母国的爱戴,让他们知晓祖国的情况。它同时试图让年轻人明白自由印度人视自己为同胞兄

---

① 指纳塔尔印度国大党,因为原文多用 "the Congress" 指纳塔尔印度国大党,为此,下面将对此只简称国大,而印度国大党则会译为印度国大党或简称国大党,以示区别。

妹，并促使后者对前者产生敬爱之情。国大的经费相当多，除去各种花费外还有剩余。我们利用剩余经费购买土地，直到今日仍有利息可用。

我不厌其烦地介绍这些细节，目的是让读者知晓"坚持真"如何水到渠成地到来，印度人又如何自然而然地为其准备。我被迫略去国大在这段时间的独特经历，包括它遭受的种种困难、官员们想方设法的攻击以及它巧妙的周旋，等等。值得一提的是，我们采取了各种措施来制止社区喜好夸大其词的恶习。我们尽可能地发动人们自我反省，接纳欧洲人某些恰当的观点。只要基于平等和尊重的原则，我们也绝不放过与欧洲人合作的任何机会。我们尽可能地向报纸提供关于印度人的信息，对于报纸上对印度人的不公言论，我们也一一予以澄清。

在德兰士瓦，也有独立的类似国大的另一机构。这两个机构有所不同，在此就不细谈了。开普敦也有类似的机构，其组织方式又与国大、德兰士瓦协会不同。但是，三者开展的活动几乎相同。

国大在1895年完成了第一年的工作。我的雇主对我的法律服务相当满意。我在纳塔尔的逗留时间被延长了。1896年，我离开社区前往印度六个月，后来接到了纳塔尔方面要求我立即返回的电报，我便随即照办。要说明1896年至1897年间的情况，这就需另辟一章了。

第七章　对早期斗争的回顾（续前章）

纳塔尔印度国大党成为一个常设机构。我在纳塔尔待了两年半，主要从事政治工作。我意识到，如果要在南非待更长时间，就必须把家人接来。我还想在祖国停留一段时间，会见印度各界领袖，向他们介绍纳塔尔和南非其他地方的印度人情况。国大（指纳塔尔印度国大党）允许我离开六个月，其间由著名的纳塔尔商人阿丹吉·米耶汗（Adamji Miyakhan）先生（现已故）担任国大秘书。他恪尽职守，英语能力强——这一点非常有用。他还学习古吉拉特语。因为与祖鲁人做生意，他也熟悉了祖鲁人的语言和风俗。他性格好静，为人和蔼，不喜多言。之所以这样介绍他的情况，是要说明，真诚、耐心、宽容、坚定、用心、勇敢和具有常识等品质，对于担任重要职责的人来说，远比英文水平和博学多才来得重要。在公共生活中，如果缺乏这些品质，再优秀的教育也无用武之地。

1896年年中，我到达印度。由于从纳塔尔出发到加尔各答的船票比到孟买的更容易购买，我选择先到加尔各答再往孟买的路线。契约工人一般也从加尔各答或者马德拉斯登陆。然而在从加尔各答往孟买的路上，我错过了火车，只能在阿拉哈巴德①逗留一天。在那里，我开始工作。我会见了《先锋报》的切斯尼（Chesney）先生。我们友善地进行交谈，他坦率地表示同情殖民者。不过，他承诺，如果我写点材料，他会查阅并将其刊登在报上——这对我而言，已经相当难得了。

在印度期间，我写了一本关于南非印度人状况的小册子。这小册子引起了几乎所有报纸的关注，并很快被重印，在印度各地发行了5000本。在此期间，我荣幸地会见了许多印度领袖，包括费罗泽夏·梅赫达（Pherozeshah Mehta）、巴德鲁丁·铁布吉（Badruddin Tyebji）法官、马哈迪夫·戈温德·兰纳德（Mahadev Govind Ranade）和在孟买的其他一些人，包括罗卡曼尼亚·提拉克（Lokamanya Tilak）及其派系成员、潘达卡（Bhandarkar）教授、戈帕尔·克里希纳·戈克利及其在浦那的派系成员。我还在孟买、浦那和马德拉斯等地发表演讲。这里就不再赘述了。

然而，我还是忍不住要谈谈在浦那的那一段神圣经历，虽然它与我们谈论的主旨关系不大。莎瓦加尼克·莎巴（Sarvajanik Sabha）是罗卡曼尼亚②的下属，而戈克利先生与德干·莎巴（Deccan Sabha）关系密切。③我首先会见了提拉克·马哈拉吉（Tilak Maharaj）。当我谈到想在浦那召集会议时，他问我是否见过高帕劳（Gopalrao）。我不知此人是什么来头。他接着问我是否听说过或认识戈克利先生。

---

① 阿拉哈巴德（Allahabad），印度北部城市、印度教圣地之一。
② 罗卡曼尼亚，意为敬爱的人，指后文的提拉克先生。
③ 因为提拉克与戈克利分别是当时国大党两大派系——激进派与温和派的领袖，故而有后文的说法。

"我久闻其名,但从未有缘相识,希望能有幸见他一面。"我回答道。

"你似乎不清楚印度的政治。"罗卡曼尼亚说。

"我刚从英国回到印度不久,还没介入国内政治,因为我认为那超出了我的能力范围。"我说。罗卡曼尼亚接着说:"我给你一点这方面的消息。在浦那有两个政党,一个由莎瓦加尼克·莎巴领导,另一个由德干·莎巴统率。"我答道:"这个我略知一二。"

罗卡曼尼亚说:"在这里召集会议并不难。依我看来,你得把这些事向各党派说明,争取他们的支持。我很赞同你的想法。但是,如果莎瓦加尼克·莎巴方面的成员主持会议,德干·莎巴派的成员就不会参加。同样地,如果德干·莎巴的人主持,莎瓦加尼克·莎巴的人就不会出席。你必须找一个无党派人士主持会议。我只能给你这点建议,除此以外,我无能为力了。你认识潘达卡教授吗?如果你还不认识他,你得去见见他。他被视为中立派。他没有介入政治,但如果你邀请,他会同意主持会议的。请你把这些意见转告给戈克利先生,并求得他的指点。不过,相信他也会给你同样的意见。如果像潘达卡教授这样的人物主持会议,我肯定两派都会认为这是个好会议。无论如何,我们将全力支持你。"

接着我拜见了戈克利。我在别的地方谈到,从第一面开始,我就对他仰慕不已。有兴趣的读者可以看看《青年印度》(*Young India*)[①]、《新生活》(*Navajivan*)[②]上面的文章。戈克利赞同罗卡曼尼亚的建议。我按照他们的指点,拜会了那位可敬的教授。他认真聆听了印度人在

[①] 见该报1921年7月13日刊。——原注
[②] 见该报1921年7月28日刊。——原注

纳塔尔的悲惨遭遇，接着说："你知道我很少参与公共活动，我已经老了，但听你所言，我深受触动。我很欣赏你想争取所有派别支持的想法。你很年轻，对印度的政治并不了解。请转告两党成员，我同意你的要求，为了避免双方尴尬，我会前来主持会议。"我们在浦那成功召集了会议，两派领袖都参加了会议，并表示支持我们的工作。

接着我前往马德拉斯。我拜会了莎贝拉曼亚·埃亚（Subrahmanya Aiyar）爵士、P. 阿兰丹卡路（P. Anandacharlu）先生、J. 莎贝拉曼彦（J. Subrahmanyam）先生、当时的《印度教徒报》（the Hindu）编辑帕拉美斯瓦兰·皮莱（Parameshvaran Pillai）先生、《马德拉斯旗帜报》（the Madras Standard）的巴斯彦·埃恩噶（Bhasyam Iyenger）先生、著名的律师诺顿（Norton）先生及其他人。我们也召集了一个会议。之后，我离开马德拉斯，抵达加尔各答，在那里，我会见了苏伦德罗纳特·班纳吉（Surendranath Banerji）、摩珂罗揸·吉由廷拉·莫汉·泰戈尔（Maharaja Jyotindra Mohan Tagore）和《英吉利人报》（the Englishman）的编辑桑德斯（Saunders）先生（现已故）及其他人。在加尔各答举办的一次会议期间，我收到了纳塔尔方面催我回去的电报。那是 1896 年 11 月。我发现一些反对印度人的运动已经发动起来了，于是马上丢下加尔各答未完成的工作，前往孟买与家人一道乘坐第一趟轮船。"戈兰号"（Courland）汽轮已被达达·阿卜杜拉公司收购，后者还代理了一家远洋公司经营的由博尔本德尔往返纳塔尔的一艘轮船。一艘帕西人海航公司的"纳德利号"（Naderi）汽轮随后也从孟买开往纳塔尔。两艘轮船共有乘客 800 多人。

我在印度的活动引起了印度主流报纸的关注，路透社在英格兰报道了这些情况。抵达纳塔尔后，我才知道这些。路透社驻英格兰的记者在南非刊发了一份报道,有几分夸张地介绍我在印度的演讲。这并不奇怪。这些夸张未必都是有意为之。这些记者来去匆匆,经常带着偏见和预判,草草阅读一些浮于表面的材料,便依照个人想象撰写各种报道。这篇报道前言不搭后语,有许多有意无意的歪曲之辞,自然难免引起误解。这就是公众人士难以回避的风险和困难。在印期间,我谴责纳塔尔欧洲人,极力反对对契约工人征收3英镑的税收。我形象地描述了一位名叫莎贝拉曼彦的契约工人遭受主人虐打的惨痛经历。我亲自检查了他的伤口并接手案子。纳塔尔的欧洲人阅读了对我演讲的歪曲报道后非常恼怒。事实上,我在纳塔尔撰写的文章,要远比我在印度的言论和文章来得尖锐而具体。我在印度的演讲一点也不过分。另外,根据我的经验,当我们向外人介绍情况时,他难免会在我们的言辞之外浮想联翩。为此,在印期间,我有意地把南非问题描述得比事实要轻微许多。但没有几个欧洲人读过我在纳塔尔撰写的文章,更不用说会有多少人在意这些问题。很显然,我在印度的演讲和文章已经有意地不把情况描述得那么糟糕了,但大多数欧洲人宁愿阅读路透社的报道。"外来的和尚好念经",他们总是轻易相信海外的报道。纳塔尔欧洲人认为我在印度的工作影响巨大,契约工制度可能会因此寿终正寝,致使数千欧洲种植园主遭殃受损。另一方面,他们也觉得自己在印度遭到了诽谤。

纳塔尔欧洲人情绪变得激烈。他们听说我将带领两船印度人返回纳塔尔——"戈兰号"上有我的家人及三四百名印度人,"纳德利号"也有这么多人。这犹如火上浇油,令他们越发愤怒,几近疯狂。纳塔尔欧洲人召集了各种盛大会议,这个群体的几乎所有重要领袖都参加了会议。会议严厉地谴责了众多印度乘客(尤其是我)。"戈兰号"

和"纳德利号"的不期而至被视为是"入侵"纳塔尔。发言人纷纷宣称我带来的800人进入纳塔尔,目的是要开始用印度人淹没整个纳塔尔。他们一致通过决议,要求阻止这两艘轮船上的乘客(尤其是我)在纳塔尔登陆。如果纳塔尔政府不愿或不能制止乘客上岸,会议任命的理事会将自行执法,强行阻止印度人上岸。就在当天,这两艘轮船抵达德班。

读者应该记得,1896年印度首次出现了黑死病疫情。因为《限制移民法》未被通过,纳塔尔政府依法无权阻止我们登陆。否则,他们早就会完全支持欧洲人理事会的决议。艾斯坎比先生(现已故)这位政府官员主导着这个欧洲人理事会的议程,就是他鼓动了这些欧洲人。南非各处港口均规定,凡发现传染病或来自传染区的船只,必须先隔离一段时期,才能靠岸。但这种规定只能出自卫生缘由,并需口岸卫生当局的指令。纳塔尔政府出于政治目的滥用这项规定。船上并没有传染病,两艘轮船却遭到了超过正常时限(23天之多)的隔离。与此同时,欧洲人理事会继续行动。"戈兰号"拥有人和"纳德利号"代理人——达达·阿卜杜拉公司遭到了欧洲人的恐吓。欧洲人知会并要求该公司将船上的乘客送回印度,否则将重创其生意。这个公司的合伙人并非懦弱之辈,他们回应道,即使轮船被摧毁也毫不畏惧,他们宁可斗争到底,也不愿犯下罪恶,将这些无辜的乘客送回印度。他们都是爱国人士。公司的律师——年老的F.A.劳顿(F.A.Laughton)先生也同样不畏强暴。

幸运的是,曼苏克拉尔·海拉拉尔·纳扎(Mansukhlal Hiralal Nazar)先生(现已故)、一位来自苏拉特的卡亚斯拉(Kayastha)绅士及纳纳拜·哈瑞达斯(Nanabhai Haridas)法官(现已故)的侄子同时抵达南非。我不认识他，也不知道他的到来。毋庸置疑，"纳德利号"和"戈兰号"乘客的到来，与我毫无干系。他们多数早已定居南非。欧洲人理事会甚至多次向乘客下达警示公告。船长当众宣读这些公告：纳塔尔欧洲人非常愤怒，他们威胁印度乘客，如果仍罔顾公告、执意登陆，欧洲人理事会定让他们葬身大海。我向"戈兰号"乘客解释了这些公告内容。"纳德利号"上一位懂英文的乘客也这样向同伴进行解释。两艘船上的乘客全部拒绝返回，他们中的许多人要前往德兰士瓦，有些人本来就住在纳塔尔，无论从何种角度看，他们都有权登陆。所以，尽管遭到理事会的严重威胁，他们也要维护权利，不惜代价执意上岸。

纳塔尔政府黔驴技穷，他们能将这种不公道的隔离维持多久呢？23天过去了，达达·阿卜杜拉公司和乘客们毫不退缩。隔离在23天后被取消了，轮船被允许驶入港湾。与此同时，艾斯坎比先生也使狂躁的欧洲人平静下来。他站在人群中发言："德班欧洲人已经展现了难能可贵的团结与勇气。你们已经用尽全力，并获得政府的支持。印度人被隔离了23天。你们已经充分表达了自己的感受，展现了公共精神，这令帝国政府印象深刻。你们的这些行为有利于政府采取正确的行动。但如果你们现在使用武力阻止哪怕一个印度人登陆，你们将会损害自己的利益，并且使政府陷入尴尬处境。而且这样做根本无法阻止印度人。乘客是无可指责的，其中也有妇女和儿童，他们在孟买上船时，并不知道你们的想法。因此，我建议你们就地解散，不要阻扰印度人。不过，我保证，纳塔尔政府会向立法机构申请限制移民的权利。"这是艾斯坎比先生的讲话内容，听众们并不满意，但由于他在纳塔尔欧洲人中的巨大声望，人群还是听从劝告散开了。两艘轮船顺利驶入了港口。

艾斯坎比捎来口信，劝我不要与大家一道上岸，晚上他会派水警护送我上岸，至于我家人，则可随时上岸。这不是按照法律下达的命令，而是建议船长让我暂缓上岸并向我发出警示而已。船长当然无权阻止我上岸，但我认为应该接受建议，于是让家人不要直接回家，而是先到我的朋友兼顾客——帕西·罗斯敦吉（Parsi Rustomji）家暂住，我会在那里与他们会合。正当乘客们纷纷登陆时，达达·阿卜杜拉公司的顾问、我的朋友——劳顿先生跑来见我，问我为什么不登岸。我告诉他艾斯坎比先生的建议。他不赞同我等到晚上再像窃贼或罪犯一样地混入城市。他说如果我不畏惧，就应跟他一起入城，若无其事地在城里行走。我说："我并不害怕。问题是我该考虑艾斯坎比的建议是否妥当，以及船长是否应对此事负责。"劳顿先生笑着说："艾斯坎比为您做了什么？您需要这么在意他的意见？您凭什么相信他的建议是出于善意，而不是另有目的？我比您更清楚城内及艾斯坎比先生的情况。"我摇头打断他的话。"我们暂且假设"，劳顿先生接着说，"他的建议是善意的。但我敢说，如果遵从他的意见，您必将遭到侮辱。因此，如果您已经做好准备，我建议您立即跟我走。船长是自己人，大家荣辱与共。他只向达达·阿卜杜拉负责。我知道他们会怎样看待这个问题——他们在斗争中早已表现出了强大的无畏精神"。我答道："我们走吧，不需什么准备，我戴上头巾就够了。等我告知船长再走吧。"于是，我辞别了船长。

劳顿先生是德班资深而又年长的著名律师。回印度之前，我就与他关系密切。面对棘手案件，我经常向他咨询，并视之为长辈。他是位果敢精干的人。

我们经过德班的主要街道，当时大约下午四点半，天空有点阴霾，看不到太阳。步行到罗斯敦吉赛斯①家至少需要一小时。码头上与平常一样，人数不多。我们刚一登岸，一群小伙子认出了我——因为我是唯一戴着独特头巾的印度人，他们立即大声喊着"甘地""甘地""打他""围住他"，就冲到我们面前。有人向我们投掷小石头。一些年长的欧洲人也加入进来。骚乱愈演愈烈。劳顿先生见步行危险，便为我们雇请一辆人力车。之前我从未搭乘过人力车，因为我厌恶安坐于车内而任由他人奔劳不停。我认为，应该拉车的人是我。在我的人生中，曾五次或七次面临这样的考验，这最终让我明白一个道理——只要上苍决意拯救，即使一个人自甘堕落，上苍也绝不容他沉沦。我还没有堕落到自以为有资格享受这种服务。

人力车夫是祖鲁人。那些中青年的欧洲人威胁他，如果再让我乘那车，就要打他，并将车撕成碎片。人力车夫只好嘟囔着"咔、咔"（Kha，"不"的意思）跑到一边。我也侥幸逃过了搭乘人力车的耻辱感。

我们无路可逃，只能勉力步行前进。一伙暴徒尾追而来。路上的暴徒越来越多。当我们到达西大街时，暴徒已相当多了。一个体格强健的人把劳顿先生从我身边拉开，劳顿先生无法护在我旁边。这些人开始攻击我，投掷石头或拿起手上的所有物品向我砸来。他们抓掉我的头巾。一个魁梧的家伙从人群中挤到我面前，狠狠地给我一掌，接着拳打脚踢起来。我紧紧抓住旁边一家房子的扶栏，几乎失去知觉。我吸了一口气，等略微清醒后才继续前进。我几乎以为自己必死

---

① 英文 Sheth（音译赛斯）源自乌尔都语，表示对人的尊称，此译本翻译为"先生"，后面均同。

无疑。但我依然清楚地记得，即便当时，我在内心深处也没责怪过这些人。

正当我勉力前行之时，德班警察局长夫人刚好从对面走来。我们彼此认识。她是位勇敢的女士。虽然晚霞当空，太阳即将落山，她还是打开遮阳伞护着我一同前进。欧洲人不会刁难或伤害女士，尤其是年长而倍受拥护的警察局长的太太，他们在攻击我时总是避免误伤到她。因此，她加入进来后，我所受的攻击就没那么严重了。此时，警察局长获悉我遭到袭击，便派来了一小队警察保护我，他们把我围了起来，警局就在前往目的地的途中。当我们到达警局时，局长早已等候多时。他想让我在警局寻求庇护，但我满怀感激地拒绝了，"我得到达目的地。我相信德班市民的公正精神及本人事业的正当性。我很感谢您派警察保护我，尤其感激亚历山大夫人的勇敢护卫"。

其后，我顺利地到达罗斯敦吉家。当时已是黄昏。"戈兰号"的随船医生达迪巴若（Dadibarjor）先生与罗斯敦吉先生一同前来，他给我检查伤势。我的伤处不多，只有一处疼痛难忍。但我无法平静下来休息。几千个欧洲人围住罗斯敦吉的房子。到了晚上，流氓也加入进来。他们向罗斯敦吉传话，勒令他将我交出来，否则就要将房子和我一起烧毁。然而罗斯敦吉毫不退缩。亚历山大局长知道后，悄悄地带了几个警探混入人群。他搬来一把凳子，站在上面，假装与人群说话，其实是要堵在罗斯敦吉家门口，防止暴民闯入。他还在关键位置安插了警探。刚到达这里，他就派一名警员扮作印度商人来向我传达他的意思："如果您不想您的朋友、他的客人和财产，以及您的家人毁于一旦，我建议您扮作印度警探从罗斯敦吉家的仓库出来，和我们的人一起混出人群，直达警局。在街道转角处有一辆马车等着您。这是我们能够挽救您和您朋友的唯一办法。这群人情绪激昂,我们也无法控制。我们担心他们会拆掉罗斯敦吉先生家的房子,难以想象那将会造成多少生命和财产损失。"

我当机立断,即刻扮成警探离开罗斯敦吉的家。那位警官和我安全到达警局。在此期间,亚历山大先生与人群对话,甚至演唱流行歌曲取悦他们。当得知我安全到达警局后,他立即变得一脸严肃,对着人群质问道:

"你们想干吗?"

"我们要甘地。"

"你们想怎么处置他?"

"我们要烧死他。"

"他哪里伤害了你们?"

"他在印度诽谤我们,还想让纳塔尔到处都是印度人。"

"如果他不出来呢?"

"我们将烧掉这个房子。"

"他的妻儿也在这里,还有别的人也在里面。你们不觉得烧死女士和小孩很可耻吗?"

"那责任在您身上,是您让我们别无选择,除此之外,我们又能怎样呢?我们不想伤害任何人,只要您把甘地交给我们就可以了。如果您拒绝交出犯人,我们只好自己动手,那样会有许多无辜的人受到伤害。到时您怎能责怪我们呢?"

局长微笑着告诉这群人,我已离开罗斯敦吉的房子,从人群中混出去了,现已逃往了别处。这群人大笑不止,大声吼道:"谎话!谎话!"

局长接着说:"如果你们不相信我这个老局长的话,就请派三四名代表搜查——其他人绝不可进入房子。如果在房子里找不到甘地,就请你们乖乖回家。你们今天太冲动了,完全不服从警察指挥。是你们自己,而不是警察,把脸丢尽了。警察跟你们要了个花招,从你们的眼皮底下把'猎物'偷偷骗走。你们不该责怪警察。这些你们任命的警察,只不过是在执行公务而已。"

局长态度温和、坚决,这伙人只好依照要求做出承诺,选出代表。代表们搜遍了罗斯敦吉家的房子,最终只能向人群汇报:局长所言一字不差,他们一无所获。这伙人大失所望,只能恪守诺言,不再闹事——这是1897年1月13日的事了。

早在解除轮船隔离的那天早上,一名德班报社的记者跑到船上采访我。他把情况问了个遍,我令人满意地向他澄清了各种指责,详尽说明了自己并无任何歪曲夸张之处,我的所有言行都是基于职责而已。在我看来,尽忠职守乃是人之为人的本职所在。第二天,这些访谈都被刊登在报纸上。一些有判断力的欧洲人坦承犯下了错误。许多报纸一方面同情纳塔尔欧洲人的立场,另一方面也同时为我辩护。这提升了我以及整个印度社区的声望。它证明了:印度人尽管贫寒,但绝不怯懦,他们的商人也愿意不惜代价,维护祖国和个人的尊严。

因此,虽然印度社区在这次风暴中遭遇种种困难,达达·阿卜杜拉先生也遭受了巨大损失,但我以为最终的效果是完全有益的。印度社区经受住了考验,信心倍增,我也积累了弥足珍贵的斗争经验。每当回想起当天的情形,我总感觉,这是上苍在帮我积聚"坚持真"的实践经验。

纳塔尔事件在英国引起了反响。殖民地事务大臣张伯伦先生发电报给纳塔尔政府，要求后者起诉袭击我的人，为我伸张正义。

纳塔尔总检察官艾斯坎比先生前来见我，他告诉我，张伯伦先生发电报对我遭受的袭击表示遗憾，并为我的伤势不重感到庆幸。他说："我向您保证，我反对伤害您或您社区中的任何人。我担心您会遭到袭击，所以传话建议您最好晚上登岸。但您没有接受我的建议，您接受了劳顿先生的意见，对此，我不能责怪您，您有权自行其是。纳塔尔政府完全服从张伯伦先生的指令。我们希望能够抓到袭击者并对其加以指控。请问，您能认出袭击者吗？"

我答道："我也许能认出其中的一两个，但是在继续谈话之前，我得说，我拒绝指控那些伤害我的人。我看不出他们犯了什么错误。他们所获得的消息都来自他们的领导人，要他们去判断消息是否真实等情况，对他们而言，实在太困难了。如果他们所听到的消息是真的，那么他们自然会激动起来，并愤怒地做出错事。因此我不会责怪他们。群情激愤下，民众很容易行为激烈。如果要责备，就该谴责欧洲人理事会、您和纳塔尔政府，以及刊发歪曲新闻的路透社。你们知道我要来纳塔尔，如果质疑我在印度的言行，你们和那个理事会就应该前来质问，聆听我的解释，并根据情况做出判断。现在，我不能就这次遇袭指控你们和那个理事会。即使可以，也不能通过法律来获得补偿。你们自以为是，以为这样做是为了捍卫纳塔尔欧洲人的利益。这是个政治问题，我要在政治领域与你们斗争，我要让您和其他欧洲人看到，作为占大英帝国人口最大多数的印度人，将会在毫不伤害欧洲人的前提下，捍卫自己的尊严，保卫自己的权益。"

艾斯坎比说："我能理解您的话，我很佩服您。我没想到您不愿指控攻击者。如果您指控他们，我也毫无异议。既然您已决心不追究了，我得说，您的决定非常英明，您的自制有助于你们社区的工作。我承认，您不愿追究袭击者，这确实令纳塔尔政府避免了尴尬处境。但如果您愿意，纳塔尔政府仍会逮捕一些暴徒，只不过，这定会越发激怒欧洲人，引发更多争议，这是任何政府都无法控制的。如果您决心不追究了，就请写一份声明。我必须把谈话的内容向张伯伦先生汇报，以免政府遭到责难——这需要您的声明。当然，我不会要求您马上提交。您可以咨询您的朋友或者劳顿先生，再做决定。如果您仍坚持不追究，请务必写一份声明，清楚地表明自己愿意承受拒绝追究的一切后果——这对我们才有意义。"

我说："我不知道您是为了这件事情会见我。我还没有和朋友讨论过这事，也无须向任何人咨询。当我决定和劳顿先生一起登陆时，就决心，即便受到攻击也不该感到不平。我绝不指控任何袭击我的人。这是我的宗教信念。我同意您的观点，我的这种节制有利于我们社区的工作。因此，我愿意承担所有责任，现在就给您那个声明。"

接着，我从他那要了张白纸，写下声明交给他。

第八章　对早期斗争的回顾（结尾）：在英国的工作

在前面章节，我已介绍了印度人为改善处境、提高地位的各种努力。他们一方面从内部集结力量，另一方面也从印度或者英国寻求支援。我在前面已或多或少介绍了自己在印度的活动，现在介绍我们向英国争取支持的活动。首要的，就是与印度国大党的大不列颠委员会建立联系，每周我们都写信给伟大的印度长者达达拜和该分部负责人威廉·维德柏恩（William Wedderburn），每次呈递陈情书，我们都花费至少 10 英镑，用于支付邮费及该分部的服务费。

我得谈谈关于达达拜·瑙罗吉的一段珍贵回忆。他并不是分部负责人。然而我们认为，应将第一笔钱汇给他，由他代表我们转交给负责人。但是他送还了这一笔费用，并建议我们直接与分部负责人威廉·维德柏恩沟通，转交这笔钱，而他本人则会尽其所能地帮助我们。当然，我们必须直接和威廉先生联系，才能提升这个分部的权威。我发现达达拜先生虽然年事已高，但仍非常注重通信。即使没有什么特别的要说，他也会回信表示收到信件，并附加一两句鼓励的话。即使这样的信，他也会亲自撰写，并将其放在信夹里。

前面我已说过，我们的组织命名为国大，但我们不想让自己的工作沦为党派之争。因此在达达拜的指点下，我们也与其他党派的绅士建立了联系。其中最著名的有曼克吉·保努格里（Muncherjee Bhownuggree）先生和W. W. 亨特先生。曼克吉先生是当时的议员，他的帮助尤其珍贵，通常能给予一些至关重要的建议。但是，如果说还有谁是比印度本土更早发现南非问题的重要性并予以大力支持的人士，那非威廉·威尔森·亨特先生莫属。他是《泰晤士报》上印度版面的编辑，自从与我们建立联系以后，他就在其版面上客观分析我们的问题。他给一些绅士撰写信件，请求支持我们的事业。当我们筹备重要活动时，他几乎每周给我们写信。下文是他第一封信的主旨："对于你们那里的情况，我感到很遗憾。你们已经很体面、和平、客观地开展斗争。在这个问题上，我完全同情你们。无论于公于私，我都会尽力协助你们伸张正义。在这件事上，我们责无旁贷。你们的要求非常合理，任何有公道心的人都不能要求你们退缩。"他把这段话几乎全部照抄刊在《泰晤士报》上。他的态度从未改变，亨特夫人曾在信中谈到，在去世前，他就已拟好反映印度人问题系列文章的大纲了。

在前一章，我曾谈到曼苏克拉尔·纳扎先生。这位先生被社区派往英格兰介绍情况。我们要求他必须谋求所有党派的支持，在驻英期间，他负责与W. W. 亨特先生、曼克吉·保努格里先生和印度国大党大不列颠委员会的联系工作。同样地，他也一直联络印度行政部门（Indian Civil Service）的退休人员、印度事务部和殖民事务部等。①为此，我们从多个方面开展工作，结果促使帝国政府将海外印度人的

---

① 英国在印度的殖民统治实际由几个部门组成，即印度总督及其领导下的印度行政部门、殖民事务部、印度事务部。

问题列为一个头等重要的议题。这对其他殖民地的影响好坏参半。概言之：一方面，各殖民地的印度人发现了自己的重要地位；另一方面，欧洲人也觉察到了印度人的人数优势可能给自己带来的威胁。

第九章　布尔战争

从前面章节，读者可以明了在布尔战争之前南非印度人的处境及其为改善这种处境而进行的各种斗争。

1899年，詹姆斯医生①与金矿矿主勾结，试图侵占约翰内斯堡。密谋者原本企图出其不意地在布尔政府发觉前一举攻占约翰内斯堡。但詹姆斯医生及其同伙最终功亏一篑。他们的另一个失误是，他们以为即使阴谋被发觉，未经训练的布尔农民也无法抵御在罗得西亚②精心受训的快枪手们的攻击。这些入侵者甚至以为约翰内斯堡的大多数人会张开双臂欢迎他们。事实上，这不过是詹姆斯医生的一厢情愿而已。克利威格总统早已洞悉阴谋。他一边秘密地、巧妙地精心策划迎击詹姆斯医生，一边逮捕其合谋者。在接近约翰内斯堡的路上，詹姆斯医生遭到布尔人的阻击。在强大的火力面前，这位医生束手无策。约翰内斯堡城内的叛乱也被镇压了。没人敢胡作妄为，克利威格总统的铁腕手段令约翰内斯堡的百万富翁们目瞪口呆、不知所措。结果，在人财损失极少的情况下，布尔人成功地将入侵者驱逐出去。

---

① 詹姆斯医生，全名Leader Starr Jameson，是一位英殖民官员，早年曾经从医。
② 罗得西亚（Rhodesia），非洲津巴布韦的旧称。

詹姆斯医生和他的朋友——金矿矿主们，被逮捕并当即受到审判。有些人被判绞刑，其中多数是百万富翁。对此，帝国政府无能为力，因为这些人犯下了公然入侵的罪行。此时，克利威格总统的态度尤为重要。殖民地事务大臣张伯伦先生发来一份用词谦逊的电报，试图为身陷囹圄的资本家们求情告饶。克利威格总统大权在握、掌控全局，觉得南非已是安然无恙。詹姆斯医生及其同伙自以为周详的谋划，在克利威格总统看来无非是一场愚蠢闹剧而已。因此，他接受了张伯伦这种毕恭毕敬的请求，不仅没有执行死刑，而且宽恕并全部释放了这些人。

但是事情绝没有这么简单。克利威格总统明白詹姆斯的入侵只不过是问题的表征。约翰内斯堡内的百万富翁绝不会善罢甘休、放弃复仇。再者，只要詹姆斯之流所指向的变革没有实现，富豪们绝不会就此收手。英国高级专员米尔纳勋爵完全同情后者。张伯伦先生虽然赞赏克利威格总统的宽宏大量，但也再三强调必须改革。所有人都相信战争无可避免。侨民们的要求最终指向结束布尔人在德兰士瓦的统治。双方都意识到，除了战争，别无他途，为此都积极备战。双方在备战期间展开的辩论颇值一提。克利威格总统加紧购买武器弹药，英国代办威胁他，英国将出于自卫派遣军队进入南非。而当英国军队抵达南非时，克利威格总统对英国人的警告不屑一顾，继续加强备战。双方针锋相对，战争一触即发。

备战完成后，克利威格总统认为机不可失，任何迟疑都只会让自己一败涂地。由于英国人有源源不断的人财物力，延迟宣战对其有利——可以有条不紊地安心备战。与此同时，英国人向克利威格总统施压，要求解决侨民诉求，以此向世人表明，战争的原因在于克利威格总统无法满足这些要求。然后他们就可以乘机有备而战，令布尔人一战即败，不得不耻辱地接受英国人的要求。但是，从十八岁到六十岁的布尔男人都是天生的战士，在必要的情况下，布尔妇女也能参加作战。对于布尔人而言，追求国家独立的梦想具有宗教法则般的力量。在日不落帝国面前，这个勇敢的民族决不妥协。

克利威格总统与奥伦治自由邦达成协议，他们要同舟共济、共同进退。对于英国人——哪怕只是英国侨民的诉求，克利威格总统都嗤之以鼻。这两个布尔人的邦国早已看到战争不可避免，拖延时日只能让英国人更充分地备战。因此，克利威格总统一边向米尔纳勋爵发出最后通牒，一边在德兰士瓦和自由邦前线布置军队。其后果可想而知，像英国这样的世界帝国绝不会畏惧这种威胁。通牒到期了，布尔人闪电般地推进并包围了莱迪史密斯（Ladysmith）、金伯利[①]、玛弗金（Mafeking）等地。1899年，这场大战爆发了。需要提醒读者的是，解除布尔人对印度人的恶劣待遇，也是英国人发动战争的理由之一。

现在一个重大问题摆在面前——南非印度人该如何应对此事呢？所有布尔男人参加了战争。律师丢掉案件，农民离开农田，商人弃商，服务人员丢弃岗位。南非的英国侨民，虽不如布尔人那么积极参战，但是海角殖民地、纳塔尔、罗得西亚的大量侨民还是以志愿者身份登记入伍。许多杰出的英国商人和律师都这样做了。当时我所服务的法庭已经很少看到律师了。多数的资深律师都积极参加战争。当时，流行着一种对印度人的指责——他们只为赚钱而来到南非，他们纯粹是英国人的负担。就像虫子蛀空所居的树干一样，南非印度人只

---

① 金伯利（Kimberley），南非（阿扎尼亚）中部城市。

会损公肥私,当国家或者家园遭受侵袭时,他们反而袖手旁观,绝不提供一丁点服务。相反,英国人不仅会抵御敌人,还能保护印度人。印度侨民们认真考虑了这种指责。我们觉得,现在是反驳这种指责千载难逢的机会。但是,有人也提出另外的顾虑:

"英国人对我们的压迫,并不亚于布尔人。如果说我们在德兰士瓦遭到压迫,那么我们在纳塔尔和海角殖民地也未必好到哪里去。即便有所区别,程度也极其微小。再者,我们怎么说也是个被奴役的社群;既然看到了像布尔这么小的民族还在为生存奋斗,为什么我们还甘愿为虎作伥去毁灭他们呢?最后,从现实的角度看,没人敢说布尔人必定战败。如果他们赢了,一定会向我们报复的。"

我们当中确实有一些人持有这种观点。我能理解这些观点,却不为之所动。我在社区大众面前反驳道:"我们能到南非,是因为我们是英帝国臣民。在我们提交的所有备忘录中,我们都宣称自己拥有公民权利的根据源自于此。我们一直以作为英帝国公民而自豪,或者说我们已令统治者及全世界相信我们的这种想法。统治者也因我们是英帝国臣民而愿意提供保护。即便我们的权利少得可怜,那也是拜帝国臣民这个身份所赐。当危难来到英国人和我们面前时,如果我们仅仅因为遭受虐待而袖手旁观,那会有损我们民族的尊严,这种罪恶的不作为只会加剧我们的困难。现在是证明那个错误指责的千载难逢的机会,如果我们错失了,就只能自食其果,英国人也势必对我们更糟糕,更加不屑一顾。如果出现这种情况,责任就只会在我们自己。那时我们要驳斥那个毫无根据的指责就会显得是自欺欺人了。确实,我们是帝国的奴隶,但是一直以来我们都试图改善处境,力图在帝国的框架下与白人和平相处。这是所有在印度和这里的领袖的共同政策。

因此，作为英帝国的一部分，如果我们要赢得自由和福祉，现在出手帮助目前深陷战争中的英国人就是个绝佳机会。不得不说，整体而言，布尔人是在正义一方的。但是一个国家的臣民不能总依照个人意愿行动。当局未必都是正确的，可一旦臣民宣誓效忠，很显然，他有义务按照政府的需要提供支持并采取行动。

"再说，如果臣民中的任何一部分依照个人信念，以为政府的行为不道德，那他必须尽力乃至牺牲生命来劝阻政府，而后才决定是否加以援助。事实上，我们并没有这样做。我们没有遭遇到这样的道德危机——我们并没有普世公认的、全面的理由证明自己可以在战争中保持中立。作为臣民，我们的职责自然不是讨论这场战争的道德性，而是当战争确实爆发后，如何尽可能地提供支持。最后，那个关于如果布尔人胜利了——布尔人完全有可能获胜——我们的境况可能会因布尔人的恐怖报复而变得更差的说法，对布尔人和我们来说都是不公道的。耗费时间去讨论这种可能性，只能证明我们的懦弱与不忠。难道一个英国人就要想想，如果英国战败了，自己该怎么办吗？作为一个参战的人，这样考虑问题，是远远谈不上勇敢的。"

1899年，我就持有这种观点，即便现在，也找不到任何理由修正它。换言之，如果今天我仍继续信任英帝国，如果我还希望在其庇护下获得自由，在同样的情形下，无论在南非，还是在印度，我都仍会持有同样的观点，说同样的话。在南非，接着在英国，我听到了许多对此的非议。但我认为，毫无根据去修正这个观点。我知道，我自己现在的观点与本书的主题毫无关系，但是出于两点考虑，我不得不讨论这个问题：第一，我不能指望那些匆忙阅读此书的读者，耗费心神去熟读这些段落，从而将我当前的行动和这些观点串联起来；第二，上述观点隐含着萨提亚格拉哈（即"坚持真"）原则——人应该表现其本真并据此而行，这是实践信念的第一步，而非最后一步。否则，人们就无法形成有信念的生活（religious life）。

现在，让我们言归正传。

我的观点得到了许多人的赞同。读者切不可以为，只有我持有这种观点。相反，在我提出这种观点之前，早有印度人认为我们应该在战争中尽一份责任。接下来便是如何施行的问题——在这狂怒的战争旋涡中，谁愿意聆听印度人微弱的声音呢？我们该怎样参与战争呢？我们中没有人拿过武器，即使是不需要战斗的工作，我们也需要培训；我们甚至不知道怎样走正步呢！要背着行囊长途跋涉并非易事；况且，白种人会把我们看作"苦力"，鄙视和羞辱我们。所有这些，我们该怎么处理？怎样才能让政府接受我们的服务？最后，我们达成以下结论：我们必须竭尽全力促使政府接受服务；我们要在实践中学会做事；只要我们有决心，上苍会赐予各种服务技能；我们不必担忧做不好被派给的任务，而应尽量培训自己；一旦我们下定决心服务，就不应区分工作是否体面，即便是受歧视性的工作，我们也该服务到底。

想让政府接受我们的服务并非易事。其中故事曲折有趣，这里无法细谈。简而言之，我们领导人员率先接受伤病护卫训练，获得了医疗护理资格证书，而后向政府递交正式申请书。这份申请书以及我们竭尽全力争取服务的热忱给政府留下了深刻印象。政府在回信中表示感谢并婉拒了我们。与此同时，布尔人像潮水般推进，人们担心他们会入侵德班。伤亡日益扩大。我们再次提交申请，最后政府同意了，要求我们建立印度医护队（Indian Ambulance Corps）。我们曾表示，即使在医院从事清道夫、清扫工等工作也无不可。然而，毫无疑问，我们非常喜欢医护队的工作。我们最初只是请求让自由的或契约期满的印度人参加，现在我们建议让印度契约工人也参加进来，因为当时政府需要尽可能多的人手。我们争取到了雇主的同意，让工人自行决定是否参加战争。这样一来，一个接近1100人的庞大的医护队建立了起来，浩浩荡荡地从德班开赴前线。出发前，我们收到了艾斯坎比先生的祝贺和祈祷，读者想必对他已相当熟悉，他当时是纳塔尔欧洲人志愿服务队的领袖。

英国报纸详尽报道了这些情况。没有人料到印度人会参加战争。一位英国绅士在一家主流报纸撰写了一首诗歌颂扬印度人，其中有这样的句子——"毕竟，我们都是帝国之子"。

在自由印度人的尽力召集下，三四百名契约期满的工人加入了医护队，其中包括37位作为领队的自由印度人——他们在向政府递送的申请书上签名，并负责组织其他成员加入医护队。领队中有律师、会计师以及木匠、土匠等。印度教徒、穆斯林，马德拉斯人、内地人，各阶级、各种信仰的人都有参加。医护队中几乎没有商人，但他们捐献了许多钱财。军事部门给医护队的装备不敷使用，如果装备充足的话，这可以缓解我们艰苦的军营生活。商人们为我们补充了装备，并向我们照料的伤员捐赠糖果、香烟和其他东西。在我们所到的每个市镇，当地商人都尽力关照我们。

参加医护队的契约工人，仍接受本厂派出的英国监工的管理。但由于和我们一起工作生活，他们深感喜悦，整个医护队也就自然地交由我们管理，它因此也被称作印度医护队，这提升了社区的声誉。事实上这个声誉有些名不副实，因为医护队中包含着战后还要回到种植园的契约工人。毫无疑问，自由印度人，或者说印度社区，整体上还是与这个声誉相称的。医疗队自建立以后就管理良善——布勒（Buller）将军也在简报中承认了这一点。

布斯（Booth）医生曾经帮助我们进行医务训练，担任了医护队的医疗主管。他是一位虔诚的牧师，虽然主要为印度人中的基督教徒服务，但他并不区别对待其他印度人。前面所述的37位领队就都受过他的训练。

与印度人一样，欧洲人也有自己的医护队。他们与我们并肩工作。在我们请求无条件为政府服务后，政府在同意接受信函中曾授权我们不需到战线上服务。这意味着军队的常设医护队还需将伤员远远运离战线。布勒将军之所以组建欧洲人及印度人的临时医护队，目的是为了缓解怀特（White）将军在莱迪史密斯的战场压力。不难想象，那里的伤员日益增多，已远非正规医护队可以负荷。在战火纷飞的国家，战场与后方医院之间没有像样的道路，无法通过日常运输工具运送伤员。后方医院通常建在火车站旁边，距离战场7到12英里。

我们马上投入工作。工作远比意料的困难许多。将伤员运载到七八英里开外是日常工作之一。有时甚至得运载重伤官兵到25英里远的地方。这样的长途跋涉，从早上八点就开始了，一路上我们还得为他们上药，并且必须在下午五点前到达后方医院。这实在是个艰巨的任务。有一次，我们得在一日内将伤员送到25英里之外。再者，英国军队在战争初期遭遇阻击，大量官兵受伤。军官们被迫打消了不让我们上前线抢救的想法。但必须说明的是，即便战况如此紧急，他们仍清楚地告知我们：按照合约，我们不需到前线去，如果我们不愿冒险，布勒将军不会强迫我们；但如果我们自愿接受，他们将感激不尽。我们只想冲到最危险的地方，绝不袖手旁观，因此非常乐意地接受了这个请求。幸运的是，最后我们也没人受枪伤或遭到其他损伤。

我们在医护队中还有些令人愉快的经历，这里就不细说了。但是，我得说一件事：虽然整个医护队（包括那些看起来相当"粗鲁"的契约工人）经常与由欧洲平民或士兵组成的临时医护队接触，但从未发现他们对我们有任何鄙视或不礼貌。这些由欧洲人组成的医护队队员在战前曾参加过反对印度人的运动。但当知道印度人不计前嫌、在自己危难时施以援手后，他们的心融化了。正如我所提到的，布勒将军在简报中提及了我们的工作，那37位领队也分别被授予奖章。

两个月后，布勒将军胜利解围莱迪史密斯，欧洲医护队和我们的医护队都被解散。其后战争仍持续了很长时间。我们准备随时再次加入，政府在解散医护队的命令中也申明：当大规模军事行动再次出现时，政府仍会征召我们。

南非印度人在战争中的贡献并不显著。他们没有任何人员伤亡。然而即便只是想帮忙的意愿，都能给对方带来印象；如果它确实出乎意料，那就更受赞赏了。在整个战争期间，欧洲人一直保持着对印度人的这种好感。

在本章结束前，我得说一件值得一提的小事。当莱迪史密斯被布尔人包围时，除了英国人外，还有小部分印度人在那里居住（包括商人以及在火车上工作或为英国绅士做佣人的契约工人），其中有一位叫帕布辛格（Parbhusingh）的契约工人。莱迪史密斯的指挥官向各处居民分派各种任务。那些最危险、最重要的工作都派给了这个"苦力"帕布辛格。在莱迪史密斯附近的山头，布尔人建了一个炮台。它摧毁了许多建筑，有时甚至造成人员伤亡。当炮弹离膛射向远方目标后,其用时可能在一两分钟。如果能在这么短时间内通知被攻击目标,他们就可在炮弹到达城镇之前将自己掩护起来。帕布辛格躲在一棵树上,目不转睛地盯着对面山头,一旦大炮开火,他见到闪光后就立即响铃。莱迪史密斯的居民听到铃声后,赶紧依照警示掩护起来,从而躲避炮弹的致命攻击。

莱迪史密斯的指挥官对帕布辛格的伟大奉献赞誉有加,他说:"他如此用心,从未错发过一个铃声。"不用说,他的生命也总是危在旦夕。他的英勇事迹传遍了整个纳塔尔,连时任印度总督寇松(Curzon)勋爵也知晓了此事。寇松勋爵赠予他一件克什米尔长袍,并致信纳塔尔政府,请其代为举办盛大的赠袍仪式。德班市长为此专门在市政厅举办了一场盛大会议。这个故事给我们两点经验或教训:第一,我们不应轻视任何人,无论他是多么卑微或貌不惊人;第二,无论一个人平时多么羞涩腼腆,当真正的考验来临时,他也可能成为伟大英雄。

第十章　战争之后

1900年，战争已近尾声。莱迪史密斯、金伯利、玛弗金等地也解围了。在帕阿德堡（Paardeburg），克罗吉将军投降了。被布尔人占领的英国殖民地重新夺回来了，齐斯纳勋爵还占领了德兰士瓦和奥伦治自由邦。只有一些零星的游击战争仍在继续。

我认为自己在南非的工作已经结束了。我在这里待了六年，而不是原计划的一个月。目前所有工作的基本纲领都已明确下来。然而，我不能未经同意擅自离开。我告知同事返回印度从事公共活动的想法。在南非，我学会了服务而非自利，我热切希望能够不断服务社会。曼苏克拉尔·纳扎先生和汗（Khan）先生都在南非。一些在南非土生土长的年轻印度人也已从英国回来从事律师工作。在这种情况下，我要回国并无不妥。当我提出这些理由后，他们允许我回国，只是恳请我：若南非情况突变，社区因情况紧急而召唤我时，必须立马赶回。他们承诺为此承担旅费及我在南非的一切费用。我答应了这些安排，便回到了印度。

我决定在孟买从事律师工作，首先要在戈克利的指导和建议下熟悉公共活动，其次要自谋生路并为公共活动准备资金。我租了房子并很快投入工作。由于在南非建立的亲密关系，那些从南非回来的雇主们给我各种业务，足以满足我的生活。但我的一生注定不能平静。在孟买才待了三四个月时间，我就收到了电报：南非形势严峻，张伯伦先生即将前去视察，社区请我速回处理。

我匆忙结束在孟买的工作和房屋租期，赶紧搭最近的一趟轮船赶赴南非。这时大概是1902年年底了。我在1901年年底回到印度，大约1902年3月才开始在孟买工作。那份电报没有谈及细节。我猜是德兰士瓦那边遇到了困难。但我没有携带家眷，因为我认为可以在四到六个月内回来。然而，当我到达德班，知道了情况后，大为震惊。许多人原指望战争结束后南非印度人的状况会有所改善，我们从未料到战后印度人会在德兰士瓦或者自由邦遭遇磨难，因为兰斯多恩勋爵、塞尔伯恩勋爵及其他高官曾在战争期间声称，布尔人对印度人的虐待是发动战争的理由之一。一个比勒陀利亚的英国政府代表曾跟我说，如果德兰士瓦变成了英国的殖民地，所有印度契约工人的悲惨境遇将会被解除。欧洲人也相信如果德兰士瓦变为英帝国属地，布尔人制定的那些压迫印度人的法律将会被废除。大家普遍相信这一点，以至于战前不接受印度人投标土地的拍卖人，现在也开始接受这类竞标了。许多印度人通过竞买获得了土地，但当他们把这些交易业务提交到税务部门登记时，官员们竟以"1885年第3号法令"为由，拒绝予以登记。所有这些是我到达德班后才知道的。社区领导说张伯伦先生将首先访问德班。我们得先让他知道纳塔尔的情况，其后再随他一起前往德兰士瓦。

代表团在纳塔尔等候张伯伦先生。他耐心倾听，并承诺与纳塔尔政府讨论此事。就个人意见而言，我从不指望战前就在纳塔尔发布的那些法律能于短时间内被修正——这些法律，我们在前面章节已经谈到过了。①

正如读者所知,战前,印度人可自由进入德兰士瓦。我发现现在情况不同了——只不过那些限制是在印欧平等的表面下被掩饰起来的。当时的情况是,战后许多商店还未开张,如果大量人群涌入德兰士瓦,衣服和食物的供应将出现短缺。店里的商品早被布尔人的前政府征用殆尽。因此,我对于这种暂时的限制,原不以为意。但接下来欧洲人和印度人申请入境的程序出现了差异,这引起我们的疑虑。在南非,各港口都有主管入境的事务所。出于现实考虑,欧洲人只需提出申请即可获准,而政府却在德兰士瓦建立了"亚洲人事务署"(Asiatic Department)专门处理印度人的申请。印度人必须先向这个新建的部门官员提交初审,获得批准后才可在德班或其他港口申请入境。

如果我也按照这些繁复程序提交申请,那么在张伯伦先生离开德兰士瓦前,我都未必能入境。德兰士瓦的印度人无法帮我获得入境许可,这超出他们的能力范围。我只能依靠自己在德班的关系争取入境。我不认识许可证事务所的官员,但我认识德班警察局长。我请求他跟我一道前往许可证事务所。他同意并按要求为我进行担保。我曾于1893年在德兰士瓦居住一年,因此顺利获得了入境许可,其后我马上抵达比勒陀利亚。

比勒陀利亚的氛围对我们相当不利。我看得出来,亚洲人事务署是个针对印度人的可怕机构。几位负责的官员是在战争期间跟随军队从印度来到南非的冒险者,他们来这里碰碰运气,有些人已经腐化

---

① 见本书第四章。

了。其中两位官员曾被指控受贿，法官却判其无罪。但事实上，他们确实有这样的行为，所以后来又被解职了。在当时，偏袒就是"公义"。如果一个独立部门这般地建立起来，其目的又仅仅是限制公民固有权利，那么为了证明部门存在的意义及机制的有效性，官员们自会挖空心思、千方百计地发明各种限制手段。这个机构便是其中一个鲜明的例子。

我意识到必须从头开始工作。亚洲人事务署并不晓得我是如何进入德兰士瓦的。他们不愿冒失地询问我。我猜他们原以为我是走私入境的，经过打听，才知悉我取得许可证的经过。比勒陀利亚代表团准备与张伯伦会面。我撰写了一份呈送给他的备忘录，但亚洲人事务署竟然将我从代表名单中剔除。印度代表团认为如果我缺席，他们就不必会见张伯伦了。这遭到我的反对，我本人并不在意这种羞辱，劝他们也不要放在心上。备忘录已经准备妥当，现在的问题是要将它呈送给张伯伦先生。我们请印度律师乔治·戈夫莱（George Godfrey）先生负责宣读备忘录。于是代表团会见了张伯伦。他在会谈中提到了我："我在德班见过甘地先生，因此拒绝在这里见他，以便从德兰士瓦当地居民中获得第一手资料。"依照我的看法，这种说法无疑是火上浇油。张伯伦先生是在亚洲人事务署建议下说这话的，而这个部门在德兰士瓦制造了"印度人即将淹没该地"的谣言。在查姆帕兰，所有人都知道英国官员把孟买人视为外国人。按照他们的想法，作为一个居住在德班的人，我怎会晓得德兰士瓦的情况呢？亚洲人事务署就是这样误导张伯伦的。他不知道我曾在德兰士瓦居住，即便没有住过，我对那里印度人的情况也相当熟悉。在这件事情上，其实只存在一个恰当性的问题——谁最清楚德兰士瓦的情况？印度人把我远从印度召回，这本身就是答案。但是当权者蛮不讲理的情况并不鲜见。张伯伦先生显然受当事人的影响，他急于讨好欧洲人，几乎不可能为我们伸张正义。但代表团仍坚持与他会面，目的无非是避免因疏忽或惧怕受辱而放弃任何合法解决问题的机会。

现在我面临的形势比1894年时更为严峻。从某个角度看，似乎张伯伦离开南非后，我便可返回印度。但从另一个角度看，我很清楚，如果自己好高骛远地幻想在印度的广阔世界中服务，却将当前南非印度侨民的苦难置之不顾，那么我为公众服务的理想只能化为泡影。我想即使这意味着我将在南非耗尽一生，我也必须在那里奋斗，直到乌云被驱散，或者这些乌云突然发作，瞬间将我们的所有努力吞噬殆尽。我把这些想法告诉了侨民领袖。与1894年一样，我表明自己仍想以律师工作维持生计——这与整个社区的心意不谋而合。

接下来，我申请德兰士瓦的律师从业资格。律师协会仍试图拒绝，但最终徒劳无功。我在最高法院登记，并在约翰内斯堡开了一家事务所。约翰内斯堡是德兰士瓦各地中印度人聚居最多的地方，无论从为公众服务或者个人营生考虑，这都是最适宜我立足的地方。亚洲人事务署的腐败行为一直困扰着我。德兰士瓦英殖印度人协会（Transvaal British Indian Association）的主要工作只能局限于想方设法避免其毒害，而将废除"1885年第3号法令"列为长远目标。当前最迫切的任务是如何避免亚洲人事务署这洪水猛兽的肆虐。印度侨民代表会见了米尔纳勋爵，到访的塞尔伯恩勋爵，当时的德兰士瓦副总督、后来的马德拉斯总督——亚瑟·劳拉（Arthur Lawley）先生，以及其他职位略低些的官员。我已经习惯了会见大大小小的各级官员，他们总喜欢随意地恩赐给我们一些表面的改良。我们经常被

"赐予"一些小小安慰，就像被强盗夺去所有财物的人，不得不哀求还回一点东西一样。由于这些行动，刚才所提的那两个被解职的官员才被起诉。事实证明，我们对（政府将）限制印度人迁移的忧虑是正确的。欧洲人不再被要求申请迁移许可，但是印度人仍不能幸免。之前的布尔政府从未严厉执行反印度人的法律，这不是因为布尔人慷慨大方，而是因为其行政管理相对松懈。在英国体制下，即便是善良官员，也无法像在布尔政府工作那样，将个人的仁慈运用到管理上。英国的宪法古老而僵化，官员们只能像机器一样工作，其行为完全受制于一系列的监督规制。因此，在英国宪制中，如果政府采取自由政策，被管理者就可以获得自由的最大益处。相反，如果政策是压迫或者苛刻的，被管理者就会处处感到这只巨手的最大压力。以前的布尔政府则恰恰相反，被管理者能否从自由法律中获得最大便利，完全取决于负责执行的官员。因此，当英国人在德兰士瓦建立统治后，所有反对印度人的法律都日益严厉起来。所有的漏洞都被悉心封堵起来。我们已经看到，亚洲人事务署在多么严酷地开展工作，因此，更不用说想去废除这部法律了。印度人所能祈求的只是争取温和一点的执行而已。

既然我们早晚得谈论法律原则问题，现在谈论这个问题将会有助于理解印度人的想法及往后形势的发展。在英国人取得对德兰士瓦和自由邦的控制后，米尔纳勋爵任命了一个委员会，负责考察和罗列这两邦原有的与英国宪法精神相违背或者剥夺公民权利的所有法律。很显然，那些反印度人的法令是可以包括进去的。但是，米尔纳勋爵建立这个委员会的目的是为英国人而非印度人解除悲惨遭遇。他想尽快废除那些间接压迫英国人的法律。那个委员会很快就提交了一份报告,那些大大小小的歧视英国人的法律,可以说,只用一支笔就被轻轻划掉了。

这个委员会也罗列了所有反印度人的法律清单。这些法律汇编成一本小册子公开出版,以供亚洲人事务署使用。在我们看来,这或许不过是为了便利他们滥用权力而已。

可是,如果反印度人的法律并不提及印度人,而是公开宣布适用于所有公民而非仅仅针对印度人;如果它可由执行者自由裁量,或者这些法律对限制印度人权利的做法进行严格约束,那么立法目的同样可以实现,这些法律也会逐渐演变为普通法。没有人会觉得被法律伤害,当前的痛苦将随着时光流逝而渐渐淡去,到时就不需修改法律,只需宽松执行就足以救济被伤害的团体。正如我把第二种法律称作普通法,第一种则可被称作特殊法律或者种族法律,它是基于众所周知的"肤色歧视"(colour bar),对那些黑色或棕色的种族强加比欧洲人更多的约束。

我们可以列举当时在实行的一部法律为例。读者们应该还记得,纳塔尔曾通过了第一部剥夺选举权的法案,因为它试图剥夺所有亚裔移民的选举权而招致帝国政府的否决。现在,如果要修改这种法律,就必须教育公共舆论,使多数人对亚裔移民友善,不再敌视他们。如果普遍存在这种善意,这些"肤色歧视"的法律只能被撤销。这就是种族或阶级立法的例子。刚才所提的那部法律被撤销了,取代它的第二部法律虽然披上了普通法的面孔,剔除了表面的种族歧视,但实质上它几乎实现了同样的目的。其中有这样一项条款:"那些母国目前仍未建立议会选举代议制的人士,不能在纳塔尔获得选举权。"这里没有谈及印度人或亚裔移民。对于印度是否基于议会选举建立代议制度，律师界存在分歧。但假设印度果真在1894年乃至今天仍未建立议会选举制度，而主管选举的官员仍将印度人列入选举名单中，没人可以指责这有悖于法。法律一般支持公民权利。

只要当时的政府并不如此敌视印度人，尽管存在这样的法律，印度及其他国家的移民都照样可以获得选举权。也就是说，如果不这么讨厌印度人，如果地方政府不想伤害印度人，无须修改法律，印度人也可出现在选举名单上。这就是普通法的好处。从前面章节中提到的一些南非法律，我们还可看到许多这样的例子。当然，明智的政策总要尽量避免阶级立法——如果它能彻底清除这一点，那就善莫大焉了。一旦法律执行起来，想要推翻就相当困难。只有公众受到良好教育，已推行的法律才可能被撤销。那些可以随意变革或废除任何法律的宪制，绝不能做到稳固有序。

我们现在反而更"感激"德兰士瓦那些反印度人的法律。它们带有种族歧视的特点——亚裔移民因此没有选举权，也不能在政府指定的区域外获得土地。如果这些法律没有从《法令全书》中剔除，管理者对印度人就爱莫能助了。米尔纳勋爵的委员会只能列出清单，标明所有并非普遍适用的法律。而如果它们被列入普通法，这些虽未明言但旨在排斥亚裔移民的法律，将会连同其他法律一同被废除。那些管事的官员就不能推托说，既然这些法律未被废除，自己就只能执行到底了。

这些法律落到亚洲人事务署的手中后，他们就严厉执行起来。只要有利可图，政府总会毫不犹豫地加强自身权力，去封堵任何一点客观上可能有利于亚裔移民的小小疏漏。其中"道理"显而易见：如果是恶法，就该废除；如果是善的，就该改革其缺陷。部长们早就已经在实行这些法律了。在上次战争中，印度人出生入死，与英国人并肩作战，但这不过是三四年前的往事而已。比勒陀利亚的英国代办曾为印度人伸张正义，这也是旧政府时期的事了。英国人曾以印度人的悲惨遭遇作为发动战争的一个理由，那也不过是对本地状况毫无了解、目光短浅的政客的借口而已。本地官员明确声称，前布尔政府反印度人的法律既不严厉，也不系统。如果放任印度人随意进入德兰士瓦并自由经商，英国商人将遭遇重大损失。这些论调在欧洲人及作为其利益代言人的各部部长中很有市场。他们想在最短时间内聚敛最大量的财富，又怎会甘愿与印度人分享呢？在爱慕伪善的动机驱使下，他们修改了政治理论，为自己辩护。赤裸裸或完全商业化的论调无法令狡猾的欧洲人满意，文人们总喜欢发明奇特的理论来为不正义的目的辩护，南非欧洲人也不例外。下面就是史沫资将军和一些人的论调：

"南非是西方文明的代表，而印度则是东方文明的中心。现今的思想家认为，这两种文明无法携手并进。代表这两种文明的各个民族即使是在小范围内相遇，也会引发爆炸性后果。西方人反对简约，而东方人视之为最高美德。这两种截然不同的观念怎能协调一致？孰是孰非，如何判断，这不是政治家或者实践家的责任。西方文明也许不好，但西方人愿意奉行到底。他们将竭尽全力保护自己的文明，即便血流成河，也在所不惜。为此，他们曾经遭遇过种种艰难困苦，现在他们重新谋划，亦为时未晚。由此看来，关于印度人的问题并非商业妒恨或者种族仇视。问题不过是出于保护自己的文明，实现自我保全的神圣权利和义务而已。一些公共评论家喜欢通过揭发印度人的缺陷来煽动和鼓动欧洲人，但政治思想家却相信并宣称，印度人的特质恰好弥补了南非（欧洲人）的缺陷。印度人简朴、忍耐、坚定不移、节俭及喜好冥想,因此在南非不受欢迎。而欧洲人有进取心、性情急躁、全神贯注于增加和满足物质欲望、喜好高声喧哗、急于节省劳力、习惯铺张浪费,他们担心如果成千上万的东方人涌进来的话,自己只能被挤到墙角。因此,居住在南非的西方人不想招致毁灭,他们的领袖更不会坐以待毙。"

我自以为上面一段文字客观复述了一些欧洲高层人物的观点。虽然我认为这种观点是"伪哲学",但这不意味着他们的观点毫无根据。从现实的角度,或者说从他们的暂时利益来讲,这确实很有说服力。但从哲学的角度来看,这并不纯洁,也不真实。我以为,任何一个公道的人都不能接受这种观点,没有改革家会像他们这样宣称自己的文明处于危难关头。据我所知,东方思想家从不担心与西方国家自由接触后,东方文明就会像沙子一样被西方潮流冲垮。按照我对东方思想的理解,东方文明不仅不惧怕,而且积极与西方文明接触。即便有人在东方发现了反例,也不能动摇我的论点,因为仍有大量例子可以支持我。也许因为西方思想家认为西方文明的根基在于强权胜于公理,所以西方文明的积极分子致力于维系其野蛮暴力。这些人宣称,那些不善于扩张物质欲望的民族必遭灭亡。出于这些缘由,西方各民族来到南非,征服了南非诸多人口众多的优秀民族。要说他们害怕毫无威胁的印度人,这是非常荒谬的。说欧洲人毫不惧怕亚裔移民的最好例证就是——如果印度人在南非只是务工的话,就不会有任何反对印度移民的动议了。

因此,剩下的也是真正的原因,就与商业和肤色有关了。数以千计的欧洲人在自己的文章中承认,印度人使欧洲人的生意遭受严重挑战,对印度人的厌恶植根于欧洲人的思想深处。即使已经确立

"法律面前人人平等"原则的美国，像布克·T.华盛顿（Booker T. Washington）①这样受过良好西式教育、掌握西方文化精髓、品德优良的基督徒，也曾被认为没有资格受邀进入罗斯福（Roosevelt）总统的内阁，即便在今日，恐怕也不会被认可。美国黑人已接受西方文明，信仰基督教。但黝黑的肤色使他们生而有罪，因此他们在北部各邦的社会生活中遭到鄙视，在南部各邦则动辄得咎，横遭私刑。

读者可以看出，上述所谓的"哲学"观点其实毫无理据。但是绝不能说所有持这种观点的人都是伪善的。他们中许多人真诚地认为这些观点是对的。如果我们易地处之，也许也会持有类似的观点。我们印度有一句这样的谚语："凡有其行，必有其思。"不是有人说过这样的观点么，即：人类的主张只不过是思想的反映，如果它们得不到认可，人类就会不满、焦躁乃至愤怒。

之所以这样认真地讨论这个问题，在于希望读者能够理解不同的观点，对那些从未尝试这样做的读者，我希望他们能养成欣赏和尊重不同观念的习惯。拥有这种自觉意识和耐心，对理解"坚持真"至关重要，也是运用它的第一要件。没有这些，"坚持真"是不可能的。我之所以撰写本书，绝不是为了著述写作，我的目的也不仅仅是为了向公众描述南非某阶段的历史。撰写本书的目的，是希望整个国家可以理解"坚持真"——这个我生死系之（的原则）——是怎样产生的，以及又如何获得大规模运用的。只有知道这一点，我们才能尽可能地领会它，将其运用到极致。

言归正传。我们已经看到了，英国政府决心阻止新印度移民进

---

① 布克·T.华盛顿（1856—1915）为美国教育家和作家，是著名的黑人运动领袖。

入德兰士瓦,并试图对已居住在南非的印度居民制造种种困难,迫使其愤然离去。如果他们不愿离开,就只能接受被奴役的命运。某位所谓的南非重要政治家多次声称,只能留下印度人从事伐木和抽水等工作。亚洲人事务署中有一位莱昂内尔·柯蒂斯(Lionel Curtis)先生——他现在因提倡"双头政治"在印度声名显赫,当时年纪轻轻就获得了米尔纳勋爵的信任。他自称可以采用科学方法处理一切事务,但有时他也会犯严重错误。约翰内斯堡市政当局就曾因他的一个错误损失了14000英镑。他建议说,如果要阻止新的印度移民,第一步就必须对原来居住在南非的印度人进行有效登记。做到这一点后,就没人能够冒名潜入这个国家;即便有人潜入了,也会很容易地被辨认出来。英国人统治德兰士瓦后,印度人的入境许可证被要求附有持证人签名,不识字的则需按上拇指印。后来又有人建议,还必须包括持有人照片。这个建议未经立法审议,就被行政部门直接采用,因此印度人的领袖无法及时知晓。当他们发现这个规定后就立即代表社区向当局呈送备忘录,等候回音。官方认为,不可能无须任何规定就让印度人随意进入,因而所有印度人都必须提供这些资料,获得许可证,方能进入南非。依我看来,虽然法律并不要求我们必须申请这种许可证,但是按照《维护和平条例》(Peace Preservation Ordinance),政府仍可要求我们这样做。南非《维护和平条例》与《印度国防法》(Defence of India Act)相似,正如《印度国防法》在印度的施行超出了必要期限,其目的在于迫使印度人疲于奔命、不得安宁一样,南非的这个条例也远远超出必要期限,目的也是要折磨南非印度人。对于欧洲人而言,这是掩饰各种实质目的的万能标签。现在既然要求必须持有许可证,当然就得包括一些证明个人身份的信息了,因此要求不识字的人按手印也就没有什么不妥的。我一点也不喜欢许可证中必须贴有照片的做法，穆斯林们则有宗教理由反对这一点。

社区和政府协商的最终结果是，印度人同意更换许可证，而新移民必须申领新版许可证。虽然法律并未规定，但印度人还是同意自愿重新登记，以此希望自己不再被施加种种新限制——大家都知道印度人不想非法移民，也不希望《维护和平条例》再被用来刁难新移民。几乎所有印度人因此更换了许可证。这绝非易事。整个社区团结得像一个人一样，迅速地完成了这项并非法定义务的额外工作。这是他们机智坦诚、大方老练和谦逊有礼的证明，也说明了我们社区并不想触犯任何德兰士瓦的法律。印度人相信，自己谦恭对待政府，政府会以德报德、尊重并还予应有权利。在下一章中我们将看到，德兰士瓦的英国政府是如何"回报"印度人这种伟大的谦恭。

第十一章　对温顺的回报：黑暗法令

我们的重新登记工作完成后，1906年，一切进展顺利。我已于1903年再次进入德兰士瓦，并于当年年中在约翰内斯堡建立了自己的律师事务所。两年过去了，我们的工作被限制在抵抗亚洲人事务署的种种刁难上。我们希望移民的重新登记会让政府满意，以为这会给社区带来和平。但事实并非如此。前面我们介绍过的那位莱昂内尔·柯蒂斯绅士认为，仅仅迫使印度人更换许可证，不足以实现欧洲人的目标。依照他的看法，这些要求不能只是出于双方的共识，而必须上升为法律，其基本原则才能一劳永逸施行下去。柯蒂斯先生试图令这些限制印度人的举措成为表率，以为英帝国其他自治领仿效。在他看来，只要南非还有一个地方向印度人开放，德兰士瓦就绝不能高枕无忧。所以，我们根据共识进行重新登记的行动，并不能提升印度人在南非的地位。柯蒂斯先生一心一意要让我们窘迫难堪。他对印度人的想法不屑一顾，他威胁要通过法律永远限制我们。为此，他起草了《亚裔移民法》（Asiatic Bill），并提醒政府，如果这个议案没有被通过，那么德兰士瓦就没有任何现行的法律阻止印度人潜入，也无法将非法入境者驱逐出境。柯蒂斯先生的主意与政府一拍即合，结果《亚裔移民法修正条例》（Asiatic Law Amendment

Ordinance）草案被列入了《德兰士瓦政府公报》，准备提交立法会审议。

在细谈这个"条例"之前，我们还得稍微提及一起重要事件——既然我是"坚持真"运动的提出者，就有必要让读者知道对我意义重大的一些事。在德兰士瓦试图进一步向印度人施压期间，纳塔尔发生了祖鲁"叛乱"。直到今日我都在怀疑，这种反抗能否算作"叛乱"——纳塔尔方面总这样描述它。我身为纳塔尔居民，也希望能为战争做点什么。经过社区同意，我向政府请愿，表示愿组织一支担架队在军队中服务。政府同意了。于是，我迁出约翰内斯堡，将家人安置在纳塔尔的凤凰村（Phoenix）——我的许多同事已移居并在那里出版《印度舆论》（*Indian Opinion*）。我知道自己不会离开太久，所以没有关闭律师事务所。

我带领一支20—25人的小分队加入军队。这支小分队几乎包括了印度的各省人士，我们积极服务了一个月。我感激上苍派给我们的这个任务。如果没有我们，那些受伤的祖鲁人将得不到照料。欧洲人不愿照料他们。医疗队负责人萨维奇（Savage）医生是位人道主义者。本来我们的职责只是将伤员送达医院，不必照顾他们。但我们参战的目的是为了尽量提供各种服务——哪怕是工作范围以外的。这位善良的医生表示，自己无法强制欧洲人照顾祖鲁人，如果我们仁慈地接受这个任务，他将感激不尽。我们必须清理祖鲁人由于五六天没有得到处理而散发恶臭的伤口。我们喜欢这样一份工作。虽然言语不通，但从祖鲁人的手势和眼神可以看出，我们被他们视作上苍派来救援的人了。

我们承担的工作非常繁重，那个月里我们有时一日行军达40

英里。

一个月后,这支小分队被解散了。军队的简报表扬了我们,队员们分别被授予一枚奖章,我们还收到总督的感谢信。队中有三人来自古吉拉特,包括尤米珊卡·曼察兰·舍拉特(Umiashankar Manchharam Shelat)先生、斯兰达·巴布海·美德(Surendra Bapubhai Medh)先生和哈里珊卡·伊斯瓦·卓斯(Harishankar Ishvar Joshi)先生。他们个个体格强壮、工作勤奋。我现在无法记起其他印度人的名字,但我清晰地记得,其中有位帕坦人(Pathan)[①]。每当见到我们背着一样重的物件与他并肩而行时,他总是由衷地表示惊奇。

在救护小分队服务期间,一直以来浮现在我脑海里的两个观点越发明确坚定了:第一,任何有志于终身服务奉献的人士必须禁欲;第二,他必须把贫困当作终身伴侣。他不能从事任何妨碍他或使他在卑贱、危险的服务面前畏缩不前的工作。

在军中小分队服务期间,我收到许多要求我立即赶回德兰士瓦的信件和电报。因此战争结束后,我立马回到凤凰村,并赶紧到约翰内斯堡与朋友会合。我阅读了前面所述的那个条例的草案。我把刊发该法令的《德兰士瓦政府特别公报》(1906年8月22日)从办公室带回家里,然后在朋友公司附近的一座小山上,把这个法令草案翻译成古吉拉特文,将之刊发在《印度舆论》上。逐条细读该法条文后,我非常震惊,其中除了对印度人的敌视外,别无他物。在我看来,一旦这个条例被通过而印度人沉默不语的话,整个南非的印度人就会有覆灭之虞。现在是生死关头。我想,即便呈送备忘录和派遣代表申述

---

① 住在印度西北部的阿富汗人,以强壮著称。

等方法失败了，侨民们也不能坐以待毙。我们宁死也不可屈从于这种法令。但我们该怎样牺牲呢？我们该怎样鼓起勇气采取行动呢？此刻摆在我们面前的，不是胜利就是死亡，我们别无选择了！一面巨墙挡在面前，令我眼前一片漆黑。我觉得，应该让读者了解这些令人震惊的法律条款，其概要包括：所有印度人、男人、女人以及八岁以上的小孩，只要被允许在德兰士瓦居住的，都必须在亚洲人登记署（Registrar of Asiatics）登记并申领登记证件。

所有申请人必须上交登记署派发的旧证，并在登记表上注明姓名、住所、种姓、年龄等信息。登记员必须记录申请人的重要信息，并要求申请人在上面按指印。拒绝这样做的任何一个印度人，将在一定期限后被剥夺在德兰士瓦居住的权利。申请失败而继续逗留在德兰士瓦的人就是触犯了法律，将被处以罚款、监禁等处罚，情节严重者，法院有权将其遣返本土。父母必须代年幼的儿女申请，并携其前往登记署办理按指印等手续。那些年满十六岁的青少年必须亲自登记，否则将遭受与成年人一样的处罚。拥有证件的侨民都必须随时按照警察要求出示证件，无法出示者，将被处以罚款或监禁。路上行走之印度侨民，可随时被要求出示证件。警察有权进入私宅检查证件。从外地进入德兰士瓦的侨民，必须向执勤的警察出示证件。侨民参加法庭诉讼、向税务部门申办商务及申请自行车执照时，都必须出示证件。换言之，印度侨民向政府申请任何服务、接受审查之前，都必须出示这类证件。任何拒绝出示或者拒绝依照这部条例提供个人信息的人，将被视为触犯法律，处以罚款或监禁等处罚。

我从未见到世上其他地方有这样对待自由人的条例。我知道纳塔尔的印度契约工人也面临类似的审查制度，但这些可怜的人们并不被视为自由人。并且即便那些针对他们的法律，也比这条例来得温和，处罚也小得多。一个经营数十万卢比规模生意的大商人，随时都有被遣送回国的可能，并可能拜这条例所赐招致破产。在后面的故事里，细心的读者还会看到，有些人确实因为触犯这些条款被遣送回国。在印度，存在一些专门压制野蛮、未开化的原始部落的严酷法律。南非的这些法律不禁令人联想到那些酷法，但其严厉程度甚至有过之而无不及。在这之前，南非从未有要求按指印的法律。我查阅了相关文献，从亨利警官的一篇有关按指印的文章中，我知道，在法律上，只有罪犯才被要求按指印。南非政府强制要求印度侨民按指印的做法，令我震惊不已。这个条例甚至前所未有地对妇女和十六岁以下的青少年也提出了这样的要求。

第二天，我们举行了小规模代表会议。会上，我一字一句逐条解释条例内容。大家深感震惊。其中一人不无冲动地说："如果有人敢过来要求我太太出示证件，我会当场向他开枪，不管后果怎样。"我劝他平静下来，并且说："这是一个严峻的危机。如果它被通过，我们也默许了它，那么整个南非就会相互效仿，纷纷出台类似的法律。在我看来，这个法律的目的无非是要将我们驱逐出南非。他们绝不会善罢甘休。这只是驱逐我们的第一步，我们肩上所负的不仅仅是1万—1.5万德兰士瓦印度人的安全，我们担负的是整个南非印度侨民的安全。再强调一下，明白了这部条例的用意后，我们必须看到，这事关印度侨民的荣辱兴亡。这部条例不仅羞辱了我们，也试图侮辱我们的祖国。他们在践踏无辜平民。他们凭什么这样歧视我们？我们是无罪的民众，这样践踏一国公民，他们无疑也侮辱了我们的祖国。但是，我们不必急躁、愤怒，这于事无补。上苍会来帮助我们，只要我们冷静思考、采取恰当措施进行抵抗，只要我们齐心协力、一致对外，我们的抵抗必将成功。"所有参会人员都意识到形势严峻，决定召开一次大会进行审议。为此，我们租下了一间犹太剧院。

第十二章 "坚持真"的到来

会议于1906年9月11日如期举行。来自德兰士瓦各个地区的代表参加了会议。但是，必须承认，即便作为起草人，我当时也没有意识到会议决议的伟大意义，我也不知道事情会朝哪个方向发展。这个老旧的帝国剧院里里外外人头攒动，人们都希望大会能采取强有力的对策。会议由德兰士瓦的英帝国印度人协会主席阿卜杜尔·甘尼（Abdul Gani）先生主持。他是最早迁居德兰士瓦的印度人之一，也是著名的玛曼德·卡萨姆·坎茹丁（Mamad Kasam Kamrudin）公司在约翰内斯堡的合伙人和经营者。会议通过最重要的决议是著名的"第四条决议"——即印度人庄严宣布，即便遭受各种惩罚，也绝不服从这部即将通过的丑恶条例。

我向与会者详细解释这个决议。大家静静聆听。会议采用印地语及古吉拉特语，所以没人不知道会议进程。对于不懂印地语的泰米尔人或泰卢固人（Telugus），讲泰米尔语或泰卢固语的专门发言人会向他们解释所有细节。按照惯例，发言人们［包括哈吉·哈比（Haji Habib）先生］将提议、二读和通过这个决议。哈比先生也是在南非生活时间最长、最有经验的印度人之一。他情绪激动，说我们必须通过这个决议，上苍会见证一切，我们必须毫不动摇，绝不向这个条例屈服半分。他接着向上苍起誓，绝不服从这部条例，并请求在座的参会人员也和自己一样同仇敌忾、身体力行。其他人也陆续发表了慷慨激昂的演讲支持决议。当哈吉·哈比先生宣布要以上苍的名义起誓时，我深感惊奇，犹如雷击。唯此一刻，我才深切感到自己对社区所负的重任。在此之前，社区也通过或修正了许多类似的决议。其中许多决议由于种种缘故，最终形同虚设，没有落实。歪曲决议、议而不行的情况，在世界各地的公共活动中并不鲜见。但没人会以上苍的名义通过决议。抽象地说，通过一个决议与向上苍起誓的行为，本质上差别不大。智者三思而后行，一旦下定决心，就绝不动摇。对他而言，决心犹如有上苍为证般神圣。但世人没有看到，在普通情况下做出的决定与以上苍的名义起誓是大相径庭的。一个暗自下定决心的人绝不会因为违反它而感到羞耻，但一个向公众起誓的人这样做，则使自己蒙羞，并且被视为罪人。这种在想象中的巨大差别深植我们的心灵深处，以至于当人们向法官宣誓后，如果被发现所言有差，就会被视作触犯法律，招致惩处。

这些想法充盈了我的脑海。我有丰富的起誓经验，并从中获益颇丰。我当即附和哈吉·哈比先生的建议。我在瞬间衡量利弊，满腔的热情使我不再疑惑。虽然最初参会时，我并没有鼓励大家宣誓的想法，但我还是热烈拥护哈比先生的建议。与此同时，我认为必须向所有参会人员说明和解释宣誓的寓意。如果现在大家已做好了宣誓准备，我们就该鼓励这样做；要不然，我就理解成大家还未决意破釜沉舟、背水一战。于是，我请求主席允许我向大家解释哈吉·哈比先生建议的意义，并很快获得同意。我站起来发言。现在我能记得的就只有以下内容：

"我希望大家明白,今天通过的决议,绝非寻常,因此通过的方式也应完全不同。这是个生死攸关的决议,未来我们在南非的状况,完全取决于对它的施行情况。在我看来,我们的朋友哈比先生建议的表决方式神圣而有创意。在参加会议之前,我并无这种想法。这个建议提升了这位先生的威望,也给他带来了重大责任。我向他表示祝贺。我十分赞赏他的做法,如果你们也这样做,你们也能与他一起分担这个神圣责任。你们必须明白这个所谓的'责任',作为提议人和社区的服务者,我有义务向你们解释这个责任的含义。

"我们都相信同一个上苍,只不过在印度教和伊斯兰教里,我们对他的称呼不同而已。当我们向上苍发誓,或者请上苍为见证发誓时,这是不容亵渎的。如果我们这样起誓,结果又违背誓言,那么我们就在上苍和人的面前犯罪了。我个人以为,经过深思熟虑后起誓又随即抛之脑后的人,是不成熟的。正如大家所知,以水银灌冲铜币,如被发觉,不仅会使铜币一钱不值,而且作弊者也将遭到处罚;同样地,如果一个人轻率发誓而又随意违背,也会使自己如稻草人般不可靠,并且自食其果。这位先生建议我们宣布的乃是一个庄严神圣的誓言。在座没有幼童,没人有权要求宽恕。你们都是眼界开阔、经验丰富的成年人,你们当中许多人担任过代表,承担着大大小小的职责。因此,没人可以说,自己对所发誓言毫无所知,要求别人宽恕(自己的违誓行为)。

"我知道,如果不是非常场合,我们绝不发誓。那些随意发誓的人,必定会犯错。但是,如果我能想象历史上整个南非印度人社区所能遇到的、严重到非宣誓不可的危机,就非当下莫属了。三思而行是一种智慧。但思虑过多也有不足,我们现在不能再犹豫了。这个政府已经毫无羞耻。如果我们在这场试图毁灭自己的大灾难面前，仍离心离德、袖手旁观，那么我们就是懦弱的、不值得尊重的。所以，现在是发誓的最佳时机。我们每个人都必须仔细考虑清楚，检查自己是否有发誓的决心和能力。（要求发誓的）这种决议不能由多数决原则决定。只有出自内心的行为，才能负起责任。宣誓并非做给外人看的，我们不必考虑本地政府、英帝国或印度政府怎样看待这件事。每个人都要探求本心，只有内心深处确认自己能不屈不挠予以执行，才能发誓。誓言也才能有所成效。

"我再补充几句关于后果的话。最理想的情形是，大多数印度人发誓并且确实做到抗争到底，这部条例也许不能通过；即便被通过了，也会很快被废除，那样的话，我们就不再遭受侮辱。但是，一个宣誓的人，必须一方面保持积极乐观的态度，另一方面也必须做好面对最坏结局的准备。因此，我必须告诉你们这场抗争可能出现的最坏情况。试想一下，如果在座的3000多人都能起誓并执行到底，另外的10000人却不愿这么做，那么从一开始，我们就闹笑话了。再说，很可能是，虽然我们一再警示，还是有些发过誓的人临阵脱逃。我们可能会坐牢，在狱中受辱。我们可能得挨饿，遭受严寒酷暑的折磨。我们可能会被迫作为苦力进行强制劳作，也可能遭受狱警严厉鞭打。当最后只剩下几个抗争的人时，我们可能会被处以高额罚款，财产被一夺而空、当众拍卖。殷实富足的我们，明天可能一无所有。我们还可能会被遣送回去，或在狱中饥寒交迫和遭遇各种虐待，有些人可能不幸生病甚至死亡。总而言之，我们可能遭遇到自己所能想到的各种苦难。因此，明了这一切可能的后果，然后发誓，这才是明智的。如果有人问我，我们的抗争在什么时候、以什么方式结束，我会说，如果整个社区像个男人一样去面对考验，抗争的结束为期不远；而如果有些人在暴风雨中退却下来，抗争的时间将会被延长。但是，我要明确指出的是，哪怕我们中间只有很少一部分人将诺言践行到底，到时就只会有一个结局——那就是胜利！

"我想就本人的责任说几句。一方面，我要提醒大家宣誓行动所带来的风险，另一方面，我也建议大家进行宣誓。我充分明白自己在其中的责任。完全有可能出现这样的情况——在座的许多人出于一时激愤和荣耀进行宣誓，过后却逐渐消沉下来，只有很少一部分人能坚持斗争。即便那时，对我而言，也只有一条路可走，那就是宁死也不屈从这部条例。未必会真的发生这种情况，但即使所有人离我而去，只剩下我一人战斗，我也毫不动摇，决不违誓。请别误解，我说这话并非出于虚荣，我只是要提醒大家，尤其是前台的领导人，如果没有足够的意志和能力，不能在孤立无援的情况下矢志不移，大家就不该宣誓，并且应该在这个动议提交审议前，予以明确反对，拒绝参加宣誓。虽然我们以整体的名义宣誓，但任何人都不可以某人或许多人没有践约而为自己开脱。每个人都该清楚明白自己的责任——独立宣誓，并且无论他人如何，自己都要践约到底，至死不渝。"

讲完这话，我回到座位。大家一字不漏、一声不吭地听着我的发言。其他领导人也出来发言。大家都在谈论听众以及自己的责任。接着，主持人站起来发表更坚决清晰的讲话。最后，所有参会者站立鼓掌，宣布请上苍作为见证——如果这部条例被通过，自己将抗争到最后一秒。此情此景，我永生难忘，即便现在，仍历历在目。整个社区群情汹涌。会后次日，这个剧院被一场大火意外焚毁了。第三天，一位朋友跑来告诉我并且祝贺我说，这是一个上苍的启示，预示着这部条例将与剧院一般下场。我从不相信这些所谓的征兆，因此毫不在意。我所在意的只是整个社区表现出的巨大勇气和坚定信念。读者将会在下面的章节，看到更多这种优秀人物。

大会结束后，工作人员并没怠慢下来。各地纷纷召集会议，到处都在宣誓抗争到底。《印度舆论》的讨论主题，也转向于批评这部"黑暗条例"。

另一方面，我们也试图与地方政府接触。代表团会见了殖民地事务大臣邓肯（Duncan）先生，告诉他关于宣誓的事。哈吉·哈比先生是代表之一，他说："我无法控制自己，如果有官员过来要求我妻子按指印，我会马上杀了他，然后自杀。"这位大臣凝视了这位先生一会儿，接着说："政府正在重新考虑条例适用于女性的可行性，我现在可以确切地告诉你，有关妇女的条文将被删除。政府明白你们对这个问题的感受，并且要废除它。但对于其他条款，我非常遗憾，政府现在及以后都不会动摇。博莎将军请你们慎重考虑，务必同意这部条例。政府认为，这部条例事关欧洲人的生死存亡。在不违背这个原则的前提下，所有的枝节问题，他们当然会慎重考虑。对于各位代表，我建议，你们应该根据社区的利益同意这部条例，然后在此框架下提出意见。"因为我们已详细介绍过自己的主张，所以在这里不再细述与这位大臣的交涉细节。我们的主张丝毫未变，只是因为要递交呈请给大臣，在用语上有所变动而已。代表团在离开之前告诉这位大臣，尽管无法接受默认这部条例，但我们仍然感谢政府删去有关对女性要求的条款。很难判断，对女性要求的豁免是否为社区开展活动的第一个成果，它或许不过是政府根据柯蒂斯所主张的"科学方法"的进一步考量，为实行的便利而做出的一种让步。因此政府表明，在印度人行动之前,他们早就决定免除对妇女的相关要求。虽然如此,整个社区仍以为,免除对妇女的要求,或多或少与自己的行动有关,因而更加斗志昂扬了。

我们不知如何命名运动。当时,我用"消极抵抗"(passive resistance)指称它。但当时我对"消极抵抗"一词并不十分了解。我只知道,我们正在发明一种新的东西。随着抗争的发展,"消极抵抗"一词逐渐引发了混淆,并且仅采用英文术语描述我们这场伟大运动也不太光彩。再说,这个术语也难以在整个印度社区普遍适用。为此,在《印度舆论》上,我们悬赏征集对运动的命名,我们充分讨论运动的意义,并向应征者提供足够的参考资料。其中一位应征者——摩干拉尔·甘地(Maganlal Gandhi)先生,提议用"萨达格拉哈"(Sadagraha)一词,意即"坚持善的事业"。我赞赏这个词,但仍觉得它意思不尽全面,未能完全表达自己的想法,于是将其改为"萨提亚格拉哈"(Satyagraha),"萨提亚"(Satya,即"真")意味着爱,而"阿格拉哈"(agraha,即"坚持")则有产生并象征着力量的意思。因此,我将印度人的运动称为"萨提亚格拉哈",就是说,运动的力量源自真与爱(或者非暴力)。从这以后,我们放弃了"消极抵抗"一词,我们的英文刊物不再使用该词指称运动,而代之以"坚持真"或其他相应的英文术语。这就是运动被称为"坚持真"的来龙去脉。在对运动过程进一步描述之前,我们必须明了"消极抵抗"与"坚持真"这两个用语的区别,这是下一章的主要内容。

第十三章 "坚持真"与"消极抵抗"

随着运动的发展，英国人逐渐对之产生了兴趣。虽然德兰士瓦的英国报纸一般都倾向于支持欧洲人和这种"黑暗法令"，但是他们仍然很乐意刊登一些印度名人的文章。他们也刊登印度代表团与政府交涉的全部或主要内容，有时还派记者参加印度人的重要会议，即便不参加，也会刊发我们供稿的会议纪要。

这些善意行为对我们的社区有利，它令一些杰出的欧洲人逐渐关注我们的运动。约翰内斯堡的一位商业巨头霍斯肯（Hosken）先生，早已摆脱了种族偏见，"坚持真"运动令他更加关注印度人的问题。约翰内斯堡郊外有一个杰米斯顿城（Germiston），那里的欧洲人约我与他们谈谈。我向他们介绍自己和运动的情况。霍斯肯先生说："当其他所有途径都证明失效时，德兰士瓦的印度人有权采取'消极抵抗'。他们没有投票权。从数量上讲，他们是少数，他们是没有武器的弱者，因此只能采用'消极抵抗'这种弱者的武器。"这话让我感到惊讶，接下来我反驳了他的观点。与霍斯肯先生的说法不同，我把我们的消极抗争定义为"心灵力量"（soul force）。为了便于理解，下面我将辨别"消极抵抗"与"心灵力量"两词的差别，以进一步解释自己在会晤中提出的这种观点。

我不知英文的"消极抵抗"一词何时及由何人发明的。对英国人来说，当少数群体不赞同某些他们憎恶的法令时，他们并不反叛，而是采用消极或温和的手段不服从这些法令，并坦然承担因不服从而导致的惩罚。几年前，英国议会通过一部教育法，当时的克利福德博士领导非国教教徒（Non-conformist）① 进行"消极抵抗"活动。伟大的英国妇女选举权运动，也被视为是一种"消极抵抗"运动。通过这两个例子，霍斯肯先生把"消极抵抗"视作弱者或没有投票权人士的武器。克利福德博士及其同伴拥有投票权，但在议会中是少数，因此无法阻止《教育法》（The Education Act）② 通过。换言之，他们在人数上处于弱势，但他们并非无法使用武器，而是即便使用武器，也毫无胜算。况且，在一个治理良好的社会，为争取权利而随意使用武器并不利于实现目标。当然，即便对目标有利，部分非国教教徒也绝不使用暴力。对于妇女选举权运动③ 人士（Suffragists）来说，她们并无投

---

① 英国在16世纪独立于欧洲教会之外另立国教，称"圣公会"。部分清教徒和天主教徒因不服从国家而招致镇压，他们被称为非国教教徒或非圣公教教徒。

② 此法全称为"The Education Act 1902"，是英国保守党政府通过的一部法律，旨在为基于教派基础的英国国教教会及天主教教会所经营的小学提供资金。这遭到非国教教徒的反对。在克利福德博士的领导下，他们组织了全国性的消极抵抗运动，并号召本教徒拒绝交纳税收，有部分运动参与者被捕。这部法律导致保守党下台，但取而代之的自由党也无法通过新法取缔之。这部法律被视为推动了英国教育的民族化和普及化。

③ 又称"全国女性普选权协会"（The National Union of Women's Suffrage Societies）。英国的妇女选举权运动肇始于1872年。1897年后，该运动逐渐地围绕着由米利森特·霍彻特领导的"全国女性普选权协会"组织开展。运动的目标在于试图通过非暴力手段抗争，使女性获得与男性同样的选举权。1903年后，这个运动出现一股更为激进的浪潮，不排除暴力事件的出现。直至一战后，英国的女性才逐渐获得与男性同样的选举权。

票权，在身体和数量上也都是弱者。所以，她们的例子令霍斯肯先生产生了误解。妇女选举权运动人士并不排斥武力，部分抗争人士甚至焚烧大厦，攻击男性。我倒不认为她们意欲伤害任何人。但是只要条件允许，为了创造有利局势，她们是不惜攻击他人的。

但是无论在任何状况下，印度人在运动中都禁止使用武力。在往后的章节，读者将会看到，无论面临多么残酷的折磨，"坚持真"勇士都绝不诉诸武力——哪怕在有些情况下诉诸武力可能多么有效！再强调一点，虽然印度人没有投票权，处于弱势一方，但这些都与采用"坚持真"无关。这并不是说，即便拥有武器或选举权，印度人也会采取"坚持真"。只不过也许拥有了选举权，他们就不必如此抗争了。而如果拥有武器，那些迫害他们的人就得思虑再三，不敢轻举妄动。因此，人们很容易明白，为什么拥有武器的人会较少使用"坚持真"。我的意思是，自我们谋划运动伊始，就从不考虑任何武力抵抗。"坚持真"就是纯粹而单纯的"心灵力量"，无论在何种情形下，不管武器以及物质或野蛮的力量如何的有利，它们在"心灵力量"中都绝无位置。在我看来，这两种力量是绝对对立、水火不容的，早在"坚持真"到来之前，我对此已有完全自觉了。

我们不必在这里讨论这些观点的正确性。我们只需留意"消极抵抗"与"坚持真"的区别。我们已经看到这两者间泾渭分明的区别。那些不明就里、随意称呼"消极抵抗"或"坚持真"的人，就会错误地将二者混为一谈，并导致诸多麻烦。如果我们在南非采用"消极抵抗"一词，人们不会像赞赏妇女选举权运动人士的勇气和牺牲那样赞赏我们，他们反而误会我们和她们一样会伤害他人及其财产。那些友好人士如霍斯肯先生等，会视我们为弱者。信念的力量在于——信念最终塑造了自我。如果我们总自以为并放任别人以为，自己因为软弱无助而采取"消极抵抗"，那么我们无法在这种抵抗中日益强大，并且有朝一日会因它是弱者的武器而弃之不用。恰恰相反，如果我们是"坚持真"勇士，因为坚信自己的强大而使用"坚持真"，那么我们就能收获两方面的效果：一方面，这个理念使我们日益强大；另一方面，我们日益壮大的力量使"坚持真"效果显著，以至于我们无法丢弃它。再者，正如"消极抵抗"根本没有爱一样，"坚持真"绝不容许任何仇恨，仇恨是与其根本精神不相符的。"消极抵抗"允许在条件成熟时使用武力，而"坚持真"则拒绝哪怕是在最有利的情形下使用武力。人们通常把"消极抵抗"视为武力预备阶段，而"坚持真"绝非如此。"消极抵抗"可以与武力结合使用，"坚持真"则与之势如水火、各不相容。"坚持真"可以用在至爱至亲身上，"消极抵抗"则做不到这一点，除非他们与至亲至爱之人反目成仇、势不两立。"消极抵抗"与"坚持真"一样试图让对方难堪，并愿意承受由此而来的各种苦难；但在"坚持真"中，从来都没有任何伤害对手的念头。"坚持真"勇士试图以自己受难来赢得对手。

这两种方法的区别便是如此。我并不敢说，所有被命名为"消极抵抗"的运动，都有上述优点或不足。但是我们确实看到，许多"消极抵抗"运动都有那些缺点。基督耶稣也曾被认为是"消极抵抗"之王，但在我看来，他的抵抗只能说是一种"坚持真"。像他的那种"消极抵抗"史上并不常见。另外一个例子是托尔斯泰曾谈及的俄国杜科波尔教派[①]。

[①] 杜科波尔教派（Doukhobor），俄国反对东正教的一个无政府主义教派，相信《圣经》是唯一的启蒙的根据，反对教会和各种仪式，奉行和平主义的主张，后因与东正教的冲突而大量移民加拿大。

基督教早期万千教徒饱受苦难地耐心抗争，也不能被称为"消极抵抗"，我认为他们就是"坚持真"——如果那种抗争也被视作"消极抵抗"，那么"消极抵抗"与"坚持真"就毫无区别了。而说明"坚持真"与"消极抵抗"在通常意义上的本质差别，恰是我撰写本章的目的所在。

我们已经列举了"消极抵抗"的特征，但我还得提醒几句，以免对曾经采用过这种抗争手段的人士不公。我要指出，那些自称为"坚持真"勇士的人，并非全都具备上述的"坚持真"品质。我也知道，许多自认为的"坚持真"勇士，其实对"坚持真"毫无所知。还有许多人仍把"坚持真"当作弱者的武器，另外一些人仍说它是武力预备阶段。我必须再次重申，我的目的不在于描述各种"坚持真"的状态，我要做的是指出"坚持真"的意蕴，以及它应该呈现的样子。

总而言之，我们必须发明一个新词描述印度人在德兰士瓦的抗争，以免与通常意义上的"消极抵抗"混淆。在本章，我已竭力揭示这个术语所隐含的诸多原则及内涵。

第十四章　派代表团前往英国

在德兰士瓦，我们竭力抵制这部"黑暗法令"，采取了包括向当地政府递交备忘录等措施。立法院只是删除了有关妇女条款，草案中余下部分全部通过。尽管如此，印度社区反而情绪高昂、团结一致，全力抵制该法。没人为此垂头丧气。恰恰相反，我们决心依照社区决议的精神，尽量采取合法、正当手段争取权利。德兰士瓦是英国直辖殖民地，帝国政府仍监管其立法和行政事务。所以，英国皇室对德兰士瓦立法的审查并非只是走走形式，在大臣的建议下，国王可以以触犯英国宪法精神为由，否决殖民地法令。并且，这个殖民地既已建立责任政府，帝国政府的立法复核就更加审慎了。

我提议侨民派遣代表前往英国，督促帝国政府履行职责。我向协会提出了三点建议：第一，虽然我们已在帝国剧院发过誓，领导人还需再逐个独立发誓，如果有人发生动摇或疑虑，便可及时退出。这样做的原因是，如果代表能依照"坚持真"行动，那么他们就该勇往直前地向印度殖民地事务大臣表明印度人的决心和意志；第二，必须着手安排代表团费用；第三，必须马上确定代表团人数。最后一个建议的目的是，要改正一直以来那种认为代表人数越多、成效越显著的错误观点。我强调，参加代表团，对个人而言，绝非仅是荣誉，更是一份沉甸甸的服务社区的意愿与决心。这三个建议全被接受，大家进行签字。签字期间，我发现，有些曾在会上发誓的人犹豫不决，没有签字。当一个人发过誓言后，无论重复多少遍同样的誓言，他都不应犹豫。我们却经常发现许多人信誓旦旦、指天宣誓，然而一旦被要求白纸黑字记下誓言，他们就立即逃之夭夭了。代表团所需经费也备齐了。现在最大的难题是遴选代表。我必须前往，但谁跟我一起去呢？委员会为了讨论这个问题费了不少时间。许多夜晚虚掷了——我们社区就流行这种恶习。① 为解开这个"戈尔迪之结"②，有人建议仅派我一人前往。我坦率地拒绝了这个建议。在南非，由于种种现实原因，不存在印度教徒和穆斯林的关系问题。但是，这绝不能说，两个教派之间就毫无差别。这些差别没有变得敏感，部分原因与南非的独特状况有关，但更确切地说，这与两个教派的领袖协作奉献所营造的团结大局有关。为此，我建议必须派遣一名穆斯林代表与我同行，代表团至少需要两个人。但印度教徒马上指出，既然我代表整个印度社区，那么就需另派一人代表印度教徒。还有人说，得包括贡根地区③穆斯林、弥曼人、帕地达人④、阿纳哇拉人⑤，等等。最终大家拿定主意，决定只派我和H. O. 阿里（H. O. Alih）前往。

---

① 指议而不决的习惯。
② 戈尔迪是古希腊神话传说中小亚细亚弗里基亚的国王，他在自己以前用过的一辆牛车上打了个分辨不出头尾的复杂结子，并把它放在宙斯的神庙里。神示说能解开此结的人将能统治亚洲。"戈尔迪之结"常被喻作缠绕不已、难以理清的问题。
③ 贡根地区为阿拉伯海沿海平原，涵盖整个印度西海岸地区，从赖加尔至门格洛尔，以及孟买地区和塔那等区域。居于贡根地区的原住民及其后裔被称为贡根人，大部分讲属印欧语系的贡根语。
④ 帕地达人（Patidar），古雅利安人后裔，居住在古吉拉特、旁遮普、马德拉斯一带。
⑤ 阿纳哇拉人（Anavala），现在印度的卡纳塔克邦中北部地区的居民。

H. O. 阿里有一半马来血统。其父是印度穆斯林，其母是马来人。可以说，他的母语是荷兰语。不过他受过良好的英文教育，英文水平与母语不相上下。他擅长于撰写新闻报道，是德兰士瓦英属印度联合会成员，长期热衷于参加公共活动。另外，他还能讲一口流利的印度斯坦语。

一到英国，我们马上开展工作。在赴英的船上，我们起草并打印了一份呈递给殖民地事务大臣的备忘录。埃尔金勋爵是当时的殖民地事务大臣，莫莱先生（后来晋升为勋爵）是印度事务大臣。我们拜会了达达拜，并经他引荐会见了印度国大党大不列颠委员会的成员。我们详细介绍情况，并依照达达拜的建议，请求获得各派系的支持，并获得了该委员会的同意。与此同时，我们还拜会了曼克吉·保务格里。他也同样乐于助人，和达达拜一样，他建议我们寻求相对公正、声名在外的英裔印度人——比如勒培尔·格里芬（Lepel Griffin）等先生的支持，请他们将我们引荐给埃尔金勋爵。可惜 W. W. 亨特已故去，否则按照他对南非印度侨民情况的深刻了解，他会亲自担任代表团领袖，或者邀请议会中深孚众望的人士担任此职。

我们拜见了勒培尔·格里芬。他反对当前印度国内的政治运动，但对我们的问题很感兴趣。他表示，出于对我们诉求的正义性和正当性（而非仅仅出于恩惠）的支持，他愿意领导代表团。他阅读了相关文件，最终对这个问题了如指掌。我们同样会见了其他英裔印度人、国会议员和自己力所能及所能结识的其他重要人物。代表团成功地与埃尔金勋爵进行了会谈。他耐心地聆听我们的申诉，对我们表示同情的同时，也讲到了他自己的难处，但他承诺将尽力帮助我们。我们也拜会了莫莱先生。他也表示同情并做出类似的回复。威廉·维德柏恩帮了大忙，他召集了一些议员到议会厅讨论印度事务，使我们得以在那里尽情申诉。我们还拜见了爱尔兰党[①]领袖雷德蒙（Redmond）先生。简而言之，无论哪个党派的英国议会成员，我们都尽量接洽。毋庸置疑，印度国大党大不列颠委员会对我们帮助巨大。按照英国惯例，只有加入或赞同某党纲领的人才能一起活动，但我们仍然获得许多非国大党人士的无私援助。为此，我们需组建一个常设机构，把所有关照和支持我们的各种力量团结起来。

这个机构事无巨细，均由秘书负责。该秘书不仅应该坚信机构的目标宗旨，而且还需热忱十足、精悍能干，能全心投入到机构的工作中。在伦敦学习法律的L. W. 里琪（L. W. Ritch）同样来自南非，我们曾经通过信件，他是符合这些条件的最佳人选。当时他正在伦敦，也非常热心参加这项工作。由此，我们马上建立了英印南非侨民工作委员会。

英国及其他西方国家盛行一种在我看来相当原始的风俗——在晚宴上举行典礼仪式。每年的11月9日，英国首相都要在白厅发表重要演讲，向公众宣布来年的工作计划及国家形势预测，从而引发广泛关注。在伦敦市长的邀请下，内阁大臣纷纷参加宴会。用餐完毕后，参会者举杯相贺，演讲也在这种嬉戏欢乐的氛围中逐渐展开。在内阁大臣相互祝贺和敬酒期间，首相不慌不忙、娓娓道来，发表其伟大的演讲。作为一种风俗——无论是为了公务还是私人事务，当人

[①] 爱尔兰党（Irish Party）于1882年建立，是活跃于英国19世纪末20世纪初的一个政党。该党的主要目标是试图在英国宪法框架下，在爱尔兰建立独立的立法部门和进行独立的土地改革。该党对于推动给予爱尔兰自治地位的《爱尔兰自治条例》的成功立法起了重要的作用。

们需要举行重要会谈时，他们就会邀请相关人士参加宴会，在宴会期间或宴会后讨论问题。我们也不得不入乡随俗，依例照办，效果屡试不爽——虽然我们自己从不碰这些食物和饮料。我们邀请了所有的重要支持者参加午宴。100多位重要人物出席餐会。餐会的主要目的除了向与会者表达谢意，令其愉悦畅快之外，还同时需要组建常任委员会。餐后大家也依例发表演讲，并组建了委员会。由此，我们的运动获得了更广泛的关注。

在英国待了六个月后，我们回到南非。轮船刚抵马德拉群岛，我们就收到了里琪的电报。电报里说，埃尔金勋爵宣布，他需要更多时间来详细考量《德兰士瓦亚裔移民条例》，因此暂时不将其呈送给英王审议。闻此佳音，我们雀跃不已。两周后，我们的邮轮抵达开普敦。在这期间，我们莫名兴奋，幻想苦难终得解脱。但天意不可捉摸，在接下来的章节，读者将会看到，这些幻想是如何一一破灭的。

但是在结束本章之前，我想谈谈一两件神圣的往事。在英国期间，我们惜时如金，尽力利用好每分每秒。然而，派送传单的工作过于庞大，我们无法独立完成，只好寻求支援。金钱当然能解决问题，但四十年的工作经验告诉我，购买而来的服务，完全不能与自愿的帮助相提并论。幸运的是，我们拥有许多志愿者。我们周围有许多在英国留学的年轻印度人，他们中有些人不分昼夜、不求名利、尽其所能地帮助我们。我从未见过他们中任何人拒绝过任何一项（哪怕是多么卑微琐碎的）工作，比如撰写书信地址、贴邮票或寄信等。不过，有位名叫西蒙兹（Symonds）的英国人，做得甚至比这些印度年轻人还要好。可惜天妒英才，这位英国人也不例外。我是在南非第一次与他相遇的。他曾经去过印度。1897年，他曾在孟买帮助和照顾瘟疫病区的印度人。在照顾这些遭受疾病感染的人们时，他习以为常、视死如归。他没有任何种族或肤色歧视。他品性独立，一直相信真理掌握在少数弱者手中。基于这种信念，他来约翰内斯堡见我。他经常开玩笑说，如果有一天，我成为多数群体中的一员，他就不再支持我了，因为他认为真理必定会在多数群体手中被腐化。他博览群书，曾担任约翰内斯堡当地的一个大富豪乔治·法勒（George Farrar）的私人秘书。他还是个速记专家。恰逢当时我们都在英国。我不知道他住在哪里，但是这位令人尊敬的英国人通过我们在报纸上刊登的海报找到了我们。他表示愿意尽力帮助我们。"我愿意像仆人一样为您服务，"他说，"如果您需要速记员，您知道再难找到比我更好的了。"我们确实需要这种服务。毫不夸张地说，这个英国人像苦工一样没日没夜、毫无薪酬地为我们苦干。他通常要在打字机上工作到晚上十二点或凌晨一点。西蒙兹有时也收寄信件，他嘴角总带着欢快的笑意。他每月收入只有45英镑，全用来救济朋友和他人。他年近三十，仍未结婚，是个独身主义者。我几次试图让他接受一些报酬，他总婉言拒绝："如果接受您的报酬，那么我就失职了。"我仍清楚地记得，离别前的最后一个晚上，他陪伴着我们结束工作、收拾行李，直至凌晨三点。第二天，他到轮船上为我们送行。那是一场多么不舍的离别！我已多次感受到，这种仁爱的美德并不仅仅限于棕色人种。

对于那些有志于公共事业的年轻人，我愿意指出的是，我们一丝不苟保存着代表团的经费账目，哪怕是在轮船上诸如买苏打水等细微开支的票据，我们都小心翼翼地保存着。对于电报费用也是如此。我记得，自己做账时从不使用所谓的"杂费"一项。我们规定，"杂费"是不允许出现在账目里的。如果确实出现，那也不过是数目极小的几便士或几先令，并且是因为在记账当天无法确切记起用处了。

　　这是我一生奉行的准则，因为我以为，当我们成长到具有判断力后，就必须成为一个有责任心的受托人或代理人。即便与父母生活在一起，我们也必须条目清晰地将他们所给的钱财及用途一一列明。他们也许相信我们的诚实，并不要求我们提供账目，但这丝毫不能减少我们的责任。而当我们成家立室后，也要对家庭负责，我们并非个人收入的唯一占有者，整个家庭都有权分享。我们所花费的任何一分钱，都必须向大家汇报。如果在私人事务上，这是我们的责任的话，那么在公共事务上，它的意义就更加重大了。我发现，许多人以为，志愿服务工作就像恺撒之妻一样不可置疑[①]，无须向委托人提供有关费用和事项的账目。这显然是荒谬的，因为保存账单与是否值得信任，两者之间并无任何关系。保存账单是一项独立的义务，它对于保持工作的纯洁性非常重要。再者，如果我们志愿服务机构的领导，因为担心误解或有所忌惮而不敢要求记账，那他也是错误的。正如雇员应该为自己所做的事项和费用做账，志愿服务者更该加倍如此。因为于他而言，服务本身就是最大的收益。这一点非常重要，但据我所知，它在许多组织中并没有很好地得到贯彻，所以我不得不大费周章在此议论一番。

---

① 据传，恺撒之妻遭人妄议有与人勾搭之嫌，恺撒遂休妻，以示自己的妻子不容怀疑。

第十五章 伪善政策

在开普敦，甚至早在约翰内斯堡时，我们就发现自己高估了在马德拉群岛收到的电报所传达的信息。发送电报的里琪先生并没有犯错。当时，他误信了议案不会被通过的传言。正如我们早就指出的，当时（即1906年）德兰士瓦仍是帝国殖民地。各殖民地在英国本土都有专门的代办机构，负责向殖民地事务大臣提议有关该殖民地利益的各种政策措施。当时德兰士瓦的代表是理查德·所罗门（Richard Solomon）先生，一位著名的南非律师。埃尔金勋爵在与他的谈话中，明确表示将否决这个议案。然而，1907年1月1日，德兰士瓦将获权组建责任政府，埃尔金勋爵告诉理查德先生，到时如果德兰士瓦仍通过该议案，英国皇室就无权否决了。但是，只要它仍是帝国殖民地，对于这种基于歧视、触犯英帝国基本宪制精神的法令，帝国政府有义务建议英皇陛下予以取缔。

既然议案只是表面上受到否决，德兰士瓦欧洲人另有其法通过它，理查德·所罗门先生没有任何理由反对帝国政府的决定。因此，我把这种做法称为"伪善政策"（crooked policy），我相信人们给它更刻薄的称呼也毫不为过。帝国政府既已监管殖民地立法，那么在既定的宪政框架下，就不该容许任何种族或肤色歧视。这一点到目前为止，情况尚且不尽如人意。人们能理解，帝国政府不可能马上取缔享有自治权的殖民地政府的所有议案。但是，在与殖民地代表的私人会晤中，预先同意违反帝国宪制原则的殖民地议案，这难道不是对（帝国宪制）精神一种赤裸裸的违背吗？这难道不是对那些权利被侵害人群的最大不公吗？坦率地说，埃尔金勋爵这样做，其实是鼓励南非欧洲人的反印度人行为。如果他真有此意，就该明确向印度代表团表示。而事实却是，帝国无法对殖民地的立法事务置身事外，即便是拥有责任政府的殖民地，也得遵守帝国的基本宪制原则。举个例子，现在没有任何殖民地可以再使蓄奴合法化。如果埃尔金勋爵认为这个"黑暗法令"是不正当的，他完全可以就此否决它。他有明确的义务警告理查德·所罗门先生，作为一个被允许建立责任政府的殖民地，德兰士瓦不应通过这样的法令，而如果德兰士瓦仍坚持保留这个法令，帝国政府将被迫重新考虑是否仍赋予其这个地位。或者，他应该告诉理查德·所罗门先生，责任政府地位的授予必须以保障印度人的利益为前提。恰恰相反，埃尔金勋爵没有这样做，他表面上与印度人虚与委蛇，暗地里却偷偷支持德兰士瓦政府，鼓励他们再通过被自己否决过的法令。然而，这已不是大英帝国第一次玩弄"两面政策"，即便是立场中立的英国史专家，也能轻易发现许多这样的例子。

因此，在约翰内斯堡，话题转向埃尔金勋爵和帝国政府对我们的欺骗了。我们当时的巨大失落，丝毫不亚于在马德拉群岛的巨大喜悦。但是这个骗局只能让我们社区所有人比以往任何时刻都要情绪激烈、斗志昂扬。大家众口一词，纷纷表示，我们无所畏惧，决不依赖帝国政府，我们只相信自己以及我们对之宣誓要抗争到底的上苍。只要我们忠实于自己的原则，这种歪曲、伪善的政策，最终会被矫正。

德兰士瓦依然建立起了责任政府。新议会首先通过关于预算的议案，其次就是这部《亚裔移民登记法》。这个议案是彻头彻尾的旧版"黑暗法令"的复制品，只不过出于审议需要，对送审日期略加修改而已。1907年3月21日，立法会只召集一次会议，就完成所有审议程序，通过了这个法令。这个法令曾被否决的历史，现在看来，犹如印度人不忍回首的一场美梦。但是，谁又在乎他们呢？这个法令于1907年7月1日正式生效，所有印度人被要求于7月31日前完成登记。法令之所以推迟实行，并非为了印度人，而是出于当时的实际情况考虑。法令送达皇室批准和签署、准备相关表格和在各中心建立办公机构，这些都需要时间。所以，延期执行法令，只不过是出于德兰士瓦政府的便利而已。

第十六章　艾哈迈德·穆罕默德·卡查理亚

在赴英途中,我偶遇一位定居南非的英国人。我们讨论起德兰士瓦的"反亚裔移民法令",当我谈及此行的目的时,他惊叫道:

"依我看,你们去伦敦的目的就像给狗解项圈一样!"当时我难以理解,他怎会把德兰士瓦的登记政策比喻成狗的项圈。即便现在,我还是无法区分,他到底是要表达对印度人的蔑视和幸灾乐祸的心情,还是仅仅为了表达对这个问题的性质判断。根据与人为善、善意度人的原则,我宁可相信这位绅士这样说无非是要表达对问题性质的看法。但即便如此,德兰士瓦政府也确实准备要在印度人的脖子上套狗圈了。另一方面,印度人也确实准备好了要与政府的邪恶政策斗争到底。他们同心协力,决心采取有效手段拒绝这个项圈。虽然我们也与英国和印度国内的朋友保持通信,维持日常联系,但是"坚持真"运动很少依赖外力,只有我们自己内部的力量才真正有效。因此领袖们的主要精力还是集中在如何发动社区、最大程度发挥其作用上。

现在,摆在我们面前的重要问题是——应该由哪个机构组织运动?德兰士瓦英属印度人联合会拥有众多会员,早在"坚持真"运动到来之前它就已经成立了。这个联合会一如既往坚持抵制所有恶法,不仅对这部法令,对其他恶法也是如此。但是除了组织抵制这部丑恶法令外，它还需履行许多政治、经济职能。况且，并非所有联合会会员都承诺采用"坚持真"抵制这个"黑暗法令"。同时，我们也必须考虑联合会会被等同于"坚持真"运动的风险。如果德兰士瓦政府宣布这种抵抗危害公共安全，进而认为发动运动的机构是非法组织，到时将如何向那些并非"坚持真"勇士的成员交代呢？并且，对于并非因为"坚持真"运动而收集来的资金，我们又该如何处理呢？所有这些问题，都应慎重考虑。最后，"坚持真"勇士还意识到，对于那些没有加入运动的同伴——不管他们是出于信念不同，抑或自身软弱或其他原因——都不应有丝毫恶意，相反我们必须与他们保持亲密无间，在"坚持真"以外的其他事务上与他们协力合作。

出于这些原因，社区决定不应通过现有的任何机构运作"坚持真"运动——这些机构可以在其能力范围内支持我们，也可采取除"坚持真"以外的其他手段公开抵制"黑暗法令"。于是，"坚持真"勇士组建了一个新组织——消极抵抗协会（Passive Resistance Association）。读者从这个名称可以看出，在这个组织成立时，"坚持真"一词还没被发明出来呢。事实证明，组建一个新机构是明智的。如果任它与现有的任何机构混同起来，我们的"坚持真"运动将遭遇更多挫折。很多人加入了这个新的协会，整个社区也慷慨解囊，为其捐赠经费。

我的亲身体会是，没有一个运动会因经费不足而消亡或萎缩。这绝不意味着现在的运动就不需经费，但它确实表明，只要有足够优秀的人员掌舵，经费自会不断涌来。另一方面，我也说过，如果一个运动仅仅热衷于吸纳资助，它也会日渐衰亡。因此，当一个公益机构纯粹为捐资人的利益行动时，我不敢说这是一种罪恶，但我敢肯定它是完全错误的。公众才是公益机构的根源所在，没有公众的支持，它一天也难以为继。公益机构如果唯利是图，就会有违公众意愿而变得日渐专断跋扈、自以为是。在这里，我们无法细述那些因享有稳定经费而逐渐堕落的社会和宗教机构，但这种现象非常普遍，所有开展公益活动的人都应引以为鉴。

回到主题。不管怎样，并非只有律师或者受过英式教育的人才会吹毛求疵，我也有幸见过部分受过良好教育的南非印度人，他们同样也惯于颠倒事实、妄发议论。他们中有人主张，既然旧条例已被否决，那么自己就算兑现了原来在帝国剧院所发的誓言。有些人以此掩饰自己的退却。这种论调并非完全没有道理，但对于那些绝非仅仅为反对某个特定法律，而是要抵制法律背后邪恶精神的人来说，这显然是荒诞的。此时此刻，我们发现必须重新组织宣誓，以唤醒整个社区，防止出现懈怠情绪。因此，我们在各地召集会议，宣传形势的变化，并组织大家重新宣誓。社区的斗志再次被鼓舞起来了。

然而，这个至关重要的7月还是结束了。该月的最后一天，我们决定在德兰士瓦首府比勒陀利亚召集一次大型会议。德兰士瓦各地的代表均被邀请。会议在比勒陀利亚清真寺的露天广场上举行。自从开始"坚持真"运动后，我们参会人数众多，以至于没有建筑物可以容纳。德兰士瓦的印度人不超过13000人，其中10000多人住在约翰内斯堡和比勒陀利亚两地。这10000多人中有2000多人来参加会议，这样的代表性放在全世界都是相当高、相当充足的。如果代表性不够，群众性的"坚持真"运动就会先天不足。没有群众的自觉参与，任何依靠自身力量的抗争都难以开展。所以，组织者并不认为，这种出席率有何惊奇之处。从一开始，我们就决定在露天场地召集这次会议,这样可以节省一笔开支,也不会出现想参会的人因无法进入会场失望而归的情况。会议现场非常平静,参会者聚精会神地聆听演讲。如果有人离讲台太远,无法听到声音,他们会要求演讲者提高嗓门。自然而然地,不用我说,大家也会明了,会场下没有座位,所有人席地而坐。会场上只有一个小平台,摆着几张桌凳,上面坐着主持人、演讲者和嘉宾。

英属印度人联合会的执行主席易瑟夫·伊斯麦尔·米安(Yusuf Ismail Mian)先生主持了会议。随着"黑暗法令"的实施日期日益迫近,印度社区虽仍斗志昂扬,但也有些焦虑了。同样地,尽管有整个德兰士瓦政府作为后盾,博莎将军和史沫资将军也感到紧张。谁也不愿意以纯粹诉诸武力的方式迫使一个社区屈服。因此,博莎将军派霍斯肯先生到大会劝阻我们。前面我们已介绍过此人。[①] 大会仍然欢迎霍斯肯先生的到来,他说:"你们知道,我是你们的朋友。不用说你们也知道,在情感上,我站在你们一边。如果我有足够的能力,我会让对方满足你们的所有要求。但是正如你们所知,整个德兰士瓦的欧洲人都对你们抱有敌意。我应博莎将军的要求来到这里。博莎将军请我将他的意思转达给大家。他仍尊敬你们的社区,并明白你们的感受。但博莎将军说,'我无能为力。整个德兰士瓦的欧洲人都一致要求通过这部法律,我自己也被他们说服了。印度人应该很清楚德兰士瓦政府的权力。这部法律已被帝国政府签署通过。印度社区已尽最大努力,像个男人一样证明了自己的无辜。但是,你们的反对已然失败,议案被通过了,你们社区只有服从它,才能表明你们的忠诚和对

---

① 参见第十三章。

和平的热爱。史沫资将军愿意在不触犯这部法令的基本框架下，根据你们的建议，对它进行细微调整。'我对你们的建议也是如此，你们该听从将军的劝告。我知道德兰士瓦政府决意推行这部法律，你们与之对抗，恰如以头撞墙。我不希望你们社区在这种无用的抵抗中自取灭亡，或者遭受毫无意义的灾难。"我逐字逐句翻译他的发言，并提醒大家留意他的发言。在一片欢呼声中，霍斯肯先生退下场来。

接下来由印度代表发言。其中有一位是现已故去的艾哈迈德·穆罕默德·卡查理亚（Ahmad Muhanmmad Kachhalia）先生，他不仅是本章、更是全书描述的一位英雄。当时我只知道他是我的客户和一位翻译，此前从未在公共服务机构中担任领导工作。他懂一些实用英语，并通过实践不断提高，后来当他带朋友去找英国律师时，他已经可以担任翻译了。但是，翻译并不是他的职业，他只是帮助朋友翻译。他最初售卖布匹，接着就与哥哥合伙做点小生意。他是苏尔特弥曼人①，在同乡中享有盛誉。他的古吉拉特语水平有限，但也在实践中得到很大提高。他聪明能干，总能迅速发现和处理手上的问题。令我惊讶的是，他处理起法律问题同样易如反掌，在律师面前，他也能如数家珍、罗列法条，其意见通常也值得专业律师仔细考量。

至今为止，无论在南非还是在印度，我都没见过像他那样勇敢坚定的人。他把自己的一切奉献给社区。他言出必行，是个严格的传统穆斯林，并且是苏尔特弥曼人清真寺的理事。但他对印度教徒和穆斯林都一视同仁。据我所知，他从未激烈或不恰当地支持穆斯林反对印度教徒的活动。他一身正气、公正严明，无论穆斯林或印度教徒，只

---

① 苏尔特弥曼人（Surti Meman），也作 Surti Mamon，是由印度古吉拉特邦的苏拉特地区迁往卡拉奇（现巴基斯坦境内）的移民及其后裔。

要在他看来有不对的地方，他都会毫不犹豫地予以指出。他的纯洁和谦卑，值得人们学习效仿。多年的交往，使我相信，像卡查理亚这样的人物，在任何社区都是非常难得的。

卡查理亚先生是发言者之一，他的发言简短有力："所有印度人都了解这个'黑暗法令'，明白它意味着什么。我和大家一样，认真聆听了霍斯肯的演讲。在我看来，他的话只会增加我的决心。我们知道德兰士瓦政府非常强大，但除了通过这样的一部法律以外，它什么也没做过。他们会把我们投入监狱，剥夺我们的财产，遣送或者绞死我们。所有这些，我们都愿意承受，但是我们绝不能忍受这样的法律！"我发现他在发言时情绪激动。他一脸通红，脖子和头血脉偾张，全身都在颤抖。他用右手卡住脖子，大声喊道："我以上苍的名义发誓，我宁可被绞死，也不愿屈从这种法律。我由衷地希望，在座的各位也能这样做。"说完后，他回到了座位。当他用手卡住喉咙时，台上的一些朋友笑了，我也笑了。我当时怀疑卡查理亚先生能否将这些话诉诸行动。直至今日，每当想起这个怀疑，我都羞愧难当。卡查理亚先生始终是那些在运动中坚守誓言、不屈不挠抗争的印度人的楷模。

所有参会者都为他欢呼不已。其他人比我更了解他，他们当中有些人更加熟悉这个默默无闻的英雄。他们知道，卡查理亚先生言出必行。现场还有许多同样果敢的演讲。但我只在此提及卡查理亚，这是因为他在斗争中最终证明了自己。并不是所有发表慷慨激昂演讲的人都能坚持到最后，而这位伟大的勇士一直为社区坚持奋斗，直至生命的最后一刻——1918年（这个运动结束四年后）——为止。

在结束本章前，我将只谈谈卡查理亚先生。很快，读者会知道，托尔斯泰农庄居住了许多"坚持真"勇士的家属。为了树立榜样,这位先生遣送他十岁或是十二岁的儿子阿里到那里学习,希望儿子能够养成简朴的生活习惯,并树立服务大众的理想。正是由于他的率先垂范,许多穆斯林家庭也送子弟来到农庄。阿里是位温和活泼、诚实率直的孩子。可惜他比他父亲更早回到造物主的身边——但如果阿里没有来这里生活,我怀疑他能否与这么优秀的父亲相称。

第十七章　不和之兆

1907年的7月终于到来，我们发现证件登记署都建立起来了。社区决定公开向这些登记署派遣纠察队，也就是说，在通过这些机构的各条路上，我们派驻志愿者向那些软弱动摇的印度人解释其中的陷阱。志愿者佩戴有徽章，他们被明确要求不得对已经申请证件的同胞无礼。他们得询问其姓名，但是即便被拒绝，也不能施暴或粗鲁待之。对于那些试图前往登记署的侨民，我们赠送一份材料告知"黑暗法令"的内容及屈从它可能带来的伤害。志愿者还必须同样地尊重警察。如果遭其辱骂殴打，他们就默默忍受；实在忍无可忍，那就避而远之。如果警察试图逮捕，他们就得欣然接受。在约翰内斯堡，我能迅速地知晓所有情况。而在其他地方，他们会马上报知当地的书记，等候指示。我们在每组纠察队都指派了一名队长负责指挥行动。

这是社区第一次经历这样的考验。那些超过十二岁的人均可加入纠察队，因此在十二至十八岁之间的许多年轻人都申请加入。但我们只选用那些熟悉当地情况的人。另外，我们在所有会议及其他公共场合再三申明，如果有人想要领取证件，却又害怕纠察队的纠缠，他可要求工作人员指派一名志愿者全程陪伴，直至到达登记署。当时确实也有人提出这样的要求。

来自各地的志愿者满怀热情地开展工作。他们被详细告知所有注意事项和应尽义务。一般而言，并没有多少受到警察骚扰的事件。如果确实发生了，志愿者也能平静忍受。他们甚至在工作中添加了许多乐趣，有时连警察也参与进来。他们发明了许多自娱自乐的游戏，有时也会被控阻断交通而招致逮捕。因为不合作未列入"坚持真"运动的一部分，所以他们仍要参加法庭辩论——只不过按照规定，我们并不负责他们的律师费用。志愿者最终都被法庭宣判无罪，这让他们越发斗志昂扬。

那些想申领证件的印度人因此避免了纠察队的骚扰，但是我必须承认，一部分与运动有关的人（他们并非志愿者），私下曾经采用暴力伤害那些已经领取证件的人。这种做法令人沮丧，我们发现后立即采取措施予以阻止，虽然不能完全杜绝，但这种情况几乎停止了。这种威吓给受害者带来困扰，在我看来，从长远看，它会严重损害运动。那些被害者会转而寻求政府的保护，那样毒药就会慢慢渗入社区；那些脆弱之士会越发软弱，而弱者总倾向于报复，这种毒药就会越发危险。

这种威吓效果并不明显，真正能起监督作用的是公共舆论，以及被志愿者曝光的担忧。我发现，没人觉得应该屈从这个法令。那些屈服的人大多因为无法抵御压力或者担心财产损失，他们由此惭愧不已。在羞辱与财产损失之间，印度商人左右两难，其中一些大人物设法解决这个难题：他们与证件登记署交涉，请求办事人员于晚上九点或十点到家里办理登记。他们以为，这样起码在短时间内无人知晓自己屈服这个法令，并且自己的领袖身份会引来更多的仿效，届时法不责众，自己的压力就会大为减少。然而，他们发现这样做同样徒劳无功。

志愿者们非常警觉，他们对社区的任何动静了如指掌。有时在登记署工作的人会向"坚持真"勇士透露一些信息。一些濒临动摇的脆弱人士也会无法容忍，并将领袖的卑劣做法告知"坚持真"勇士。他们提出，只要领袖们意志坚定、不屈不挠，自己也愿同心协力、共赴时艰。有一次社区收到消息，某人将在某夜于某商店申领证件。社区试图阻止，并将这个商店围起来。但人类是无法永远压制自己的脆弱的。一些大人物还是在当天晚上十点或十一点申领了证件。这是个不和的征兆。第二天，他们的名字在社区被公示曝光。但羞耻感的作用有限，追逐私利的冲动常将羞耻一扫而空，诱使人们抛却那简单直白的正道。不久后，约有500人领取了证书。有些人在私宅中申领，有些人甚至抛开仅存的一点羞耻心，公然前往登记署申领证书。

第十八章　第一个"坚持真"囚犯

亚洲人事务署发现,自己倾尽全力也不过使得不到500名印度人完成登记,因此决意拘捕一些人。在杰米斯顿居住的印度人中有一位潘迪特·罗摩·孙达拉(Pandit Rama Sundara)先生。他身材魁伟,健谈多言,能默记许多梵文诗歌。虽然来自印度北部,但他也懂图尔西达斯的《罗摩衍那》(Ramayana)中的一些诗篇。[①]作为以潘迪特[②]为姓的人,他在同伴中颇受尊敬。他在多个地方发表过激动人心的演说。有些心怀恶意的印度人向亚洲人事务署献策,如果拘捕罗摩·孙达拉,就能使许多印度人屈服。亚洲人事务署的官员不免为之所动,于是逮捕了罗摩·孙达拉先生。这是第一个被拘捕的例子。政府和印度人的情绪都被点燃了。罗摩·孙达拉,这位原先只在杰米斯顿略有名气的人,一夜间就成为整个南非印度侨民中赫赫有名的人物。他一跃成为人们心目中的耀眼明星,如同圣人受难般地接受审判。政府枉费心思地精心布置法庭并维持秩序。在法庭上,孙达拉先生简直并非

---

① 《罗摩衍那》,印度两大史诗之一,记载罗摩王为拯救爱人悉多而与10头怪罗波那战斗的故事。其中罗摩被视为毗湿奴的化身,罗摩统治的"罗摩盛世"也被视为印度教梦想的完美世界。

② 潘迪特,意为梵学家、博学的人,是印度最高种姓婆罗门中的一个姓氏。

作为一个普通犯人，而是作为社区代表在接受审判。焦急的印度民众挤满了法庭。罗摩·孙达拉被判一个月监禁，在由欧洲人看守的约翰内斯堡监狱服刑。他被允许自由接受探访以及享受外面送进来的食物，因此他天天都能享用社区精心准备的种种美食。人们有求必应，他从不匮乏。人们把他受审的日子当作盛大的节日加以庆祝。大家毫不畏惧，反而欢欣鼓舞、斗志昂扬。成百上千的人随时准备入狱。亚洲人事务署的官员妄图以此逼迫人们登记的美梦彻底破灭了。在杰米斯顿，没人愿意登记。印度社区才是真正赢家！一个月结束了。罗摩·孙达拉被释放出来，他被人群簇拥着前往会场。人们在会上发表慷慨激昂的演讲，罗摩·孙达拉被戴上各种美丽花环。志愿者们为他举行盛大庆祝活动，成百上千的印度人羡慕罗摩·孙达拉的幸运，并因没有机会入狱而感到遗憾。

但罗摩·孙达拉的例子最终被证明是一种失败。因为被捕本出乎意料，所以他根本无法避过一个月的监禁。在囚牢中，他享受许多奢华待遇，这反而让他成为一个奇怪的旁观者。他被种种特殊待遇宠坏了，监狱中的孤独和约束令他无法忍受。即便有政府和社区的关注，他仍如此厌恶监狱，以至于最终离开德兰士瓦和我们的运动。所有社区、所有运动都会有取巧之人，我们的也不例外。有人知道罗摩·孙达拉的底细，但为了利用他为社区服务，向我隐瞒真实情况，直到罗摩·孙达拉泡沫破碎为止。后来我知道，他是一名契约工人，在合约期满前就撕毁合约，只不过在契约工期间，他的行为还算端正。读者将会在后面章节看到，事实证明，契约工人在这运动中的地位无比重要，他们为运动的最终胜利做出了巨大贡献。但毋庸置疑，他没有履约的行为自然是一种错误。

我之所以不厌其烦地介绍罗摩·孙达拉的情况，目的不在于揭人之短，而是要说明某种道德品质。任何纯洁运动的领袖都该明白，只有纯洁的战士才能实现运动的目标。有时即使领袖倾力而为，也难免出错。但只要领袖们无畏和真诚，即便有些不尽如人意的分子在不知不觉中混入运动，也不会给运动造成根本伤害。当我们发现罗摩·孙达拉的底细后，就远离了他。整个社区忘记了他，运动也从中获得了新的力量。但他为运动遭遇牢狱之灾，这仍值得我们赞扬，他受审时所激发的巨大热情仍在我们心中燃烧不止；同样地，在他的影响下，许多懦弱者最终也出于个人原因离开了运动。除他以外，还有许多懦弱者——因为于事无补，在这里我不再一一道出。为了让读者准确地评价社区的真实力量和不足，我必须指出，社区中不只有一个罗摩·孙达拉，还有许许多多这样的例子，但是这些例子只会让我们的运动从中受益。

读者也不必指责罗摩·孙达拉。金无足赤，人无完人。只不过当某人看起来比其他人缺点更多时，人们便会去指责他。这是不公正的。罗摩·孙达拉并非有意这么懦弱。人可以控制或调整，但绝不能消灭自己的本性。上苍并没有赐予人这种自由。要人改变心灵和品性，就如同要美洲豹改变身上的花纹一样困难。虽然罗摩·孙达拉临阵脱逃了，但谁又能说他没有为此感到后悔呢？毋宁说，逃跑不恰恰证明了他对自己懦弱的悔意吗？如果他毫无羞耻，就不必逃跑。他完全可以申领证件，向那个"黑暗法令"屈服而避免牢狱之灾。况且，如果他真的这样做，就能成为亚洲人事务署手中的一把利器，他能以此诱惑同伴，并向政府献媚邀宠。难道我们不该更宽容地评判他吗？再说，他并没做错什么，他只不过是内心有愧，自觉无颜再见江东父老而已——即便如此，他毕竟已为社区做过贡献了。

第十九章 《印度舆论》

前面我一直向大家介绍"坚持真"运动对内对外所采取的各种方法。现在我将介绍《印度舆论》这本至今仍在南非发行的周刊。这是印度人在南非的第一份出版物,其产生得益于一位古吉拉特绅士——马丹吉特·维阿瓦哈瑞克(Madanjit Vyavaharik)先生。他在出版业奋斗多年,决心创办一份报纸。在与当时仍健在的曼苏克拉尔·纳扎先生和我商量后,他就在德班出版发行了这份报纸。曼苏克拉尔·纳扎自愿免费担任主编。办刊伊始,报纸总是亏损。最后,我们决定购买一处农场安置工人,让他们组成社区共同生活,并在那里发行报纸。为此,我们选择了距德班13英里外、靠近一座幽美小山的一块农田。最近的火车站离那儿有3英里远,名曰凤凰站。报纸被命名为《印度舆论》,它最初以英语、古吉拉特语、印地语和泰米尔语等多种文字同时发行。但是印地语和泰米尔语的版面最终停止了,因为我们实在不堪重负,我们要么无法核实泰米尔语和印地语作者的身份,要么无法劝其在农庄定居。因此,在"坚持真"运动期间,这份报纸只能以英语及古吉拉特语发行。在定居者中,有古吉拉特人、北印度人、泰米尔人及英国人。曼苏克拉尔·纳扎先生英年早逝,其后主编一职便由一位英国朋友——赫伯特·基钦(Herbert Kitchin)先生担任。再往后，亨利·S. L. 波拉克（Henry S. L. Polak）先生长期担任此职。在大家被囚期间，当时仍健在的约瑟夫·多克（Joseph Doke）牧师也担任过主编。借助于这份报纸，我们能将社区的一周要闻广而传之。报纸的英文版块也可让不懂古吉拉特语的印度人迅速知晓运动进程。对于在印度、英国和南非的英国人，《印度舆论》还可以充当其一周时事通讯。我相信一个主要依赖自身力量的运动，即便没有报纸也能运作下去。但是经验告诉我，如果没有《印度舆论》，我们无法轻而易举地教育当地侨民，更无法让全世界的印度人知晓南非发生的一切。因此，这份报纸成为运动中最强大有效的利器之一。

这个运动不仅改变了社区，也改变了《印度舆论》。最初我们曾接受一些广告，也向印刷公司承包一些印刷工作。但我发现，一些最优秀的人员不得不挤出时间从事这些工作。为了出版而接收广告，总会存在一个难题——什么广告应予接受，什么广告应予拒绝。最初人们总会拒绝某种令人生厌的广告，但最终却被迫接受了。比如说，如果广告商是社区头面人物，拒绝刊登广告可能触怒他们。有些优秀人员不得不预留出一些精力，向广告商索要和清算款项，更不用说还得像广告商想当然的那样去巴结他们。再者，从我们的角度看，既然发行报纸的目的不是为了盈利，而是为了服务公众，那么我们就不该强迫社区接受它，而只能根据社区的意志决定自己的存亡。所谓社区的意愿，就表现在社区内是否有足够的订阅者，使得报纸能够维系。最后，对我们而言，最好的途径也许是寻求社区的慷慨支持，向他们解释维系报纸的必要性，不能让它一方面自称为公众服务，另一方面却为商人大做广告。基于这些考虑，我们决定停止刊登广告。结果令人满意，原来广告部的工作人员可以腾出手来，集中精力改善报纸。整个社区也认识到自己是《印度舆论》的经营者,人人都有义务维系它。这样我们的员工就不再有后顾之忧,只要社区还需要报纸,他们就可以倾尽全力办好它。现在,要求印度人征订这份报纸就没什么不恰当的了,这反而成为他们的义务。这时报纸的来源和内容等都发生了显著变化,它成为一股不容忽视的力量。这份原来发行量徘徊在1200—1500份的报纸,订阅人数与日俱增,在运动最高峰时订阅量曾达到3500份。在南非,有能力阅读《印度舆论》的印度人大约有20000人,所以3000份的发行量足以满足需要。整个社区格外珍惜这份周报,以至于假使某日报纸无法按时送达约翰内斯堡,我会马上接到一大堆投诉。这份报纸于每周日上午送达约翰内斯堡。我知道有些人在收到报纸后的第一件事就是将古吉拉特语版面一字不漏地读完。其间有人会大声朗读出来,其他人则围在旁边静静聆听——并非所有人都有财力订阅报纸,因此大家常常聚在一起读报。

正如我们停止刊登广告一样,基于同样的原因,我们也停止了接收印刷业务,由此,排字工人可以腾出时间印刷书籍。即便如此,我们也没有任何营利动机,我们印刷出版的都是运动所需的各种书籍,它们都非常畅销。为此,这份报纸和报社都推动了运动的发展,并且随着"坚持真"运动的发展在社区逐渐扎下根来。从"坚持真"运动的角度看,这份报纸和报社也相应地渐得人心、声望日隆。

第二十章 连续被捕

大家已经看到逮捕罗摩·孙达拉的行动并不能让政府如愿。相反,他们见识了印度社区不断高涨的斗志。亚洲人事务署官员细心地阅读了各期的《印度舆论》。我们的运动从不允许存在任何秘密。《印度舆论》是一份公开刊物,它可以让任何人——无论朋友、敌人或中立者——洞悉社区的优点和不足。(报纸的)工作人员从一开始就认识到,我们的运动没有秘密可言。我们在运动中从不为非作歹,也不尔虞我诈,只有真正的实力才是胜利的保障。为了社区的长远利益,我们必须诊断,进而公开自己的弱点,才能对症下药,从而根除这些缺点。官员们意识到《印度舆论》的发行方针后,就将它当作反映印度社区状况的一面可信的镜子。他们转而认为,只有拘捕领袖,才能扑灭这个运动。于是1907年的圣诞周,一些领袖被传唤前往法庭接受审讯。应该指出,官员们认为自己这样做是一种恩惠。只要自己愿意,他们仅凭一纸批文,即可逮捕这些领袖;他们特意派发传讯,是为了显示自己"礼贤下士",当然这也说明他们不相信运动领袖甘愿随时锒铛入狱。领袖们在法定时间(1907年12月28日,星期六)到庭受审。他们在庭上阐述了自己既不愿依法申领证件,又不愿在限期内离开德兰士瓦的理由。

这些领袖中有一位叫梁佐钧（Leuing Quinn）的中国人，他是约翰内斯堡三四百位中国侨民的领导人。他既经商也务农。印度的农业非常出名，但我相信它仍不如中国发达。我们现在很难评估美国和其他国家正在发展的现代农业，我认为他们仍处于试验阶段。然而，中国和印度一样，也是文明古国，中印间的比较自然会相当有意义。我留意了约翰内斯堡中国侨民的农业耕作方法，并且与他们中的一些人交谈，他们留给我的印象是——中国人比我们更聪慧勤劳。我们常常为了让土地休养而休耕一段时间，但是中国人却会根据对各种土壤的精确认识，（在不同季节）种植各种优良作物。

"黑暗法令"同样被应用于中国人身上，这迫使他们卷入"坚持真"运动。但自始至终，这两个社区都没有混合起来。他们各自组建了独立的运动机构。这样的安排有其益处——只要大家并肩作战，就可以相互鼓励；而且即便一方中途放弃，也不会影响另一方的士气，或者起码不会遭遇全军覆灭的危险。然而许多中国人逐渐退出运动，因为他们遭到了自己领袖的欺骗。这位中国侨民领袖确实并没有向"黑暗法令"屈服，但是一天早上，有人告诉我他逃之夭夭了，逃跑前甚至没将有关资料和钱物转交给中国人的协会。要维持这种抗争，没有领袖是不行的，尤其是当领袖不可靠时，打击更为致命。但是，在政府开始发动拘捕时，中国人确实斗志昂扬。他们很少有人申领证件，所以他们当时的领袖梁佐钧先生被勒令与印度人一道受审；但无论如何，在相当长的时间里，梁先生还是做了不少有意义的工作。

在这里，我向大家介绍泰姆比·奈杜（Thambi Naidoo）先生，他是第一批被拘捕的印度领袖之一。他是出生于毛里求斯的泰米尔人，他的父母是从马德拉斯移居到毛里求斯的。他是个普通商人，也没受过任何学位教育，但是丰富的社会经验是他最优秀的老师。他能熟练运用英文交谈或写作，虽然有时也会犯些语法错误。通过同样的方法，他学会了泰米尔语。他能够相当好地听说印度斯坦语，并且懂得一点泰卢固语，只不过完全不懂这些语言的文字。另外，他非常熟悉毛里求斯的克里奥尔语——这是一种变异了的法语，他当然也懂黑人的语言。掌握这么多语言，对南非印度人来说并非难事，成百上千的印度人宣称懂得这些语言。这些人可以轻而易举地成为语言专家，恰是因为他们没有被那些操外地口音教师的正规教育所糟蹋。他们博闻强记，从日常与人打交道中学会这些语言。这种学习没有条条框框的限制，反而是种轻松的脑力训练，并促进了智力的发展。泰姆比·奈杜就属于这样的例子。他天性聪慧，能迅速掌握任何新事物，应变能力也相当惊人。他从未去过印度，却对祖国深爱不已。他的血管里流淌着爱国情怀。他的坚忍不拔形之于表。他体格健壮、精力充沛。无论端坐会场主持会议，还是担任工作人员忙碌不停，他都能胜任。即便是在众目睽睽之下于马路上搬运重物，他也不以为耻。他不分昼夜地工作。很少有人能像他那样，甘愿为社区奉献一切。如果泰姆比·奈杜先生不那么鲁莽冲动、暴躁易怒，这位勇敢的先生肯定可以在德兰士瓦成为仅次于卡查理亚先生的印度领袖。在德兰士瓦的抗争运动中，他的暴躁脾气没有产生什么恶果，而其他优秀品质却如珍珠般宝贵。但是，后来我听说他因暴躁和轻率最终毁了自己，这令他的各种优点全无意义了。即便如此，泰姆比·奈杜先生仍然是南非"坚持真"抗争运动中最优秀的人物之一。

地方法庭对每个案件逐一审判，最终的判决是全部受审人员必须离开德兰士瓦，具体期限为48小时、7天、14天不等。最晚的离境期限于1908年1月10日到期，那天我们再次出庭受审。我们没有辩护，全都认罪，我们承认自己没有履行法庭裁定的无法滞留的离境判决。

我向地方法庭请求暂停审理，以便发表声明。在声明中，我认为自己的案件不应与其他案件区别对待。在此之前，我曾从比勒陀利亚的同胞那里获悉，我们将被判罚三个月监禁及苦役，并处以严厉罚款；这些罚款数额巨大，以至于大家不得不再被追加三个月苦役。如果他们遭受此罚，那么我应承担更多，因此我请求法庭以最重刑罚来判处我。但是法庭没有同意，他们判处我两个月监禁。在法庭上，我心中曾经闪过一丝尴尬，因为我曾经在同一法庭多次担任律师，现在却以被告身份受审。不过我现在仍清楚地记得，自己当时认为后者要远比前者更令人骄傲，即便是在进入牢房那一刻，我也没有丝毫犹豫。

在法庭上，有几百位印度侨民和律师界的朋友坐在我面前。宣判完毕后，我立即被拘押起来。周遭一切变得孤寂起来。警员命令我坐在牢房的凳子上后就关上牢门一走了之。我有点恼怒，但很快陷入沉思。家庭、曾经出席的法庭、公共会议……所有这一切像梦幻般消失，现在我只是一个囚犯。接下来的两个月会发生什么呢？我必须服满刑期吗？如果很多人谋求入狱，按照誓言，大家无疑应该服完整个刑期。但是，如果入狱者人数不多，两个月就会好像许多年那样漫长乏味。这些想法上百次地在我脑海盘旋，我得将它们一一理清。这时，我突然感到羞愧。我是多么愚蠢！正是我，要求人们将牢狱看作是英王陛下的宾馆，将因触犯"黑暗法令"而招致的处罚当作完美赐福，将抵制这个法令而做出的所有牺牲（包括奉献生命）当作至上的幸福！现在，这些信誓旦旦的诺言到哪去了？这些想法让我兴奋起来，我开始嘲笑自己的愚蠢，心里暗自揣摩——其他人会被判以何种处罚，是否和我关在一起……很快地，我的思路被一名警官打断了，他打开门，要求我跟着他走。我遵行不讳。他接着又让我在前面走，他在后面跟着，把我带到了一辆囚车旁，让我坐进去。于是我被送到约翰内斯堡的监狱。

在狱中，我被要求脱下私人服装。我知道囚犯在狱中都是赤身裸体的。我们决定，只要监狱的规矩不伤及我们的尊严或宗教信仰，就全部予以遵守。他们派给的衣服很脏，我一点也不喜欢。必须承认的是，当意识到必须忍受如此肮脏之物时，我内心沉重异常。接着，狱警登记了我的姓名和地址，并把我带到一个大牢房。过了一会儿，同伴们笑逐颜开地进来。他们告诉我自己遭受同样的处罚以及我离庭后的一些事情。原来，在我的案子审判完毕后，印度人——他们中许多人情绪相当激动——举着黑旗游行，引来了警察的阻止和鞭打。不管如何，一想到能被关在同一个牢房里，我们就兴奋莫名，开心不已。

牢门在六点钟关闭。门虽不是金属制成的，但很坚固。墙上的高处有透气孔，这让我们觉得仿佛安全些。毫无疑问，狱方并没有给我们像罗摩·孙达拉那样的优待。因为罗摩·孙达拉是第一个"坚持真"囚犯，狱方不知所措，不知如何对付他。现在这批囚犯人数众多，而且人数不断增加，所以他们就把我们关在黑人牢房。在南非，囚犯被分为两类——白种人和黑种人（即黑人）[①]，印度人通常被归为黑人一类。

[①] 原文"Blacks"译为黑种人，"Negroes"带有蔑称，译为黑人。

第二天早晨，我们发现，那些没判处苦役的囚犯被允许穿着私人服装，否则，狱方将派以相应等级的囚衣。我们决定不穿任何私人服装，只穿统一的囚服。我们为此向狱方申诉。他们便给我们无苦役黑人的囚服。但由于无苦役黑人囚徒太多，这种囚服的数量不足以给后来的无苦役印度囚犯使用。印度人没有为此幸灾乐祸，反而坦然接受苦役囚服。有些人不愿穿这种囚服，宁愿穿上自己的服装。我虽然认为不恰当，但也没有坚持让他们服从。

从第二天、第三天开始，"坚持真"囚犯急剧增加。他们自愿谋求入狱，并且多是小商小贩。在南非，所有小商贩，无论白人黑人，都被要求随身携带许可证，并随时接受检查。几乎每天都有警察要求查看证件，并逮捕未出示者。在我们被捕后，印度社区决心让监狱人满为患。这次小商贩们冲在前线。他们很容易遭到逮捕，只要拒绝出示证件即可。通过这个办法，不到一个礼拜，"坚持真"囚犯就超过了100人。每天都有许多人进来，因为没有报纸，我们只能核算人头确定人数。当"坚持真"勇士被大批逮捕后，他们开始被判处苦役监禁。这或许由于法庭已没有耐心，又或许（我们猜想）是他们接受了政府的指示。即便今天看来，我们在这个重要环节上的猜测也是正确无误的。因为，只有最初进来的几位被判处囚禁，往后进来的，即便是女士，也会被判处苦役。如果法官们没有收到政府的命令或者暗示，只是碰巧将男女一视同仁，一律判处苦役，这简直是一种奇迹。

在约翰内斯堡监狱，无苦役囚徒每早可享用一份无盐玉米粥，盐是另外单独派发的。中午，囚犯们被派以四盎司米饭、四盎司面包、一盎司酥油和一点盐。晚上，则有玉米粥和一点蔬菜——一般不是两个小的就是一个大的番茄。我们都不喜欢这种膳食。米饭都煮得稀烂，我们请求负责医疗的狱官派给一点调味料，并表示这在印度监狱是被允许的。"这里不是印度，"他无情地回答道，"监狱的膳食没有任何问题，不需要什么调味料。"我们又请求派以一些豆子，因为它是肌肉生长所必需的，而日常的膳食中却完全没有。"囚犯不应总以健康为由，对膳食提出要求，"他说，"你们会有肌肉所需的食物，我们每周派给你们两次煮过的豆子，用它来代替玉米。"如果人的身体能够一两周内在不同时段从食物汲取不同营养，那么这医生的说法就不无道理。但是事实上，他根本不为我们考虑。狱警允许我们做饭。我们选举泰姆比·奈杜担任厨师，因为他多次为我们争取这个权利。如果蔬菜供应份额不足，他会坚决要求，直到充足为止。在每周的两个素食日，我们被允许自行做饭两次；而剩下的时间里，就只有一次午间做饭的机会。从那以后，我们的状况才略有好转。

但是，无论是否被给予这种便利，我们都决心要在狱中平静愉悦地服完刑期。渐渐地，"坚持真"囚犯增至150人。因为我们是无苦役囚犯，所以除清洁牢房外就无事可做了。我们向监狱主管请求派以任务，他回道："对不起，我不能向你们派以工作，否则我会犯罪的。当然，如果你们愿意，可以尽量做好牢房的保洁工作。"我们请求做些比如操练之类的运动，因为我们发现，黑人囚犯在进行苦役劳动外，也另外操练。监狱主管说："如果看守你们的警员有空并愿意这样做，我不会反对；但我不会要求他这样做，因为他的事情很多，突然间你们来了这么多人，这已经够他忙的了。"看守警员是个好人，他同意了我们的请求。于是，每天早上他兴致勃勃地指挥操练。我们在牢房前小院子做操，因此看起来像走马灯般团团转。看守警员指挥完操练就离开了，接着一位帕坦人兄弟——纳瓦巴坎（Nawabkhan）

就会出来继续指挥我们。他有趣的英文训令常让我们忍俊不禁。他把"稍息"(Stand at ease)口令发成了"稍得利息"(Sandlies)。我们这辈子恐怕都不知道,这在印度斯坦语是什么意思。直到后来,我才知道,它并非什么印度斯坦语,而是"纳瓦巴坎式"英文。

第二十一章 第一个协议

在狱中被关押两周后,新来的人告诉我们,外面正与政府商谈协议。又过了两三天,约翰内斯堡的一家日报《德兰士瓦领袖人物》(*The Transvaal Leader*)的编辑——阿尔伯特·卡特赖特(Albert Cartwright)前来看我。

约翰内斯堡的日报全由一个或若干个欧洲金矿主所有,编辑们可以自由地对除了富豪的事务以外的任何问题发表议论。只有那些能力突出、声名卓著的人才会被选为编辑。比如说,《星星日报》(*The Daily Star*)的主编就是米尔纳勋爵的私人秘书,后来前往伦敦接替巴克尔(Buckle)先生担任《泰晤士报》的主编。《德兰士瓦领袖人物》的阿尔伯特·卡特赖特能力卓越、胸怀宽广。他在自己主持的版面支持印度人。我们早已是朋友。我被监禁后,他就去找史沫资将军。史沫资将军欢迎他的斡旋。卡特赖特接着会见印度领导人,他们说:"我们对法律一无所知,只要甘地先生仍在牢里,我们就无法协商妥协方案。我们也希望达成协议,但是,我们的人仍在狱中,如果政府想达成协议,请您务必去见见甘地先生,我们会同意他的任何安排。"

于是,卡特赖特先生到狱中探监,他带来了史沫资将军起草(或经其首肯）的协议书。我不喜欢文件中的含糊用语，准备对之略作修正，然后签字同意。与此同时，我告诉卡特赖特，虽然已获得牢外印度领袖的授权，但我必须在与被囚同伴商议后才能签字。

协议主要内容为：印度人可自愿而不是依照法律要求登记；关于登记内容，政府必须征求印度社区的同意；并且大多数印度人登记后，政府应废除"黑暗法令"，对自愿登记另行立法。协议原来的草案并未明确要求政府废除"黑暗法令"，因此我建议进行修改，以免后患。

即使这么小的修正，卡特赖特先生也不欢迎。他说："史沫资将军把这份草案看作最终协议。我也同意协议内容。我向您保证，如果你们都自愿登记，这个'黑暗法令'将会被废除。"

我回答道："不管能否达成协议，我们都感谢您的热心与帮助。我所提的修正绝非毫无意义。我无意损害政府的威信。但只要我对某些用语仍心存忧虑，我就必须建议予以修正。再者，如果真的存在什么协议，那么双方都有权要求修改。史沫资将军完全没有必要再给我们一个最后通牒，给我们一个不容协商的协议。他已经用'黑暗法令'这支枪对准印度人，何必再增加一支呢？"卡特赖特先生无话可说，只好答应将修改意见转达给史沫资将军。

我与同伴协商，他们也不满意协议的遣词用句，但只要史沫资将军同意修改，他们也会赞同。新的入狱者捎来牢外领导人的口信，他们授权我自行其是，争取合理的协议。我让梁佐钧、泰姆比·奈杜两位先生与我一道在协议上签字，然后交给卡特赖特先生。

两三天后，即 1908 年 1 月 30 日，约翰内斯堡总警长弗农（Vernon）先生带我前往比勒陀利亚拜见史沫资将军。我们进行了深入交谈。他告诉我自己与卡特赖特先生的谈话，并为印度人在我被监禁后仍坚定不移表示祝贺，他说："我并不讨厌你们的民族。你知道我也是个律师。我也有许多印度朋友。但我得履行职责。欧洲人想要这部法令，并且你也清楚，他们多数是英国人而不是布尔人。我同意你在草案中提出的修改意见。我已经请示过博莎将军。我向你保证，一旦你们中大多数人自愿登记，我将马上撤销《亚裔移民法》。当我们对自愿登记立法时，我会送一份草案给你，征求你的意见。我不希望再出现类似的麻烦，我非常尊重你们的感受。"

说到这里，史沫资将军站起来。我问他："现在我得去哪里？其他囚犯怎么办？"

将军笑了，他说："你现在自由了。我马上给监狱方面打电话，让他们在明天早上释放所有其他囚犯。但是，我建议你别再举行各种会议和示威活动，这样会让政府难堪的。"

我说："我可以向您保证，不会再为这事召集会议了。但是，我需再召开一次会议，向整个社区解释这个协议的效果、内容和范围以及我们的责任。"

"对于这样的会议，"史沫资将军说，"你们召开几场都可以。只要你明白我在这件事情上的想法，这就够了。"

那时正是晚上七点。我身无分文。史沫资将军的秘书赠给了我前往约翰内斯堡的火车票费用。我无须在比勒陀利亚停留，向印度人宣布协议。运动的领袖都聚在约翰内斯堡的总部里。当时只剩一趟前往约翰内斯堡的火车，我刚好及时搭上了。

第二十二章　反对与袭击

当天晚上九点，我抵达约翰内斯堡。其后便直奔英属印度人联合会主席易瑟夫·米安先生的住处。他知道我被带到比勒陀利亚，因此正在等候我的来临。虽然如此，大家仍对我在没有警员押送的情况下只身前来感到惊讶。我建议立即发出通知，尽快召集尽可能多的人员参加会议，这获得了主席等人的同意。因为印度人多数聚居在一起，所以通知迅速完成。主席的住宅离清真寺很近，会议经常在那里召开。只需地面上放上一盏灯，无需布置什么即可召开会议。会议在晚上十一至十二点之间举行。尽管通知简短而时间仓促，参会者仍接近千人。

会议开始前，我向领袖们解释协议具体条款。其中有少数人反对协议。但是，听了解释后，大家明白了目前的局势。然而，反对者心中有一种担忧："如果史沫资将军欺骗我们，怎么办？'黑暗法令'也许不会付诸实施，但它会像达摩克利斯剑一样永远悬在我们头上。并且，如果全部自愿登记，我们的底细将被对手洞悉，我们就失去了抵制'黑暗法令'的撒手锏。所以，最好的办法应该是，我们要求政府先废除'黑暗法令'，然后自己再自愿登记。"

我能理解这种忧虑。我欣赏质疑者的判断和勇气——这些都是

"坚持真"勇士必备的素质。于是我解释道:"这是个很好的主意,值得我们慎重考虑。如果我们在法令被废除后再自愿登记,就不会有这个问题。但是,如果这样,也就不存在任何妥协了。妥协意味着,双方在不触犯原则的范围内进行最大让步。我们的原则是——决不向'黑暗法令'屈服,因此,我们不该反对任何不触犯这一点的协议;相反,我们应做好一切准备,不惜一切代价去实现它。政府的原则是阻止印度人非法移民德兰士瓦,他们需要让尽可能多的印度人持有注明个人信息的证件,这样欧洲人才能安心。在这一点上,政府是绝不会让步的。我们必须马上采取行动配合政府实现这个愿望。即便我们想抵制,也必须在找到新的理由后才能那样做。我们的运动并非要挑战政府的原则,而是要避免'黑暗法令'对社区的伤害。如果我们试图利用整个社区日益壮大的力量得寸进尺,那么'坚持真'就名存实亡了。因此,反对协议的理由并不充分。那些认为我们必须在法令被废除后才能交出最厉害武器的说法,也毫无根据。一个'坚持真'勇士永远不畏强暴。他并不担心去相信对手,即使被欺骗了二十次,'坚持真'勇士也准备再相信第二十一次,因为坚信'人性本真'是他的核心信念之一。再说,那种认为相信政府就等于缴械投降、任人鱼肉的说法,也违背了'坚持真'原则。假设我们自愿登记,但政府背信弃义、不愿废除法令,难道我们就再无法诉诸'坚持真'了吗?如果我们拒绝出示个人信息证件,那证件不就等于一纸空文,政府不是照样无法区分我们与潜入德兰瓦士的偷渡者吗?因此,无论什么法律,只要我们不合作,政府就无法切实执行。法律的力量在于,它能处罚那些拒绝接受管制的人,迫使其不得不服从。但是,'坚持真'勇士与普通人的区别在于,如果他服从法律,那不是因为害怕受罚,而是因为他认为这种服从有利于公共利益而自愿服从。这就是我们对这个法令的立场，它绝不被政府任何背信弃义的丑恶行为所动摇。我们是局势的主宰者，一切尽在掌握中。只要手里还有'坚持真'，我们就毫无畏惧、敢作敢当。如果有人说，社区日后未必能像当前如此强大，那么我要说，他并非一个真正的'坚持真'勇士，他对'坚持真'一无所知。他的说法意味着，现在我们社区的力量并非真正的力量，它不过是转瞬即逝的泡影或某种癫狂。如果确实如此，那我们就不配拥有胜利，即便侥幸成功，这种胜利果实也会转眼不保。试想想，如果我们在政府废除法令后再行登记，其后政府又制定类似的强迫登记的恶法，到时我们又该如何应付？如果我们现在就怀疑自己的力量，到时又能好到哪里去？所以，无论从何种角度看，这个协议只会对我们的社区有益无损。并且，在我看来，一旦对手认识到我们的谦逊与正义，他们会或多或少放弃或减少敌对态度。"

于是我说服了一两个异议分子，但是我完全没有料到，这个在半夜紧急召集的会议后来会引发一场大骚乱。我在会上逐个解释协议条款，并说：

"这个协议也增加了我们社区的责任。我们必须自愿登记，以证明我们不想通过偷渡或欺骗手段进入德兰士瓦。那些没去登记的人不会遭到处罚，但这意味着整个印度社区没有履行协议。所以，现在请你们务必举手表决。当然仅凭表决是不够的，一旦关于新的登记方法被确定下来，举手赞成的每个人都必须立即申领证件，并且，正如你们之前积极劝阻同胞登记一样，现在你们必须向社区民众说明，劝导他们进行登记。我们必须履行自己的义务，才能收获胜利。"

话音刚落，一位帕坦人站起来，质问道：

"按照法令,我们应该按十个手指印吗?"

"是,但也不完全是。对于这个问题,我的观点是,我们当中所有人都应当毫不犹豫地去按指印。但是,对那些内心反对或者觉得按指印有损尊严的人,则不应该要求他们这么做。"

"那您自己怎么办呢?"

"我决定要按十个指印。我不是那种怂恿别人、自己却袖手旁观的人。"

"就是你,写了大量关于十个指印的文章;就是你,说这种做法只对罪犯采用;就是你,说我们的运动围绕着按指印展开。大家看看,今天你的这些观点哪去了?"

"即便现在,对于按指印的说法,我也没有丝毫改变。现在我依然会说,在印度,只有罪犯被要求按指印。我过去这样说,现在也仍然如此。我们如果服从'黑暗法令',哪怕签名都是一种罪过,更不用说按指印了。没错,我确实曾经很明智地强调了按指印的问题。要知道,让社区民众理解(法令中)按指印要求的无理之处并不困难,但要对之做出些微让步却难上加难。我明白,大家都理解了按指印的含义。可是现在形势大不相同。我必须倾尽全力地劝告大家,时过境迁,这种行为曾经只针对罪犯,现在反而成为绅士风度的表现。这犹如你以武力相威胁,逼我向你敬礼,如果我屈服了,那么在你、我和众人眼里,我就遭到了凌辱。但是如果我是出于友爱或兄弟之情而向你敬礼,那只能证明我的谦逊和伟大,这在大白宝座[①]面前也是正当而有功德的。这就是我劝大家必须前去按指印的理由。"

---

① 大白宝座(the Great White Throne),指《圣经·启示录》最后一卷中,造物主进行末日审判所坐的大白宝座,也被泛指末日审判。

"我们听说你已经背叛了社区，你为15000英镑把我们出卖给史沫资将军。我们不会按指印，也不允许别人这样做。我以上苍的名义发誓，我会杀死那个领导大家登记的人。"

"我明白这位帕坦朋友的感受。我认为没人会相信我有出卖社区的本事。我已经说过，我们不会要求那些发过誓不按指印的人那样做。我愿意尽量帮助帕坦朋友和其他不愿按指印的人，我保证他们会在不损害尊严的前提下获得证件。坦率而言，我不喜欢这位朋友的恐吓。我认为任何人都不该以上苍的名义发誓杀害他人。我相信，这位朋友的誓言只是出于一时的激愤。但不管他是否真的这样做，作为协议的主要负责人和社区的仆人，我有明确的义务领导大家按指印，并且我祈求上苍给我这样的机会。死亡是生命的归宿。能死在兄弟手上，而不是疾病或其他原因，这对我而言，没什么遗憾的。即便这确实不幸发生了，我也不会对凶手有任何愤恨，我知道，这只会增添我来世的功德，凶手也早晚会看到我的无辜与清白。"

在这里，也许我们必须解释为什么有人提出这样的质疑。那些屈从"黑暗法令"的人虽然没有招致忌恨，但因为遭到《印度舆论》等公共舆论直接而猛烈的谴责，他们一直心神不宁、郁郁寡欢。他们从未料到，整个社区竟然可以奋战到底、日益强大，以至于迫使政府妥协。当150名"坚持真"勇士被囚禁起来，双方开始商谈协议时，这些浑水摸鱼的人无法忍受，他们热切盼望协议失败，当协议达成后，又试图加以破坏。

居住在德兰士瓦的帕坦人很少，总数不超过50人。他们中有人与其他印度或欧洲的士兵一样，因为参加布尔战争来到这里。部分帕坦人曾是我的主顾，其他的，我也相当熟悉。帕坦人本性质朴，容易轻信，当然同时又非常彪悍。打打杀杀对他们来说，都是平常小事。如果对某人发怒，他们会老拳相向，甚至取人性命。从这点来看，他们并不懂得尊重他人。他们对待同伴也是这样，即便在帕坦人如此稀少的德兰士瓦，一旦他们内部爆发冲突，马上就会打成一团。这时我常常充当和事佬。当帕坦人认定某人是叛徒时，就会怒不可遏，一发不可收拾。他们只会简单地诉诸暴力，寻求公道。帕坦人积极参加"坚持真"运动，他们中没有任何人向"黑暗法令"屈服。但要挑拨他们并非难事，很可能有人早就利用其对按指印的憎恨进行煽动挑唆。只需提出一个质疑——如果我没有被收买，怎会要求大家按指印？这就足以让他们义愤填膺了。

另外，在德兰士瓦，确实存在一些没有任何证件或持有假证的偷渡者和以帮偷渡者偷渡为生的印度人。这些人知道，协议将会伤害他们的利益。一旦运动继续下去，入境许可制度就形同虚设，他们便可躲过牢狱之灾，肆无忌惮地维持非法营生。这个运动持续得越久，对他们就越有利，所以这伙人故意挑唆帕坦人。读者可以看出来，这就是帕坦人突然发难的缘由。

然而，帕坦人的质疑对参会者影响不大。我已要求大会对协议进行表决。主席和其他领袖态度坚定，不受影响。在举手表决帕坦人的质疑时，主席向大家解释了协议精神和签署的必要性，进而公布了大会决议：除了少数几个帕坦人以外，大会一致通过协议。

我于凌晨两三点回到家里，根本没有时间休息，我得一大早起床，动身前往监狱迎接被释放的其他同伴。我于七点到达监狱。监狱主管早已接到电话通知，正在等候我的到来。不到一小时，所有"坚持真"因犯都被释放了。协会主席和其他印度人早已前来欢迎他们，接着我们便直奔下一个会场。往后一两天的主要活动是庆祝和向社区公告协议内容。随着时间的推移,有些人对协议的内涵逐渐明了,另一些人早已经存在的误解也越来越深。我们已经谈过了关于这个误解的深层原因。现在,为了遏制谣言,我们只好把自己与史沫资将军的所有通信公示出来。在我看来,为满足内部不同需求而遭遇的困难,要远比组织抗争艰巨得多。在抗争期间,唯一的困难是处理自己与对手的关系,这通常容易解决,因为那时所有不和与内斗都被压制、延缓,或者至少因为需要一致对外而显得无足轻重。但是,当外部抗争结束后,内部猜忌就会重新上演,而如果与对手达成的协议过于友善,一些人就会轻易、随意地从中挑刺。在一个民主的团体里,主事者必须事无巨细、令人满意地回应所有问题。关于内斗的经验,只能从内部猜忌和斗争中获取,对外斗争对其意义不大。在对外斗争中,人们斗志昂扬、兴奋莫名。对内的分歧和误解虽然相对少些,结果却更让人心痛难受。在这种情况下,人们的勇气才会遭遇真正的考验。这是我百试不爽的经验,我相信只有通过这种磨炼,在精神上自己才能达到最高境界。许多人在战斗中并不能知晓这一点,只有在协议达成过程中或协议达成后,才能真切体会到。无论如何,真正反对协议的仅限于帕坦人,其他群体并不动摇。

亚洲人事务署准备按照自愿登记的新原则办理证件。在与"坚持真"成员协商后,证件的形式有了很大改善。

1908年2月10日早晨,我们有些人准备出发前去登记。我们竭力向社区强调,务必排除万难进行登记。大家以为,在登记开放当天,领导人必须率先垂范,打破僵局,并考察官员行为及监督登记工作。

我来到自己的办公室（它也是"坚持真"协会的办公室）。米尔·阿兰（Mir Alam）和几个人已经站在门外。米尔·阿兰是我的老主顾，经常就各种事务征询我的意见。德兰士瓦的许多帕坦人雇用劳工制作草质或椰丝床垫，并加以转卖，获利颇丰。米尔·阿兰也是这样的商人。他足有6英尺高，体格高大强壮。今天，我第一次看到米尔·阿兰先生守在我的门口不愿进去。当我们四目相对时，他第一次回避了我的眼神。我向他举手示意，他也以同样的方式回应我。在往常，我会问候他："您好啊！"在我印象中，他总会说很好。但是，今天他的脸上没有笑容。我察觉到他的双眼充满怒火，那个情形我至今仍铭刻于心。我预感事情不妙，但还是进入了办公室。协会主席易瑟夫·米安和几位朋友已经到了，我们动身前往亚洲人登记署办公室。米尔·阿兰和他的同伴尾随而去。

登记署办公室在沃恩·布兰迪斯广场（Von Brandis Square），距离我的办公室不到一英里。路上我们必须经过几条马路。我们沿着沃恩·布兰迪斯大道行走，在亚诺特与吉布森（Arnot and Gibson）[①]家门口，离登记署办公室不到三分钟路程时，米尔·阿兰上来问我："你们去哪？"

"我们去申领登记证件，按指印啊。"我回答道，"如果您愿意跟我去，我让您先申领证件，您只需按两个手指即可；然后，我再按手印、申领证件。"

我还没说完，一记重拳就从后面狠狠地砸在我头上。我口里念叨着"呵，罗摩[②]"（噢，上苍），就倒在地上不省人事。米尔·阿兰和他

[①] 从上下文看，应为两户人家之间。
[②] 罗摩是印度神话《罗摩衍那》中的英雄人物。

的几个同伴继续对我拳脚相加。易瑟夫·米安和泰姆比·奈杜帮我挡了几拳,立即招来他们的袭击。这个场景引来了欧洲人的围观。

米尔·阿兰试图夺路而逃,却被欧洲人逮住了。警察马上赶到现场,将他们一一拘留。我被抬起,送到J. C. 吉布森(J. C. Gibson)先生的办公室。当知觉恢复时,我看到多克先生弯下身来,问我:"您觉得怎样了?"

"我还好,"我说,"只是牙齿和肋骨有些疼。米尔·阿兰怎么样了?"

"他和其他人都被捕了。"

"放了他们吧。"

"这样很好。但是,现在您在陌生人的办公室里,嘴唇和脸颊严重受伤。警察想送您去医院。但是如果您愿意去我家里,我太太和我将会尽力照顾您。"

"好的,我去您那儿吧。帮我谢谢警察,并且告诉他们我更乐意去您那儿。"

亚洲人登记署的查尼(Chamney)先生也来了。我坐在担架上,被抬到史密斯街道上这位善良职员的家里。他们去请医生。我对查尼先生说:"我原本希望能到您的办公室,第一个申领登记证件和按指印。但是天意难料。现在,我仍要请求您带来表格,让我登记。我希望自己仍是第一个注册的人。"

"哪里需要这么迫切呢?"查尼先生说,"医生就要来了。请您先休息吧,您的愿望我们都会满足。我们会给别人登记,但您的名字将列在登记表上的第一位。"

"不,"我说,"我发过誓只要自己还活着,只要上苍允许,就第一个申领证件。因此,我坚持请求您务必将表格带来。"

查尼先生只好马上赶回去，把表格拿来。

接下来我做的第二件事就是发电报给总检察长，告诉他我不希望米尔·阿兰和其他人因为袭击我而被起诉，我希望他们能尽快被释放。但是，约翰内斯堡的欧洲人也给总检察长写了措辞严厉的信，表示无论甘地先生对犯罪嫌疑人的处罚意见如何，在南非，这并不重要。甘地本人也许不想追究，但袭击并非发生在私人场所，而是在马路上，因而对公共秩序造成了破坏。几个英国人会作证，袭击者必须被起诉。为此，总检察长再次拘捕了米尔·阿兰及其同伙，判处他们三个月苦役监禁。只有我没有被要求出席作证。

让我们的讲述回到当时病房的情况吧。查尼先生离开后，斯维特斯（Thwaites）医生进来了。他为我检查了身体，缝合了我脸颊和上唇的伤口，并给我的肋骨上了些药。因为缝线还没有拆除，所以我不能吭声。他要求我只吃流质食物。他说，这些伤都不严重，一周后，我就可以下床行动自如了；但起码两个月内，我得小心翼翼，不能做重活。说完这些，他就走了。

我被禁止说话，但手还是行动自如的。我写了一封信送给协会主席，请他代为转达并向社区公布，其内容为：

"在多克夫妇兄弟姐妹般的照顾下，我的情况非常好。我希望能够尽快回来为大家服务。

"那些干这种事的人，并不知道自己在做什么。他们以为我在做坏事。他们只是按照自己的方式采取行动。希望大家不要针对他们。

"看到这个袭击由穆斯林发起，印度教徒也许会觉得受到伤害。如果真这样想，那么他们就在宇宙及其创造者面前犯下错误了。在内心深处，我反而祈祷流血能将两个教派紧密连接在一起，愿上苍能够赐福我们。

"无论是否遭遇袭击，我都矢志不渝。大多数亚裔移民都应该去按指印。政府将会赦免那些确实犹豫不决的人。但我们如果还要求太多，就会被视为婴孩一般。

"对'坚持真'的正确理解是，除了敬畏上苍，我们别无所惧。所以，我们不应当让这种懦弱的担忧阻止了绝大多数清醒的印度人履行应尽的义务。既然政府已经承诺废除自愿登记法令，每个印度人就有神圣的义务尽可能配合政府和殖民地当局。"

查尼先生拿来了表格，我忍痛按上指印。我发现查尼先生眼里噙着泪水。之前我可总是对他批评有加的！在我看来，眼前这一幕证明了，只要通过努力，人的心灵总是能被融化的！

读者很容易想象，所有这些，不过是在很短的时间内完成的。多克先生及其好心的太太认为我需要平静而充足的休息，因此看到我遇袭后的这些行动，他们感到伤心和不忍。他们担心这不利于我的康复，便采取打手势或其他方式，示意床边的人离开，也不再让我发电报或做其他事情。我手写了一张纸条，表示为了让自己更好地休息，请求他们的女儿——当时还是小孩的奥理芙——为我唱一首我最喜欢的英文歌曲《慈光引领》（*Lead Kindly Light*）。多克先生对此很是高兴，他微笑着同意了。他用手势叫来奥理芙，让她站在门口轻声哼唱这首歌。行文至此，此情此景犹在眼前，小奥理芙的歌声仿佛仍在耳边萦绕。

我将结束本章——读者也许和我一样，认为这些与我们的主题并不相关，但是，我仍要追加最后一个情节，它是如此神圣，以至于不容忽略。我的笔墨又怎能描绘出多克一家的热心帮助呢？

约瑟夫·多克先生是一位四十六岁的浸信会牧师。他原先定居新西兰,后来移居南非。大约这次袭击发生的六个月之前,他曾到我的办公室,递给我一张名片。看到他的姓名前有"牧师"的头衔,我误以为和其他牧师一样,他是来奉劝我改信基督教或者停止运动的,又或者来表达自己对运动的同情。将多克先生请进来后,听到寥寥数语,我就为自己的误判而感到惭愧,默默地在内心深处向他致歉。我发现,他对运动的有关报道都非常熟悉。他说:"请您务必把我看作你们运动的一个朋友。我把尽力帮助你们当作是自己的宗教义务。如果我能从耶稣身上学到什么,那就是必须分担和减轻他人遭遇的更大更深的苦难。"就这样,我们一见如故,关系日益密切。在本书中,多克先生的名字还会多次被提到,只不过在我看来,在叙述多克一家对我无微不至的照料之前,有必要简短介绍一下他的个人情况。

这家人不分昼夜地悉心照料我。在我客居期间,那里几乎成了宾馆。各阶层的印度人都涌来询问我的健康状况——从穿着肮脏的、带着篮子的小贩到德兰士瓦英属印度人协会主席等,多克先生全部一视同仁、谦逊有加地热情招待。只要我住在多克先生的家里,他们的时间就只能用于照顾我和接待前来探望的人。即便在晚上,多克先生也会在门外静静地观察我两三次。在如此热情细心的招待下,我丝毫不觉得自己是客居他处,即便是我的至亲至爱,也未必能做得更好。

大家不要以为多克先生如此支持印度人和收留我,就不会遭受任何压力。多克先生负责一家浸信会教堂,他的生计依赖于欧洲教众。并非所有教众都那么开明,其中有些人对印度人的厌恶丝毫不亚于其他欧洲人。但是多克先生不为所动。在初识之时,我特意跟他讨论过这个问题。他说:"亲爱的朋友,您认为什么是耶稣的信仰呢?我耶稣的虔诚信徒——他为了信仰欣然走向十字架，他的爱如同整个世界那样博大。我要参加您的运动，我要告诉欧洲人什么是耶稣的精神，虽然正如您所担心的，他们也许会想方设法惩罚我。即便他们这样做，我也绝不抱怨。我的生活确实依赖他们，但是千万别以为我与他们的联系只是出于谋求生计，或者以为他们便是我的恩主。只有上苍才是我的恩主；他们只不过是上苍伟大意志的一种表现而已。我与他们的联系是基于一种没有明言的前提，即他们不得干预我的信仰。请您不要为我担忧。我参加您的运动，并非是要施恩于印度人，而是把它当作自己的义务。事实上，对这个问题，我已经与教长进行过深入讨论。我正式向他表示过，如果不同意我和印度人的关系，他可以让我离开，我另寻其他教堂。然而，他不仅不为难我，还说了些鼓励的话。所以，您不要想当然地以为，所有欧洲人都反对你们。您并不晓得，他们当中有多少默默同情你们的人。所以，您必须看到，这是我的职责所在。"

这次谈话之后，我再也没有跟他谈论过这个问题。后来，多克先生在罗得西亚服务期间逝世，当时"坚持真"运动仍未结束，浸信会教徒在他们的教堂举行了追悼会。我和卡查理亚及其他印度人也被邀出席。我应邀在会上致悼词。

大约十天后，我重新行动自如，其后便离开这虔信的一家人。离别时，多克一家和我真是不舍啊！

第二十三章　欧洲人的支援

支持印度人运动的欧洲人为数不少，我们应该在此一并介绍，以免后面提及时，读者会感到陌生，我也不必在叙述过程中停下，另行介绍。我不是按照他们在运动中服务或贡献的大小，而是根据大家结识的时间先后以及他们支援运动的不同侧面逐一介绍。

首先要介绍的是阿尔伯特·韦斯特（Albert West）先生。早在运动开始前，他就与社区有联系。我们之间的结识就更早了。我在约翰内斯堡开始律师业务时，妻子并不在身边——读者一定还记得，1903年我收到一封来自南非的电报后就匆忙离开印度，并以为在一年内即可回国。韦斯特先生经常光顾约翰内斯堡的一家素食餐馆，我也常在那里吃早餐与晚餐，所以彼此很快认识了。当时他正与另一位欧洲人联合经营一家出版社。1904年，约翰内斯堡的印度社区爆发了恶性疫情，我全力投入照顾病人，无法按时光顾那家餐馆。即便我去了，时间也比其他客人更早一些，以免传染他人。连续两天没见到我，韦斯特先生很是担忧——因为他从报上得知我在照料这些病人。第三天早上六点，我正准备外出时，韦斯特先生敲门了。我打开门后，看见韦斯特先生高兴地站在那里。

"很开心见到您，"他说，"没见您到餐馆，我很担心。告诉我，我能为您做点什么？"

"您能帮忙照顾病人吗？"我高兴地问。

"为什么不行呢？我随时候命。"

这时候，我想到了一个主意，我说："我对您别无所求，不过，既然现在已有许多人负责照顾病人，我建议给您一个更为艰巨的任务。马丹吉特先生正为疫情的事忙得焦头烂额，《印度舆论》那边没人料理。如果您愿意前往德班接管这家报社，我们将受益匪浅。我不确定您需在那里工作多久。我可以给您每月10英镑工资以及报社的一半收益。"

"这确实是个艰巨的任务。我得先和合伙人商量，我们还有债务没有偿清。不过不用担心。我今晚给您答复行吗？"

"好的，那我们晚上六点在公园见。"

我们依时会面。韦斯特先生征得了合伙人的同意。他委托我代为处理债务事宜，当天晚上即乘火车前往德班。不到一个月，我就收到了他的报告。他表示报社不仅未能盈利，而且逐渐失去关注；里面坏账积压，书籍保管混乱，就连订购人地址名册也不完整，还有其他经营不善的问题。韦斯特先生撰写这份报告，并非为了抱怨——他不在乎盈利，他要向我表明，无论如何自己都将恪尽职守，并且这家报社如果照此下去，就只能关门大吉了。

马丹吉特先生曾前来约翰内斯堡清查报纸征订情况，并与我协商报社的管理事务。每个月我们都或多或少入不敷出，所以我也想弄清债务情况。马丹吉特先生对报社经营并不熟悉，所以我一直都想为他配备这方面的助手。恰好此时疫情暴发，既然马丹吉特先生只是临危受命，我便让他参加疫情救护工作。韦斯特先生突如其来的报告，反而让我兴奋莫名,我趁机请他,不仅在疫情期间,而且往后也要负责报社工作。这就是韦斯特先生关于报社问题来信的内容。

读者已然知道,这份报纸和报社最后迁至凤凰村。在那里,韦斯特先生将自己每月 10 英镑的津贴降至 3 英镑,他是自愿这样要求的。我从不知道,他如何以此(微薄的收入)维系生活。我发觉,虽然他并非一位宗教学者,但他的内心深处有一种深厚的宗教情感。他特立独行,坦率直言,从不隐讳真实想法。他生活简朴。我们初次见面时,他还没结婚。那时我就意识到他是一位纯洁无瑕的人。数年后,他回英国看望父母并且在那结婚了。在我的建议下,他带着妻子、丈母娘以及未婚的妹妹一起前来。这些人生活简朴,平日里也与印度人相处甚欢。艾达·韦斯特(Ada West)女士——我们也经常称她迪薇彬(Devibehn)女士,时年三十五岁,仍然单身,生活非常虔诚。她也为凤凰村村民做了很多事情。韦斯特女士时而照顾儿童,教他们学习英文,时而在厨房帮忙或清扫地板,她也会在报社负责保管收据、排版等工作。无论任何工作,她都从不嫌弃。她现在离开凤凰村了,因为当时我已回印度,报社连她那样微薄的酬劳也支付不起了。韦斯特的丈母娘现在年逾八旬。她擅长缝纫,经常以此帮助村民,整个凤凰村的人都称呼她"奶奶"——大家觉得她确实无愧于这一尊称。我在此不再多说关于韦斯特夫人的事了。当凤凰村的许多村民被囚入狱,韦斯特一家和摩干拉尔·甘地负责村里所有事务。韦斯特负责管理报纸和出版社,当我和其他人不在时,他将来自德班的电报转发给戈克利。后来韦斯特也被囚禁(他很快就被释放了),戈克利有些担心,这才派来安德鲁斯和皮尔森。

接下来要谈的是里琪先生。我在前面已谈及他了。早在运动之前，他就在我的办公室工作，后来被派往英国，代理我不在英国期间的工作。他是伦敦南非大英印度人协会的灵魂人物。

第三位是波拉克。和韦斯特一样，我经常在那家餐馆遇见他。不久后，他辞去《德兰士瓦领袖人物》副主编的职位，加盟了《印度舆论》。众所周知，他为了这个运动在印度与英国来回奔波。后来里琪被派去英国后，我便把波拉克从凤凰村请至约翰内斯堡，让他担任我的雇员，他很快成长为一位熟练的律师。之后不久，他就结婚了。印度人对波拉克夫人相当熟悉，她不仅不反对丈夫的选择，而且在运动中极力协助他。波拉克夫妇未必完全同意我们的不合作运动，但仍尽其所能地帮助印度社区。

接下来的是赫尔曼·卡伦巴赫（Hermann Kallenbach）先生。早在运动之前，我就认识他了。他是德国人，如果不是因为那场大战，他会继续留在印度。他至情至性、悲天悯人，心灵纯洁犹如婴儿。他是一位专业建筑师，但在他眼里，无论多么低微的工作，都同样地令人尊重。我关闭了约翰内斯堡的事务所后，就与他住在一起。如果我表示要分担住宿费用，他会感到难受；但是他为我能帮他节省开支而倍感开心。这确实符合事实——但这里不是大谈特谈我与欧洲朋友亲密关系的地方。当我们考虑如何安置约翰内斯堡被囚同志的亲属时，卡伦巴赫免费把他的大农庄借给我们。过了一段时间，戈克利访问约翰内斯堡，我们把他安置在卡伦巴赫的别墅里。这个尊贵的客人非常喜欢那里。戈克利离开时，我和卡伦巴赫一起把他送到了桑给巴尔岛（Zanzibar）。卡伦巴赫也曾和波拉克一起被捕而遭至牢狱之灾。最后，当我离开南非前往英国会见戈克利时，卡伦巴赫与我同行。但当我们要返回印度时，因为战争关系，他被禁止与我同行。他和其他德国人一样被滞留英国，直到战争结束，才返回约翰内斯堡重操旧业。

现在请允许我再介绍一位高贵的女士——宋嘉·史丽新（Sonja Schlesin）小姐。在此，我情不自禁地想起了戈克利先生——他善于识人——对她的评价。在陪伴他从德拉瓜湾到桑给巴尔岛的路上，我们终有余暇静静交流。戈克利先生与印度和欧洲的领袖都有所接触。他为我详尽分析运动中重要人物的各种品质，我仍清晰地记得他对史丽新小姐赞誉有加，他说："我很少见到像史丽新小姐这样纯洁无瑕、一心为公的人。我很惊讶，为了印度人的事业，她竟能抛弃一切、无怨无悔地牺牲自己，并且不求回报。如果再考虑她的优秀能力和充沛精力，你会意识到她是运动中的一块瑰宝。无须我多说，你该知道，此人值得器重。"我曾聘任一位名为狄克（Dick）的速记员，是个苏格兰女孩。她为人忠诚而纯洁，可称是这两种品质的完美结合。我的一生命运多舛，幸运的是，总有许多品格高贵的欧洲人或印度人与我同舟共济、并肩作战。狄克女士婚后离开了我们，卡伦巴赫先生就将史丽新引荐给我，他说："这个女孩的妈妈将她托付给我。她聪慧诚实，但是有些淘气、冲动，也许还有点傲慢。如果您能管教她，就接纳下她吧。我可不只是为了帮她谋求工作才把她引荐给您的！"我原本预算每月支付20英镑给优秀的速记员，但当时我并不了解史丽新小姐的能力，卡伦巴赫先生建议我刚开始每月只给她6英镑，我便应许了。史丽新小姐很快让我见识了她的淘气。可不到一个月，她让我信服了。无论昼夜，她随时可投入工作。没有什么工作可以难得倒她。年仅十六岁的她，很快就以坦率品格和服务精神征服了我的同事和"坚持真"勇士。这位年轻女士很快变成我的办公室乃至整个非暴力运动的道德守护神。只要对任何策划中的行动存在道德上的怀疑，她马上会与我展开辩论，直至被说服为止。后来所有领袖（除了卡查理亚先生之外）都被囚禁起来，史丽新小姐就负责掌管数额巨大的资金和账目。她指挥着众多性情各异的工作人员。像卡查理亚先生这样的人，也会向她求教和征询建议。多克先生当时管理着《印度舆论》，即便是像他那样白发苍苍、久经考验的战士，也会把自己为《印度舆论》撰写的稿子拿给她看。他曾告诉我："如果史丽新小姐不在那里，即便自觉良好，我也不敢非常肯定。她的帮助总是弥足珍贵，我常常得依照她恰如其分的建议修改稿件。"她身边的诸如帕坦人、帕特尔一家以及契约期满工人等形形色色的印度人，都在向她讨教并接受其建议。在南非，欧洲人不与印度人坐同一车厢，德兰士瓦甚至禁止这样做。但史丽新小姐特意像其他"坚持真"勇士那样，与印度人同乘三等车厢，为此甚至与前来阻止的列车警员发生冲突。我为此感到担忧，但史丽新小姐反而希望自己也能被捕。虽然德兰士瓦政府已经觉察到她的能力，以及她对运动策略的主导作用和在"坚持真"勇士中的崇高地位，然而，出于绅士原则和斗争策略需要，他们并没有逮捕她。史丽新小姐从未试图提高自己仅为6英镑的月薪。当我知道她需要钱时，便给她每月10英镑的薪金。她勉强接受下来，同时表示拒绝接受更多。"我不需要更多，如果我以需要为借口而要求更多，那就违背了跟随您的初衷。"她这样说道。我只能哑口无言。读者也许想了解史丽新小姐的教育背景。她曾通过海角大学（Cape University）中期考核，获得速记文凭。在运动结束后，她毕业了，如今在德兰士瓦的一所公立女子学校担任校长。

赫伯特·基钦①是一位如镜子般纯洁的英国电工。在布尔战争期间，他与我一道工作。他也是《印度舆论》的临时编辑和终生不渝的"苦行者"（brahmachari）。

前面所述的都是与我关系密切的一些人，他们并非德兰士瓦欧洲人的领袖人物。然而，下面这个阶层的欧洲人对我们也襄助有加，其中最有影响的是霍斯肯，他是南非商业联盟的前主席和德兰士瓦立法会成员，我们在前面曾介绍过他②，他是"欧洲人同情印度抗争运动协会"（Committee of European sympathizers with the Satyagraha movement）的主席。当运动达到高潮时，"坚持真"勇士与政府完全无法直接对话，这并非由于"坚持真"勇士不愿面对政府，而是后者自以为是地不愿与"违法者"协商。这时，这个协会便成了印度人与政府相互沟通的桥梁。

前面我已介绍了阿尔伯特·卡特赖特。下面我将介绍查尔斯·菲利普斯（Charles Phillips）牧师，他甚至像多克先生那样，加入和支援了我们。菲利普斯先生是德兰士瓦公理教会牧师。他那贤良淑德的妻子也帮了我们不少忙。第三位牧师是杜德尼·德鲁（Dewdeny Drew），他是南非最好的"播音机"，他曾放弃了布隆方丹《挚友》（*The Friend*）报社编辑职位，在欧洲人的一片讨伐声中发表支持印度人的文章。另外一位支持者是维尔·斯腾特（Vere Stent），《比勒陀利亚资讯》（*The Pretoria News*）的编辑。在比勒陀利亚市长的主持下，欧洲人曾于市议会大厅举行群众集会，谴责印度人的运动，声援"黑暗法令"。维尔·斯腾特先生卓然独立，反对绝大多数欧洲人的反印

---

① 本文提及两位同名的"赫伯特·基钦"，前面的是一位主编，见第十九章。
② 见第十三章。

立场，断然拒绝了主持人要求禁言回座的命令。有些欧洲人试图以武力相威胁，他却毫不畏惧，像狮子般岿然不动，最终致使该会不欢而散，没有达成任何决议。

还有许许多多的欧洲人，他们虽然从未正式加入我们的机构，却绝不放弃任何可以援助我们的机会。在结束本章之前，我还是要提及其中的三位女士。

第一位是霍布豪斯（Hobhouse）小姐，她是霍布豪斯勋爵的女儿。她不顾米尔纳勋爵的反对，在布尔战争期间执意来到德兰士瓦，与布尔妇女共同进退。当齐斯纳勋爵在德兰士瓦和自由邦建立臭名昭著的"集中营"时，她鼓舞布尔妇女们斗争到底。她坚信英国在布尔战争中的立场是完全错误的，因此与斯特先生（已故）一样，她向上苍祈祷，希望英国战败。但是，当她发现刚刚为抵御强权而耗尽心力的布尔人，竟因无知与偏见，转而对印度人施行不义时，这位曾经与布尔人风雨与共的小姐震惊不已。布尔人对她有着无限热爱与尊崇，她与博莎将军关系密切，她总利用自己的这些影响倾力要求布尔人撤销这个"黑暗法令"。

第二位是奥理芙·斯赖纳[①]——我在前面章节已提及这位女士。斯赖纳家族在南非声名如此显赫，以至于她结婚后，丈夫宁愿采用她的姓，（有人告诉我，他这样做）以便使南非的欧洲人能意识到他与斯赖纳家的关系。他这样做并非爱慕虚荣——斯赖纳女士虽然博学多才，却生活简单、为人谦卑。我很荣幸可以与她有多次交往。她从不认为自己与家中黑奴有何等级差别。身为《梦》及其他伟大作品的作

---

① 见第五章。

者，她从不嫌弃诸如煮饭、洗碟或扫地等杂务。她不认为这些有益的活动会影响其创作，反而认为它激发自己的文学灵感，并在思想和语言上保持平衡均等的感觉。这位才华横溢的女士也尽可能地利用自己对南非欧洲人的影响力来帮助印度人。

第三位是年长的莫尔蒂诺（Molten）女士，她来自南非最古老的家族，也全力支持和帮助印度人。

读者或许会问，这些欧洲人的同情给我们带来了什么？是的，在这章，我们未能论及这些同情的实质作用。（然而）我们前面提及的那些欧洲朋友的工作，已经部分证明了这些作用。"坚持真"的本性是，运动的果实深藏于运动自身。"坚持真"是建立在自助、牺牲和对上苍无限信仰的基础上。我在此罗列这些欧洲人的姓名，目的之一在于表达"坚持真"勇士对他们的挚诚谢意。不如此，我们就会愧对历史。虽然无法将其全部罗列，但是这些介绍，足以表达印度人对他们整体的无尽感激之情。第二，作为"坚持真"勇士，我坚信一点——心诚则灵，只要是纯洁的行动，终必有所成就，虽然我们未必能马上感知这种成效。最后，但同样重要的是，我试图向大家表明，所有源于"真"的运动，势必自然引来许多纯洁无瑕的援助。换言之，或更进一步地说，欧洲人对运动的支持和同情，完全源自我们对于并且仅对于"真"矢志不渝坚持的成果——如果可以说它是一种成果的话。这些欧洲友人受到了运动本身的内在力量的感召。

第二十四章　更多内部纠纷

在第二十二章，我已介绍过一些内部分歧。当我在约翰内斯堡遭袭时，家人仍住在凤凰村，他们颇为我担忧。但我当时没有余钱支付他们从凤凰村到约翰内斯堡的旅费，只能等身体康复后，才能回去看望他们。

为了工作，我在德兰士瓦和纳塔尔之间来回奔波。纳塔尔的朋友们来信告知，在那里，协议仍遭到许多误解。我也收到许多《印度舆论》读者的来信表达对协议的不满。虽然"坚持真"运动只限于德兰士瓦，但我们仍需获得纳塔尔印度人的理解与支持。德兰士瓦印度人的抗争绝不是地区性的，恰恰相反，他们代表着整个印度社区，所以，我必须前往德班，澄清那里广泛盛传的质疑。为此，我十万火急地赶往该城。

我们在德班举行了一次公共会议。朋友担心我遭袭，为此告诫我不要参加，或者起码采取一些防范措施。这些都遭到了我的拒绝。如果一个侍从在主人召唤时，胆战心惊、不知所措，那他就配不上侍从的身份。如果畏惧主人的惩罚，那他也有愧于"侍从"的称号。为公益服务，恰如在刀口谋生。如果公仆对盛誉甘之如饴，那么他也该坦然面对责难。因此，我依时参加会议。我向大会介绍协议通过的来龙去脉,并回答各种提问。会议自晚上八点开始,就在会议即将结束时,突然一个帕坦人手持大棒冲上主席台,接着,灯全熄灭了。我很快回过神来,明白这是怎么一回事。这时会议主持人达乌德·穆罕默德(Daud Muhamad)先生站在主席台上努力劝止骚乱。讲台上的人将我团团围住,以免我受到伤害。那些担心我会被袭击的朋友,早就未雨绸缪,准备好了藏身的地方。其中一人带了手枪,他鸣了一枪。就在这时,早就负责留意人群骚动的帕西·罗斯敦吉,拼命赶往警察局,向亚历山大警官报警。亚历山大派来了一队警察,保护着我从人群中挤出一条通道,把我带到帕西·罗斯敦吉的家里。

第二天早晨,帕西·罗斯敦吉把在德班的所有帕坦人都召集起来,让他们当面向我质问。我与他们面谈,试图平息其怒火。但这毫无成效,他们早已先入为主,认定我背叛社区。在澄清这点怀疑之前,一切解释都只能是徒劳无功。怀疑的创伤,绝不会因言语而愈合。

面谈后,我离开德班,前往凤凰村。那些以血肉之躯保护我的朋友坚决不肯让我只身前往,他们要求一道同行。于是我说:"如果你们执意前往,我也不能阻止。但是凤凰村处在荒芜之地,只有我们在那里居住,到时我们没有多余的粮食供应你们,那怎么办?"一位朋友回答:"这吓不住我们的,我们有自己的办法。我们都是士兵,有谁能够阻止我们抢夺食物啊?"因此,大家组成了一支队伍开开心心地前往凤凰村。

杰克·穆达雷(Jack Moodaley)是这支自告奋勇护卫队的领袖,他是出生于纳塔尔的泰米尔人,以职业拳击手的身份闻名于印度社区。他和同伴相信,在南非,无论白人还是有色人种,没人能在这运动项目上与他一较高下。

在南非，除了雨天以外，我都习惯露天而睡。直到现在，我也不想改变这个习惯，因此这些自愿护卫我的人不得不整晚值班保护我。虽然我多次取笑他们，但不得不承认，我的身体确实羸弱不堪，他们的看护仍让我感觉安全许多。我怀疑，如果没有他们，自己能否睡得如此安稳。我想，自己会被某些声响或别的东西惊醒。但我对上苍的信念坚如磐石。许多年来，我奉行这样的信条——死亡不过是生命的一个阶段，仅此而已，无论它何时到来，我们都应满心喜悦地加以迎接。我一直有意地殚精竭虑，排除一切（包括对死亡的）恐惧。但我记得，自己好几次都无法做到像欢迎离别多年的老友那样接受死亡。因此，即便人们千方百计地令自己越发强大，但内心却总是脆弱的。况且，在生死关头，人原有的各种知识会在瞬间消失，内心一片空白，因而于事无补。所以，当人依赖于外物时，内在精神力量就会瞬间消失。这是"坚持真"勇士必须时刻警惕，避免陷入的误区。

在凤凰村，我全神贯注撰写了许多澄清对协议误解的文章，其中包括一篇刊在《印度舆论》上的模拟对话。在对话中，我充分讨论了关于协议的各种不满和抱怨。我相信这个对话效果显著。我们发现，那些曾经误解协议的人，已经消除了疑虑——倘若当时放任这些误解发展下去，恐怕只会带来灾难性后果。现在是让德兰士瓦印度人自由决定是否接受协议的时候了。这于他们、于我——这个作为他们领袖和仆人的人——都是巨大考验。最后，几乎没有人拒绝自愿登记。如此庞大的人群突然涌向登记署，让官员们忙得焦头烂额。印度人迅速圆满地完成了协议义务，即便是政府也不得不承认这一点。我也发觉，误解虽仍显尖锐，但被很好地控制在了小范围内。当部分帕坦人滥施暴力时，确实引发了不少骚动。如果分析这种暴乱，我们会发现，它确实是永无休止的，但同时也是转瞬即逝的。即便在今天，暴力仍是大行其道，因为我们面临它时总是难免胆怯懦弱。但是如果我们冷静对待，其实也没什么可以担忧的。假设米尔·阿兰及其同伴不仅伤害而且杀害了我，整个社区却仍保持冷静、不为所动，并原谅这些只相信暴力法则的人，那么暴力就不会带来伤害，反而这种高贵的态度将使整个社区受益匪浅，误解就会烟消云散，米尔·阿兰及其同伴也会自证其谬。而对我而言，作为一个"坚持真"勇士，再没有什么比为了"萨提亚格拉哈"（即"追求真"）更值得献出生命的了。在一个真正的"坚持真"运动中，这些都并非妄言——只要我们根绝仇恨；只要自力更生成为通行法则，没人会以对他人的期待作为自己行动的前提；只要领袖与群众并无差别，人人既是领袖也是群众，那么不管多么伟大的战士牺牲了，它都不仅不会削弱，反而只会增强运动的力量。

这才是"坚持真"最纯洁和最核心的本质——因为我们无法彻底根除仇恨，进而完全实现"坚持真"。在实际运作中，并非所有参与者都能领会"坚持真"奥秘，多数人只是不明就里地去追随少数人。但是正如托尔斯泰所言，德兰士瓦抗争是首次将"坚持真"原则向大众或者某个社区民众广泛推行的一种努力。我完全不晓得，历史上是否有纯粹的"坚持真"的例子。因为我的历史知识有限，所以无法对此发表确切观点。但是，事实上，我们的所作所为与前人毫无关系。我相信，只要依照"坚持真"的基本原则行动，前面我所叙述的结果就会像日夜更替般势不可挡。我们绝不能以在现实中难以全面实践这些原则为由，否认其巨大威力。几千年来，野蛮的暴力一直主宰着世界，人类为此深陷于漫长的苦难中。这是众所周知的事实。在可预期的未来，我们很难看到走出这种困局的希望。因此，如果说光明脱胎于黑暗，那么只有爱才能让人类从仇恨中摆脱出来。

第二十五章 史沫资将军背信弃义？

读者已经看到了我们内部的困难，在谈及这些时，我不得不更多地谈及个人经历。这似乎无可避免，因为在运动中我所面临的困难也同样是整个运动的难题。现在我们回到外部问题上。

我为本章标题及其内容感到惭愧，因为它涉及人性反常的一面。早在1908年，史沫资将军就被视为南非最有才能的将领，现在他仍是在英帝国乃至整个世界享有很高威望的政治家。我毫不怀疑他的杰出才华。史沫资将军既是优秀的律师，也是相当杰出的军事家、执政者。其他政治家走马观花似地往来于南非，但是自1907年以来，只有这位先生能实际掌控整个南非政府；到目前为止，他在这个国家的地位仍无可匹敌。我离开南非回国已有九年，不知南非人民会在他的墓志铭上刻些什么。他的基督教教名是"詹"（Jan），南非人经常叫他"瘦子詹尼"（Slim Janny）。许多英国朋友曾劝我留意史沫资将军，因为他狡猾善变，常用辞含混，致使双方争执不休；然后他再俟机而动，将争执抛至一旁，提出新的解释实行之。他常这样狡辩：随着时间的推移，双方会发现各自的错误，并为他的指点感激不尽。就这里所述的事情而言，我们可以肯定地说，史沫资将军当时确实对我们要诈了，即便今日，他的行为仍被我视作对印度社区的背叛。虽然我言语中有谴责之意，但也许事实上，史沫资将军并非有意为之。既然主观上并非故意，也许就不能称之为"背信弃义"了。但对于1913年和1914年间与史沫资将军的交往，我至今仍无怨恨——尤其当我能超然回顾往昔时更是如此。这也许是由于史沫资将军在1908年的所作所为，确实并非有意为之的原因吧。

交代这些话，是为了能让大家客观公正地对待史沫资将军，也为了说明称他"背信弃义"的缘由，最后也是为了对本章所述的行动进行辩解。

在前一章，我们知道，印度人按照德兰士瓦政府的要求进行了自愿登记。现在是到政府废除"黑暗法令"的时候了，那样"坚持真"运动就自然结束了。这并不意味着这个国家里所有反对印度人的立法都被取缔了，也不意味着印度人的所有悲惨待遇都得到解决——印度人仍须采取合法途径解决那些问题。"坚持真"运动只为清除"黑暗法令"所带来的肮脏龌龊的阴霾。如果屈从于法令，印度人不仅会遭受极度侮辱，而且将为自己被驱逐出德兰士瓦乃至整个南非让出道路。可是，史沫资将军并没有取缔"黑暗法令"，反而得寸进尺。他在《法令全书》中继续保留"黑暗法令"，并且试图通过立法程序，将已经自愿登记的人们的证件和按照规定的时间进行登记的人的证件合法化。如此，新法不再理会那些已经自愿登记的人们，又同时对亚裔人士增加新的登记要求。因此，这两个条款都志在于实现同一个目的，即新的印度移民和往后申领登记证件的人士继续受到"黑暗法令"的管辖。

看到这些议案，我深感震惊，觉得无颜再见江东父老。现在我们的帕坦兄弟可以理直气壮地指责我了。但是，必须承认，这个打击不能让我动摇,反而只会让我比以往更加坚信"坚持真"。我再次召集委员会会议,向他们说明新形势。有些委员嘲骂道:"这就是您——我们早已多次劝告您不要太过轻信。您总相信任何人。如果您在私事上这么轻信,倒也无关紧要,但在公共事务上这样做的话,您会连累大家的。现在很难再像从前一样激发民众的斗争热情了。您知道我们印度人的性格——如果我们有片刻的热情,就必须善加利用;否则,风平浪静后,您就会一无所获。"

这些语句虽含嘲讽,但并无恶意。我在其他场合经常碰到类似情形。因此,我微笑着回答道:"好好好,您说我本性轻信,但这是信任,不是轻信。所有人,包括您和我,都应该相信人性。即便如您所说,这确实是我的缺陷,然而正如您所看到的,它同时也是我的优点。不过,我得说,我不认为社区的热情只是出于暂时的冲动。您应该记住,您和我都是社区成员。如果您这样看待我的赤诚,我觉得这是一种羞辱。我相信,您也不会这样看待自己。否则,如果您把自己和社区描述得那么懦弱,这对大家是不公正的。在像我们这样的伟大运动中,总会有潮起潮落。即便对对手多么了解,我们又怎能阻止他'背信弃义'呢?难道不是这样吗?我们之间也会相互签发票据,白纸黑字上的事还不够清晰明白、毫无疑义吗?但是,当事情变得不利时,有人总会千方百计地矢口否认,最终只能依靠判决和法院文书来解决——虽然这些执行起来是多么消耗时日、令人纠缠不清,但谁能保证一定能避免遇见这种无耻行为?因此,我建议您还是平心静气,耐心地寻求解决的办法吧。我们必须认真考虑,如果重新发动运动,自己能做什么?换言之,不管别人怎么做,每个'坚持真'勇士必须做些什么?我个人以为,每个人必须依据自己的本心行动,绝不依赖他人。这样,即使有人动摇了,他们也会受我们的影响而重新强大起来。"

我以为这样说足以消除对重新发动运动的疑虑了。这时卡查理亚先生走过来,他表现出巨大的勇气,他尽其所能,直截了当、简明扼要地表达对每个问题的看法。自那以后,我从未见他因懦弱而违背初衷或者怀疑运动。后来,易瑟夫·米安在重重压力之下,不愿继续主持局面,我们一致推举卡查理亚先生担任掌舵人,其后他就一直坚守这个岗位。在这个岗位上,他毫不畏惧地承受常人所不能忍受的各种艰辛苦楚。因为随着抗争的发展,入狱成为平凡简易、可以尽享闲暇的好事,留在狱外的人反而处境艰难,他们必须时时刻刻关注事态发展,事无巨细地运筹帷幄,安排各种事务,与各种人打交道。

后来,卡查理亚的欧洲债主把他绑起来。许多印度商人依赖于欧洲公司,后者仅凭印度商人信用而将上百万卢比的货物赊账卖给他们。欧洲人的充分信赖,足以证明了印度商人的诚信。卡查理亚同样地在几家欧洲公司欠下了巨额货款,受到政府直接或间接的指使,这些公司勒令他在短期内支付货款。他们表示,允许卡查理亚暂缓支付货款,但要求他必须远离运动;否则,他们担心将来某日他会锒铛入狱而无处追债。凭着这个借口,他们要求他立即用现金偿还货款。卡查理亚不为所动,他答复道:自己参加这个运动纯属私事,与商业无关。他很清楚,自己的信仰、社区荣誉和个人尊严,三者密不可分。他很感激债主的支持,但对与商业无关的事情,自己绝不动摇。债主可以对货款完全放心,只要自己还活着,就会一分不差地还给他们。但是,如果自己有所不测,卡查理亚的股份及债权也将会全部分给他们。由此,他希望债主们可以一如既往地信任他。卡查理亚的说法非常公道合理，他的坚定足以取信于这些债主，但是债主们不为所动。唤醒沉睡的人并非难事，但要叫醒一个假寐的人却难于登天。对于这些一心只想刁难卡查理亚的欧洲人来说，也是如此——虽然他们的货款毫无风险可言。

1909年1月22日，我将这些债主请到办公室。我明白地告诉他们，向卡查理亚先生施压的这种做法是商人不该有的政治行为。他们听了后怒不可遏。我出示卡查理亚先生的收支平衡表，证明他们能够拿到"1英镑中的20个先令"[①]。只要债权人愿意，卡查理亚先生马上可将货物和债务一起转给新买家。否则，他们也可照市价分享卡查理亚的股份；如果债务仍未还清，他们还可拿走卡查理亚先生的债权。读者明白，如果这样安排，欧洲人就毫发无损。我已多次采用这种办法应付那些难缠的债权人。但是这些商人是不由分说的。他们一心想迫使卡查理亚屈服，直至他破产为止。最终，他宣布破产了——虽然他的资产明显超过了负债。

这样的破产，对他来说，与其说是一种侮辱，不如说是一种荣誉。这使他在社区的名望大增，大家都为他的坚忍不拔表示祝贺。当然，这种英雄主义的行为并不常见。街边的流浪者绝不能理解，为什么这种破产却没有导致落破，它没有成为羞辱，反而成为一种荣耀——但卡查理亚先生轻易做到了。许多商人因担心破产而屈从于"黑暗法令"。只要愿意，卡查理亚先生完全可以避免破产——他不必离开运动（这对他绝不可能），只需向许多乐意帮他渡过难关的印度朋友借钱应付即可。但是，他的本性并不容许自己这样做。他要与所

---

① 过去，1英镑等于20先令，其意即毫发无损。

有"坚持真"勇士共同进退,因此不愿向其他"坚持真"勇士借钱支付给欧洲人。当然,也有些曾经"叛变"的朋友愿意借钱。事实上,其中就有一两位这样提议过。但如果接受援助,就意味着可以变相向这部丑恶法令屈服。所以,他断然拒绝了这些提议。

当然,在我们看来,如果卡查理亚先生宣布破产,就可以保护其他人——因为绝大多数的(即使不是所有的)破产,仍会给债权人带来损失。如果能从1英镑中收回10个先令,那他就心满意足了;能收回15个或20个先令,那就锦上添花了。因为在南非,大商人的利润不是6.25%,而是25%,所以能(从1英镑中)收回15个先令,他们就不亏本了。但是在破产案件中,全额收回是难以实现的,债权人因此不愿马上迫使债务人破产。所以,卡查理亚先生宣布破产后,其他欧洲商人不敢再以此要挟参加"坚持真"运动的其他印度商人。事实确实如此。欧洲人试图迫使卡查理亚放弃"坚持真"运动,否则要向他索取全额的现金货款。结果这两个目的双双失败了,这出乎他们的意料。他们第一次看到,一位体面的印度商人在面临破产时,竟镇定自若、泰然处之,他们为此感到惊奇。其后一年里,这些商人从卡查理亚先生的货物期权中收回全额货款。据我所知,这是债权人从破产债务人手中收回全额货款的首例。为此,即便在运动期间,卡查理亚也受到欧洲商人的尊重,他们不再介意他参加运动,表示愿意向他提供无论多大数额的货物。但卡查理亚先生日渐成熟,已经掌握了斗争的精髓。没人知晓运动何时结束,因此我们决定,在运动期间不让这位先生(即卡查理亚)经营大宗买卖,而只做一些足以谋生的小生意。由此,他婉拒了欧洲商人的提议。

毋庸赘述,大家应清楚,关于卡查理亚先生的这些事情,并非是紧跟着前面所述的委员会事件后发生的。① 我只是出于两件事的相关性顺便在此提及。从时间上来讲，卡查理亚是在运动重新开始（1908年9月10日）后一段时间才当上协会主席的，他的破产更是五个月之后的事了。

回到委员会会议问题上。会议结束后，我致信史沫资将军，告诉他新法背叛了我们的协议。我请他留意在协议达成一周后，他在里奇蒙的一段演讲："印度人的第二个要求是除非这个法令被废除，否则不会登记……他告诉他们，如果亚裔移民有一人没登记，这个法令就不会被废除……除非每一个印度人都登记，否则法令就不会被废除。"可是，政客是从来不会回应任何有挑战的问题的，即便偶尔回应了，他们也会避其锋芒，顾左右而言他。史沫资将军尤善此道。你可以频繁地给他写信，也可随意反复地发表任何演讲，但如果他决意不予回应，你就无计可施了。按照绅士原则，有信必复是种礼貌，可是这约束不了史沫资将军，所以我的去信如石沉大海，杳无音讯。

我去找调停人——阿尔伯特·卡特赖特先生，他深为震惊："事实上，我不知道他为什么这样做。我记得非常清楚，他答应废除《亚裔移民法》②。我当尽力斡旋，但您该知道，当史沫资将军下定决心后，谁也无法动摇他。他对报纸上的言论也不屑一顾。所以，我担心，我帮不了你们什么忙。"我也会见了霍斯肯先生，他曾给史沫资将军写信，但只收到一个令人沮丧的答复。我在《印度舆论》上写了一篇名为《卑劣行径》的文章，不过，对令人望而生畏的史沫资将军来说，这又算得了什么呢？人们可以给哲学家或冷酷无情的人安加各种恶

---

① 见原书第205页。
② 见第十一章。

名，但都于事无补，他们仍会自行其道。我不知道这种譬喻对史沫资将军是否妥当。我得承认，他的行动背后深含着一套自己的哲学。我记得，在信件往来间，或在报纸撰文批评他时，我确实把他视作冷酷无情的人。但是，这只是运动刚开始的第二年而已，这个运动持续了八年，其间我和他打了许多照面。在后来的交谈中，我常觉得，那个在南非广泛流传的"史沫资式狡诈"的说法也许对他有点不太公道。对此，我可以肯定的只有两点：第一，他在政治中并非全无原则——而且并非完全不道德；第二，虽然他在政治中也会耍诈，但有时他也会依"道"而行。

第二十六章　重新发起运动

如果说我们一方面在努力敦促史沫资将军履行协议，那么另一方面，我们也在满腔热情地"教育"社区。我们发现，各地的人们都做好了重新发动运动，甚至再次入狱的准备。我们在各地举办会议，向大家说明与政府的沟通情况。我们的周报《印度舆论》坚持向印度人通报事件发展的最新状况。我们告诫大家，自愿登记可能失败了，并且要求——如果这个"黑暗法令"最终未被废除——他们必须准备焚毁证件以向政府表明整个社区的无畏与坚定，以及我们准备入狱的巨大决心。接着，我们将各地的登记证件收集起来，准备予以焚毁。

现在立法会准备通过前章所述的政府议案——虽然印度人对之进行申诉，但是失败了。最后，"坚持真"勇士向政府发出"最后通牒"。所谓的"最后通牒"一词，并非"坚持真"勇士的原话，而是史沫资将军对"坚持真"勇士送给自己的表明印度社区斗争决心信件内容的"诬蔑"。将军说："这些人竟敢如此威慑政府，简直视政府如无物。我只为一件事感到遗憾——有些煽动家正在鼓动那些可怜的印度人，试图领导他们一起玉石俱焚。"接着，记者把这话刊在了报上，许多德兰士瓦立法会成员对此异常愤怒，他们情绪激昂，一致通过了史沫资将军的提案。

所谓的"最后通牒",其主要内容如下:

"印度人与史沫资将军协议的精神是:如果印度人自愿登记,他有义务推动使这种登记合法化的立法,并取缔《亚裔移民法》。众所周知,印度人已按照政府要求进行自愿登记,所以必须废除这个《亚裔移民法》。我们已多次联系史沫资将军,并尽可能地采取合法手段维护权益,但至今收效甚微。在立法会准备通过这个议案时,社区领袖有必要向政府表达我们的极度不满与抱怨。我们很遗憾地宣布,如果《亚裔移民法》未依照协议被废除,如果政府没有在特定时间内与印度人协调解决该问题,那么,印度人将把收集来的证件焚毁,我们愿意谦卑而坚定地接受由此产生的一切后果。"

这信件之所以被视为"最后通牒",原因之一在于它提出了要求答复的最后期限。另一原因是,欧洲人一直把印度人视为野蛮人。如果他们平等对待印度人,就会觉得这信件相当得体并予以重视。但事实上,印度人被贬低为野蛮人,恰是他们撰写该信的肇因:如果他们不愿承认自己的野蛮并永远卑躬屈膝,那么就只能采取行动去驳斥这种无端的诋毁。这封信只是一系列反击的开始而已,但如果缺乏钢铁般的意志来加以执行,这信只能是一种无礼宣泄,印度人反而证明了自己是何等的愚蠢轻率!

读者也许会指出,1906年,当我们进行"坚持真"宣誓时,曾经批判过将我们贬低为野蛮人的论调。[①] 如此看来,这封信似乎毫无新意,我也无须在此强调,更无须再次表达对这种论调的驳斥。事

---

① 见第十二章。

实的确如此，但更进一步考虑，我们对这种论调真正的批判是从这封信开始的。大家应该记得，那个"坚持真"誓言几乎是不期而至的，随之而发生的入狱也是不可避免的。虽然整个社区因此声威大震，但这都是在无意间发生的。然而，我们在撰写此信时，已经开始有意地去要求（他人对我们社区）更全面的认识和更多的尊重。和以往一样，这封信的目的同样指向取缔"黑暗法令"，但在行文方式、工作方法等方面开始出现变化。这犹如奴隶向主人的敬礼与朋友之间的相互问候，两者形似而神异，故而局外人一眼即可辨别出来。

在拟定这份"最后通牒"后，我们进行了许多讨论：包括要求政府在既定期限内答复是否被视为无礼之举？它会不会促使政府更加强硬，以至于拒绝他们原本可以接受的请求？这会不会成为社区决意对政府采取行动的一个间接宣言？我们再三权衡后一致认为，必须采取其行其是。即便被视为无理取闹，即便政府会被激怒而拒绝任何让步，我们也坦然承受。如果我们决不甘心低人一等，如果我们坚信自己能随时随地承受任何苦难，那么我们就该毫不犹豫地采取最直截了当的方式（对付政府）。

读者也许可以看出，与以前相比，现在我们采取的行动已经有所革新、大不相同了，这引发了立法会及其他欧洲人的不同反响。有人欣赏印度人的巨大勇气，另一些人则愤怒不已，声称要针锋相对地惩罚这些傲慢的印度人。无论哪部分人，都意识到了印度人行动中的新意。这封信比"坚持真"运动启动之时更令人兴奋——虽然后者也同样意义非凡。其中缘由非常明显：在启动"坚持真"运动时，没有人知道印度人能做什么，因此一开始就发出此信、采用此语，会被视为不妥；但现在整个社区已经经受住了炮火洗礼，人们都看到了印度人完全有能力承受争取权利过程中的任何苦难，这时，这种"最后通牒"是水到渠成的，现在采用它也就无可指摘了。

第二十七章　焚证之火

"最后通牒"的期限也就是最后审议新《亚裔移民法》的当天。议案通过前的两个小时左右，我们召集会议，准备举行焚证仪式。"坚持真"委员会认为，即便政府意外地给予善意答复，此次会议也不会毫无意义，我们照样可以在会上宣布政府的决定。

然而，委员会相信，政府不会对这个通牒进行任何答复。于是，我们提前到达会场，并安排好电报联络，以便一旦有政府消息，可以立即送达会场。会议于1908年8月16日下午在约翰内斯堡的哈密蒂亚清真寺（Hamidia Mosque）举行。来自各阶层的印度人挤满了会场。南非黑人常用一种四足支撑的大铁锅做饭。人们从一位印度商人那定购了一只最大尺寸的这种铁锅，将它安置于会场一角，以作焚证之用。

会议即将开始之际，一位志愿者送来了政府的电报：政府对印度人的决定感到遗憾，并表示无法中止自己的行动。我们当众宣读电报，现场欢声如雷，好像大家很兴奋没有错失焚证机会一般；因为如果政府满足"最后通牒"的要求，我们就不会焚证了。只有洞悉群众内心的情愫，我们才能准确判断局势。可以确定，这种欢呼体现了参会者乐观、激昂的态度，印度人正在发觉自身的力量。

会议开始了。主席要求大家维持秩序,接着便详细介绍整个形势。会议通过了采取各种适当措施的决定。我细致地介绍了与政府协商过程中的每个细节,并说:"如果哪位已经提交证件的同胞,现在想拿回去,就请出来拿走吧。焚毁证件并不构成犯罪,因此那些想要以此入狱的人,是无法实现目的的。焚烧证件只是为了表达我们的决心——我们决不屈服于'黑暗法令',我们要让自己根本没有登记证件。但是,我们不会阻止今日焚证的人明天再去申领。如果现在有人就胆怯动摇,可以请他们马上拿回证件,我们会给他们。现在取回证件没有什么好羞愧的,现在这样做需要很大勇气呢!但是,如果现在焚证了,过后又再去申领一个,那就是可耻的,这样会损害社区的利益。我再次强调,我们必须看到,这是一场长期抗争。我们知道,会有许多人在这场长期抗争中掉队,继续前进的人责任将日益重大。因此,我劝告列位,务必慎重考虑、三思而行。"

我话音未落,已有人喊道:"我们不要这个证件,烧了它们。"最后,当我请那些想拿回证件的人站出来时,没有人回应。米尔·阿兰也参加了会议。他当众表示袭击我的举动是错误的,更令人振奋的是,他高举双手焚毁了自己的旧证——他从没有参加过自愿登记。我高兴地紧紧握住了他的手,让他再次明白,我从未对他有过一丝怨恨。

委员会收集了近2000本准备焚毁的证件。这些证件全部被浇上煤油,放在那口大锅里,由易瑟夫·米安点燃。所有参会者站立起来,对着熊熊烈焰欢呼不止。有些还持有证件者,这时也把它掏了出来,扔进大锅里焚毁。有人问他们,为何到最后关头才焚毁证件,其中一人回答道,这样做更合时宜,能给旁观者留下更深刻的印象。还有人坦承，自己勇气不足，原以为大家不会真的焚毁证件；但来到焚证现场后，意识到了自己与整个社区生死与共，就再也不愿持有证件了。像这样坦诚的情况，在我们的运动中并不鲜见。

许多英国报社的记者参加了会议。他们被会议的情形深深感动，并绘声绘色地在报纸上刊发了这起事件。伦敦《每日邮报》(*The Daily Mail*)的约翰内斯堡分站登载了内容详尽的报道。在其中，记者把我们的焚证举措与美国的波士顿倾茶事件相提并论。我认为这个对比毫不过分。如果说在美国的例子中，是十万杰出的欧洲人对抗整个英帝国，那么在南非，这里仅有13000多个无助的印度人对抗着强大的德兰士瓦政府。印度人唯一的武器就只有信念——一种坚信自己抗争的正义性及崇信上苍的信念。毫无疑问，这个武器是无坚不摧、堪以制胜的。但是如果这些在街上抗争的人们没有意识到这一点，那么13000个赤手空拳的印度人，与当年对抗大英帝国武器精良的美利坚欧洲人相比根本不可同日而语。上苍是弱者的力量源泉——虽然整个世界常将弱者视若无物。

第二十八章　被指责妄生事端

"黑暗法令"通过那年,史沫资将军也在议会完成了另一部《德兰士瓦限制移民法》(1907年15号法令)[The Transvaal Immigrants Restriction Bill(Act 15 of 1907)]的立法工作。这个法令表面上普遍适用于所有人,实际上却把矛头指向印度人。这个法令与纳塔尔以往的法令一样,禁止那些无法通过《亚裔移民法》指定考试的人进行移民,从而间接阻止新的印度移民。

对于这种严重损害印度人权利的议案,我们亟须予以抵制,但问题是应否将其纳入"坚持真"抗争的目标中。虽然社区并没有限定"坚持真"运动的期限和事由,但我们不能超出正当性和能力范围考虑问题。没有周密考量,不由分说随意发动的"坚持真",最终只能沦为"坚持假"(Duragraha)。并且,如果不自量力地贸然采用"坚持真",同样会功败垂成、自取其辱,并使这无敌的武器遭人嘲弄。

"坚持真"委员会认为,印度人的"坚持真"运动只针对"黑暗法令"。况且,一旦该法令被废除,《限制移民法》自然也就失效了。然而,如果印度人认为没必要另外开展独立的运动反对《限制移民法》,那么他们的沉默会被误认为默许政府未来彻底禁止印度移民。因此,我们必须反对《限制移民法》,问题仅仅是——我们是否将它纳入现有的"坚持真"运动？社区的看法是，必须把任何在运动中新增的侵犯社区权利的政府行为纳入运动中。至于当前的力量是否足以实现它则是另外一个问题。领袖们认为，力量上的不足和缺陷，并不是纵容《限制移民法》的理由，因此"坚持真"运动必须把反对该法列入自己的目标中。

针对这个议题，我们与政府进行过多次沟通。我们不能指望这样就能使史沫资将军让步，这反而为他送去一个诽谤我们社区（或实际上是我本人）的极佳机会。史沫资将军知道，除了那些公开支持我们的人以外，还有许多欧洲人私下同情我们的运动。他妄图尽可能地离间我们，为此指责我故意制造事端。他致信我们的支持者，说他们远不如他了解我。如果他退一寸，我会再要求一尺，因此，他无论如何也不会废除《亚裔移民法》。运动刚开始时，并不存在任何移民问题。但是，当他为德兰士瓦的利益而试图阻止新移民时，我就以"坚持真"相威胁。他无法再容忍这种"欺诈成性"的行为。他声称即便我无所不用其极，即便所有印度人都被毁灭，他也绝不废除《亚裔移民法》，德兰士瓦政府也绝不改变针对印度人的任何政策。因此，在这一点上，他请求所有欧洲人的支持。

只需稍加思考，就可看出这种说法何等不公道、不道德！如果不存在《限制移民法》，我和印度人怎会反对它呢？史沫资将军信誓旦旦，说我"欺诈成性"，却无法举出任何实例。在南非这么多年，我从未"欺诈"过别人，甚至至今，我也可以毫不犹豫地说，我的一生从未有任何欺诈行为。我相信，"欺诈"不仅不道德，而且在政治上也是失策的，因此即便从政治的角度考虑，我也反对任何欺诈行为。对此，我无须自辩。我甚至为要在读者面前辩解这一点而感到羞耻。如果他们看不出我绝非欺诈之人，那么我的辩护又有何用？我之所以这样说，是为了让读者明白"坚持真"所遇到的困难，以及印度人哪怕一丁点的"狡诈行为"可能带来的灾难性后果。当走钢丝的舞者踮着脚在20英尺的高空中行走时，他必须全神贯注、不容任何闪失；否则，无论从何处跌落，都会令自己有丧失生命之虞。八年的南非斗争经验教会了我，一个"坚持真"勇士必须比钢丝舞者还要专注如一。史沫资将军试图挑唆离间的那些朋友，对我非常了解，因此这种挑唆全然无用。结果适得其反，他们不仅没有因此放弃对我及运动的支持，反而更热情地拥护和支持我们。印度侨民们后来也看到了，如果没将《限制移民法》列入运动目标，他们将会面临无穷无尽的困扰！

从实践中，我体会到一个广泛适用于所有正义抗争的进步法则——在"坚持真"中，它更如公理一般不言自明。恒河奔流向前，浩浩荡荡，各种支流涌入汇聚，以至于在出海口，它是如此的广袤无边，就连船夫也无法分辨哪里是河、哪里是海。"坚持真"运动的发展也是如此，许多其他因素壮大了它的力量，从而让它朝着目标方向不断成长。这种情形势不可挡，它是"坚持真"根本原则的必然结果。对"坚持真"而言，最小的也就是最大的；因为它是无可缩减的"最小"，所以根本没有后撤的余地，剩下唯一可能的变化就只是——进步。在其他（即便是正当的）抗争中，人们总试图提高要价，以便讨价还价，所以，毋庸置疑，这个"进步法则"无法适用于他们。不过，我仍需解释，既然在"坚持真"中"最小即最大"，那么这个"进步法则"如何发挥作用呢？恒河绝不会为了吸纳更多支流而改道，"坚持真"勇士也不会背离那如刀锋般犀利明亮的正义之路。

但是正如支流在恒河奔流中自动汇入一样，"坚持真"运动也是如此。看到《限制移民法》被纳入"坚持真"运动的目标，许多不了解"坚持真"原则的印度人坚持，必须同时反对德兰士瓦"敌视"印度人的所有法令。有人建议，在德兰士瓦抗争运动期间，鼓动所有南非印度人发起"坚持真"运动，以反对纳塔尔、海角殖民地、奥伦治自由邦等地的"敌视"印度人的法令。这些建议都违背了"坚持真"原则。我已经说过，当看到局势大有可为，我们就改变初衷，这种做法是不诚实的。无论我们多么强大，当运动的最初要求被满足时，我们都必须停止运动。我确信，如不坚持这个原则，我们无以制胜，不仅会全线失败，还会失去原有的各种同情。另外，如果是对手在运动中制造新事端，这时运动自然要把它列入斗争目标。一个"坚持真"勇士、一个从不违背信仰的人，在坚持抗争时绝不能对新事端置之不理，而对手绝非"坚持真"勇士，因为一个"坚持真"勇士本来也绝不会与另一个"坚持真"勇士为敌——他们不会受到"最小即最大"原则的束缚，因此会采取制造新议题的方法，试图恫吓"坚持真"勇士。但"坚持真"勇士早已弃绝恐惧，他不慌不忙地将前后两个议题合并处理，并且相信这能让自己处变不惊，越发强大。因此，当"坚持真"运动与对手处于胶着状态时（这是对手自以为的），最终只能是对手退却，"坚持真"勇士获胜。在运动的往后发展中，我们还会见识这个法则的巨大威力。

第二十九章　索罗布吉·萨普拉吉·阿达加尼亚

现在反对《限制移民法》的诉求也被纳入了"坚持真"运动中，"坚持真"勇士必须检验，政府是否允许受过教育的印度人进入德兰士瓦。委员会决定不应由普通印度人来进行这种检验。我们的想法是，某些按照新法（如果它被印度人接受的话）都并非非法移民的印度人，必须进入德兰士瓦并争取入狱。我们借此向世人表明，"坚持真"是在克制中逐步发育成长的。该法中有这样一个条款：任何不懂欧洲语言的人将被视为非法移民。委员会决定，让懂得英文但从未到过德兰士瓦的印度人进入该地区。几位印度年轻人自愿报名，我们从中选定了索罗布吉·萨普拉吉·阿达加尼亚（Sorabji Shapurji Adajania）。

索罗布吉是帕西人。在南非，帕西人也许不超过100个。无论是在南非时期，还是现在在印度，我对帕西人的看法都毫无二致。全世界的帕西人不超过十万人，这一点足以说明了他们的高尚品格：这么小的群体竟能经久不衰地保持声望，延续信仰，并彰显了自己丝毫不亚于其他民族的仁爱精神。索罗布吉的品格更是纯真如金。当他刚加入运动时，我对他的事迹只是略有所闻。他请求参加运动的几封信件，令我印象深刻。然而，尽管我一方面深爱帕西人的伟大品格，另一方面却一如既往地意识到他们的一些缺陷。由此，我怀疑索罗布吉能否在最后关头顶住压力。好在我有一个原则，即不应在当事人坚定不移时过分执着于自己的怀疑，因此，我最终仍建议委员会信任他。渐渐地，索罗布吉也证明了自己是第一流的"坚持真"勇士。他不仅是运动期间被囚禁时间最长的人之一，而且他对运动的理解也深刻透彻、不容忽视。他的建议通常坚定有力，充满智慧、博爱和深思。他总是深思熟虑，考虑再三才形成自己的观点。他也同等地看待印度人和帕西人的身份，没有任何教派观念。运动结束后，梅赫达博士为我们提供了一份资助"坚持真"勇士前往英国进行法学深造的奖学金，由我负责筛选人员。我们有两三位合适人选，但朋友们都以为，无论是判断力还是学习能力，没有人能与索罗布吉相媲美，所以我们最终选定了他。当时的想法是让他学成后返回南非，接替我在社区的工作。就这样，带着整个社区的祝福，索罗布吉前往英国学习法律。还在南非时，他就认识了戈克利，在英国期间，两人的关系就更亲近了。戈克利十分欣赏索罗布吉，要求他如果返回印度，务必参加"印度公仆社"（the Servants of India Society）。索罗布吉在学生中很受欢迎。他热衷于为人排忧解难，英国的奢侈和造作习气对他毫无影响。他前往英国时年届三十，只懂得仅够日常会话的英文。但精诚所至、金石为开，只要坚持不懈，没有解决不了的困难。索罗布吉的学习生涯简单纯粹，他通过了所有考试。在我留学时，法律科目的考试比较容易。而现在想要成为律师的人就不得不更加努力地学习了。索罗布吉努力学习，从不言弃。我们曾在英国建立卫生护理队，他是首批加入并全程参与的队员。后来这支护理队也被迫发动"坚持真"运动，虽然其中有人退却了，但索罗布吉却领导着那些坚持下来的人——请允许我顺便说明——最终这支护理队的"坚持真"也以胜利告终。

从英国学成法律后，索罗布吉回到约翰内斯堡开始律师事务，并为社区服务。在从南非寄出的各种信件里，人们都在盛赞索罗布吉："他仍像以往一样简单淳朴，没有丝毫造作或自负。无论贫富贵贱，他与所有人打成一片。"然而造物主之严苛，一如其爱。索罗布吉患了肺结核，几个月后去世了，这给印度社区带来了难以弥补的损失，人们深深地怀念他。在很短的时间里，上苍带走了社区里两位杰出人物——卡查理亚和索罗布吉。如果有人非要让我在这两人中进行抉择，我会不知所措。事实上，他们在各自领域都是最优秀的。并且，索罗布吉作为印度人，与其作为帕西人一样杰出；而卡查理亚身为印度人，与身为穆斯林一样出色。

索罗布吉是在向当地政府表明自己挑战《限制移民法》的意图后进入了德兰士瓦。政府全无准备，无法迅速对索罗布吉公开越界入境的行为做出反应。移民管理办公室的官员认出了他。索罗布吉告诉官员，自己为了挑衅该法蓄意入境，因此请求其测试自己的英文水平，或者干脆逮捕自己。官员答复道，既然索罗布吉已意识到了语言问题，当然可以测验他的英文。但由于没有收到逮捕令，索罗布吉可以进入德兰士瓦，但无论他在何处，只要政府愿意，随时都能逮捕他。

为此，出乎意料的，索罗布吉顺利进入了约翰内斯堡，并受到了我们的迎接。我们原以为政府不会让他跨越沃尔克斯拉斯特（Volksrust）的岗哨一步。首先，当我们审慎而坚决地采取某些行动后，政府经常不知所措。其缘由在于政府的本性：政府官员绝不会将所在的部门视为私产，预先把自己的想法贯彻到各个地方，以便防患于未然。其次，官员需关注的事务较多，因此分散了精力。最后，官员们长期浸淫在权力之中，容易麻痹大意，轻视社会运动。但在另一面，为公众服务的志愿者则目标明确、手段成熟，能够很好地执行计划。他全情投入、夜以继日地工作；因此，当他决定采取行动时，通常比政府领先一步。然而许多运动还是失败了，这并不是因为政府权力巨大，而通常是因为运动的领导人缺乏前述品质。

总之，不管是因为政府的疏忽还是有意放任，索罗布吉进入了约翰内斯堡，当地官员对此不知所措，也没有收到上级的指示。索罗布吉的顺利到达令我们兴奋莫名，有些年轻人以为政府已被击败，并将达成妥协。然而，这种想法很快被证明是一厢情愿的。仅仅依靠几位年轻人的无畏奉献就想达成妥协，这无疑是异想天开。

索罗布吉写信给约翰内斯堡的警官，告知自己已入境。他告诉警官，按照新的《限制移民法》，自己有权在德兰士瓦居住，因为他具有基本的英文能力，并随时准备参加官方组织的英文考试。但这封信送出后杳无音信。几天后他收到了一份法院传单。

索罗布吉的案子于1908年7月8日开庭。法庭挤满了印度人。开庭前，我们召集了案件讨论会议。会上，索罗布吉慷慨陈词，表示不怕任何艰难险阻，只要有必要，为了运动，自己甘愿随时入狱。我理解索罗布吉，并相信他能兑现诺言。法庭依时开庭。我担任索罗布吉的辩护律师，并指出传唤中存在的瑕疵，要求立即释放他。对此，控方进行了反驳。7月9日，法庭支持我的申诉，释放了要求必须于次日（1908年7月10日）出庭的索罗布吉。

10日，法官要求索罗布吉在七天内离开德兰士瓦。当法庭宣判时，索罗布吉告知弗农警长，自己绝不离境。20日，他再次被送上法庭。法庭以没有在规定期限内离境为由，判处他一个月监禁及苦役。但是，政府没有拘捕更多印度人，因为他们明白，更多的拘捕只会激发起印度社区更高涨的情绪。再者，许多印度人也通过恰当的法律申诉获得释放，这反而使社区斗志昂扬。政府早已在立法机构通过了所需的所有法律。虽然印度人焚毁了证件，但是他们确实早已登记并拥有继续在此居住的权利。因此，政府认为，自己不必指控和囚禁他们，只需明智地置之不理，等待高潮过后，这些反对者自然会偃旗息鼓、沉寂下来。但是印度人毫不畏惧，他们采取新措施挑衅政府，最终迫使其无法再坐视不理。

第三十章 达乌德·穆罕默德先生等人加入

印度人看到,政府试图通过费边主义策略(fabian tactics)① 消耗自己,于是决心采取进一步的行动。只要一息尚存,"坚持真"勇士就绝不退缩,他们决意要粉碎政府的如意算盘。

在纳塔尔,有几位拥有德兰士瓦永久居住权的印度人,他们不在德兰士瓦经商,但社区认为他们有进入该地的权利。他们懂得一些英文。并且,让像索罗布吉这样受过教育的人进入德兰士瓦,这并不违背"坚持真"原则。因此,我们决定派遣两类印度人进入德兰士瓦:一类是曾经在那里居住的人;另一类是受过英文教育的人。

这些人包括大商人达乌德·穆罕默德先生、帕西·罗斯敦吉先生以及斯兰达·美德、佩拉吉·坎杜拜·德赛(Pragji Khandubhai Desai)、拉坦斯·穆尔吉·索达(Ratansi Mulji Sodha)、哈里拉尔·甘地(Harilal Gandhi)②等"受过教育"的人。虽然妻子病情堪忧,达乌德先生仍参加了这次行动。

---

① 费边主义,原意指19世纪后期流行于英国的一种主张采取渐进措施对资本主义实行点滴改良的资产阶级社会主义思潮,后来被广泛用于指称渐进改良的社会变革方法。

② 哈里拉尔是甘地的长子。

请允许我先向大家介绍达乌德·穆罕默德先生。他是纳塔尔印度国大党的主席，也是最早来到南非的印度人，他来自苏拉特的逊尼教派沃拉社区（Sunni Vora）。在南非，我很少见到像他那么老练的人。他的理解能力非常强。虽然没有受过多少书本教育，但是他能讲一口流利的英语和荷兰语。他善于与欧洲商人交往，众所皆知，他十分慷慨大方。他每日与近五十位客人共同进餐。他是印度人公益事业的主要捐赠人之一。他有个宝贝儿子，其品性与父亲一样优秀，甚至超过了他。这个孩子的心灵如同水晶般纯洁。达乌德先生从不干涉儿子的意愿。毫不夸张地说，这位父亲甚至仰慕自己的儿子。他不希望自己的遗憾会在儿子身上出现，所以送他前往英国接受教育。但是，他在年富力强之时失去了这个儿子。肺结核夺去了胡森（Husen）[1]的生命。这是种无法弥补的创伤。胡森在印度人对他满怀期望时去世了。他是位真诚的少年，于他而言，印度教徒和穆斯林如同左右眼般同样重要。即便达乌德先生也已离我们远去了，天底下又有谁的生死不是掌控在造物主的手里呢？

我已介绍过帕西·罗斯敦吉。[2] 我略去了许多参加这次"亚裔人士入侵"行动的朋友的名字，因为我手头上并没有任何参考资料，希望他们能够原谅我。我之所以撰写此书，目的并非要让某些人流传千古，而是要揭示"坚持真"的真谛，说明它是如何获胜、会遭遇到什么困难，以及这些困难是如何被克服的。当我要提及某人名字时，其用意无非要说明，即便是一字不识的印度人，在南非也能有突出表现；我还想告诉大家，印度教徒、穆斯林、帕西人和基督教徒如何协

---

[1] 从上下文看，胡森应是达乌德先生之子。
[2] 见第七章。

调一致，以及受过教育的人和其他人又是如何履行职责的。我们之所以谈及某些高尚人物，我们所赞美的并非其人，而是其优秀品质。

达乌德先生率领"坚持真"队伍抵达德兰士瓦。政府早已严阵以待。如果任由他们随意进出德兰士瓦，政府将成为笑柄，所以政府准备要逮捕他们。于是，他们全部被关押了起来，并于1908年8月18日被送达地方法庭接受审判。法官要求他们在七日内离开德兰士瓦。当然他们没有服从这个命令，于是在28日于比勒陀利亚再次被捕。这次他们未经审判就直接被驱逐出境。31日他们又再次进入德兰士瓦，最终于9月8日在沃尔克斯拉斯特被判处50英镑罚金或三个月苦役监禁。毋庸置疑，他们满怀期待地接受了监禁的处罚。

德兰士瓦的印度人情绪高涨。他们要求，如果政府不愿释放纳塔尔同胞，自己就要一同入狱。为此，他们采取各种办法谋求入狱。要实现这一点，他们有许多办法。按照法律，在南非定居的印度人如果不出示登记证件，就无法获得经商许可证，而无证经商是违法的。另一方面，那些试图从纳塔尔入境德兰士瓦的印度人，也必须出示登记证件，否则就会招致逮捕。但大家的证件均已被焚毁，结局就不言而喻了。印度人通过这两种方法——有人因为无证经商、有人因为无法出示证件入境德兰士瓦——而达到入狱的目的。

运动达到了高潮，所有人经受住了考验。很多纳塔尔印度人仿效达乌德·穆罕默德先生，约翰内斯堡也有许多人被捕。现在所有人都期盼入狱，狱中人满为患。纳塔尔的"入侵者"被判三个月监禁，而德兰士瓦的非法经商者则被判处四天到三个月不等的监禁。

这些入狱者中，有一位伊玛目萨赫德（Imam Sahed）——伊玛目阿布杜尔·喀达·巴瓦兹（Imam Abdul Kadar Bavazir）先生。① 他因无证经商于 1908 年 7 月 21 日入狱，被判处了四天的苦役监禁。伊玛目萨赫德的身体羸弱不堪。当听说他也谋求入狱时，大家都笑不可抑。有人跑来劝我阻止伊玛目萨赫德，以免使社区名誉受损。对此，我置之不理。我无权估量伊玛目萨赫德的身体素质。伊玛目萨赫德从不光脚走路，他极尽奢华之能事，不仅拥有一位马来妻子，还有装饰豪华的房子，出行也全用马车。这些都是事实，但谁能知道他内心的力量有多强大呢？被释放后，伊玛目萨赫德又再次谋求入狱，在狱中按照囚徒标准生活，也只能在完成繁重的苦力活后才能吃饭。在家里，他可以每天调换口味，享受美食；在狱中，他只能吃玉米粥，甚至要为此谢天谢地。他不但没因此被击败，反而从此生活简朴起来。在狱中，他锤打石块，打扫卫生，与其他狱友共同进退。后来在凤凰村，他也要出去打水，甚至负责打字——在凤凰村静修院里，人人都变成了打字高手。伊玛目萨赫德也在那里尽力学习打字。他现在回到印度努力工作了。

在监狱中，还有许多这种经受住自我净化考验的人。

（比如）约瑟夫·罗耶宾（Joseph Royeppen），一位大律师，剑桥大学毕业。他出生于纳塔尔，父母曾是契约工人。他完全过着欧式生活。即便在家里，他也从不光脚，这与伊玛目萨赫德不同——后者在祈祷前必须洗脚，然后才光脚祈祷。罗耶宾丢下了法律书籍，拎着一只装满蔬菜的篮子，被当作无证经商而遭到逮捕，也被判监禁。罗耶宾曾问我："我也得坐火车的三等车厢吗？""如果您坐一、二等车

---

① 伊玛目是对伊斯兰教领袖或教长的尊称。伊玛目常在清真寺中带领众人举行拜功。

厢，我如何要求别人坐三等车厢呢？在监狱中，谁认得您是一位律师呢？"我回答道。这让罗耶宾很满意。

许多十六岁的男孩子也被捕入狱了，有一位名叫穆罕拉尔·曼吉·戈兰尼（Mohanlal Manji Ghelani）的孩子年仅十四岁就被捕了。

狱政当局千方百计试图羞辱印度人，他们派给印度人清道夫的工作，但是大家总是微笑地接受。当被命令锤打石块时，他们就默念着"罗摩"或"安拉"的尊号照做不误。他们还要干挖水池、削石块等工作。他们的手变得粗糙了，有些人因为不堪重负而晕倒了，但没有人退却。

人们千万不要以为在狱中就没有内部猜忌和争斗。关于食物的问题总是容易挑起事端，但我们也总能避免冲突。

我本人也再次遭到囚禁。曾经有段时间，有75位印度人被关押在沃尔克斯拉斯特。我们自己做饭，我是其中唯一的厨师，因为只有我能在各种要求中调配自如。多亏了他们对我的爱护——伙伴们在食用那些未加糖、半生不熟的麦片粥时，竟无半句怨言。

政府以为，如果把我与其他被囚之人分开，就能让大家群龙无首，因此把我送到比勒陀利亚的监狱作为重犯独立关押。每日我仅有两次被放出来做运动的机会。比勒陀利亚的监狱与沃尔克斯拉斯特的不同，前者并不向印度人提供酥油。但我并不打算要求任何东西，因为这种挑剔对我在南非的监狱生活有害无益。

印度人没有因此屈服，这使得政府陷入了困境。到底还会有多少印度人被送进监狱？——这意味着更大的开支。为此，政府试图另寻他法，摆脱困局。

第三十一章　驱逐出境

那部丑恶法令规定了三种处罚方式：罚款、监禁和驱逐出境。很快地，法院就被授权准予采用各种处罚，各地的法庭也开始施用最重处罚。最初时，所谓的"驱逐出境"不过是将"罪犯"押送到纳塔尔、奥伦治自由邦边界，或德兰士瓦以外的葡属东非等地。比如那些越境进入纳塔尔的印度人，政府将他们送至边境地区沃尔克斯拉斯特就置之不理了。这种驱逐显得滑稽、单纯而简单，除了给人们带来些许不便之外，并不能让印度人心灰意冷，反而激发起了他们的昂扬斗志。

地方政府不得不发明新办法来折磨印度人。监狱里早已人满为患。在政府看来，只要把印度人遣送回国，他们就会彻底绝望，最终屈服。为此，政府将许多印度人遣送回国。这些被遣送的人遭遇了千难万险。他们只能吃政府在汽船上供给的食物，只能在统一的船舱里生活。有些被遣送回去的人，生意、财产及家人都还在南非，有些人在南非还负有债务。没有多少人愿意失去一切，成为彻底的破产者。

即便如此，许多印度人仍坚强不屈。然而，更多人动摇了，他们不再谋求入狱——不过，还不至于去乞求新证件。只有少数人惊恐莫名，赶紧再去登记。

但是，我们仍有相当多的"硬汉"，在我看来，他们是如此勇敢，以至于完全可以笑对枪弹。他们早已视死如归，更不要说视钱财如粪土了。

被遣送回去的人中，有许多人贫困潦倒、举目无亲，只是出于信念而参加运动。他们遭到让人无法承受的种种压迫，但我们却爱莫能助。我们资金匮乏，如果还向他们提供资助，就会有全线崩溃的危险。我们绝不允许任何人为了金钱而参加运动，因为这样会让运动毁于这种私欲。即便如此，我们仍认为，必须尽最大努力帮助这些被遣送者。

从亲身经历中，我体会到，金钱深入人心的程度，是远逊于同志之情与好言好语的。一个求"财"若渴的人，即便从一个对自己冷漠无情的人手里得偿所愿，最终自己也会弃之不顾的。相反，一个被爱深深感动的人，将义无反顾地与珍惜爱护自己的人同舟共济，生死不离。

为此，我们决定尽可能地帮助那些被遣送的人们。我们承诺会在印度本土妥善安置他们。读者应记得，他们中许多人曾是契约工人，与母国印度早无关系了。其中有些人甚至出生于南非，对他们来说，印度简直就是新大陆。如果把这些可怜的人丢在印度，任其自生自灭，那就太残酷了。为此，我们许诺，要在印度妥善安置他们。

但这仍远远不够。如果没有工作人员的陪护和引导，这些被遣送者仍会心神不宁。运送第一批遣送者的轮船即将出发，我们已经没时间挑人选了。这时，我想到了 P. K. 奈杜——我们的一位志愿者。我问他：

"你愿意护送这些可怜的兄弟去印度吗？"

"为什么不呢？"

"但是轮船就要走了。"

"没事的。"

"你的衣服怎么办？还有食物呢？"

"关于衣服，我身上的已经足够了。至于食物，我可以在船上吃。"这是我遇到的最大惊喜了。我们是在帕西·罗斯敦吉家里进行这场对话的。我马上在那里收拾奈杜的衣服、被子，送他出发。

"保重。一路上照看好兄弟们，要先确保他们衣食无忧，然后再解决你自己的需要。我这就给马德拉斯的纳特森（Natesan）先生发电报，到时你按照他的指示办吧。"

"我会证明自己是个真正的战士的。"P.K.奈杜说着就离家前往码头。"有这样的勇士，何愁战而不胜呢？"我不禁感慨。奈杜出生于南非，此前从未到过印度。我写了一封推荐信，让他带给纳特森先生，同时也发送电报向后者告知此事。

纳特森先生是当时印度本土少有的关心海外印度侨民问题的人之一。他给这些人以弥足珍贵的帮助，同情并随时关注他们的状况。一直以来，我与他保持着通信。当这些被遣送者到达马德拉斯后，纳特森先生给予了力所能及的帮助。他发现，在精明能干的奈杜的协助下，事情无往而不利。他在本地募集资金，并决意不让任何被遣送者有哪怕片刻流离失所的感觉。

德兰士瓦政府的遣送行为是非法而残忍的。事实上，很少有人能察觉到，政府总蓄意破坏自己的法律。当情况紧急、无法及时制定新法时，政府就会触犯法律、为所欲为，然后，再通过新法加以掩饰，或者干脆想方设法让民众忽略政府的违法行为。

南非印度人发动了强有力的运动来抵制当地政府的这种不法行为——印度国内对后者也多有谴责,这让政府觉得遣送的办法实施起来日益困难。在印度人的合法抵制和一片声讨中,政府最终停止了遣送回国的做法。

不过这种遣送策略对"坚持真"队伍并非全无影响,并非所有人对遣送回国都毫不畏惧。更多的人离去了,只有真正的战士留了下来。

这只是政府打击社区士气的一种措施而已。如前章所述,政府千方百计折磨"坚持真"囚徒,分配给他们诸如锤碎大石之类的重活。不仅如此,刚开始时,所有囚徒都被集中关押。德兰士瓦的冬天非常难熬,天气如此酷冷,以至于早晨干活时,人的手几乎都被冻僵了。因此,对于囚徒而言,冬天是最难熬的日子,他们中有些人被安排在渺无人烟的地方露营工作。其中有位十八岁、名叫斯瓦米·纳嘎潘(Swami Nagappan)的"坚持真"勇士,他恪守狱规、勤勉工作。每天一大早,他被派到马路上工作,由此患了双侧肺炎。他被释放(1909年7月7日)后不久就去世了。纳嘎潘的同伴们说,直至生命最后一刻,他都对运动念念不忘。他从不后悔入狱,为了祖国,他视死如归。按照我们的标准,纳嘎潘是位"文盲"。他只从生活中学会了英语和祖鲁语,或许还会写一点文法不通的英文,但绝非受过教育的人。但是,如果我们想想他的坚毅、他的忍耐、他的爱国之心和他忠贞不渝的品格,实在对他不能再有苛求了。"坚持真"运动之所以成功,未必在于它拥有许多受过优良教育的人。如果没有像纳嘎潘这样的战士,我们取得胜利是无法想象的。

与纳嘎潘死于监狱虐待一样,纳拉亚纳斯瓦米(Naryanaswami)

也被证实死于遣送（1910年10月16日）。然而整个社区没有动摇。只有那些软弱的人离开了。即便是这些软弱者，也已尽力了，我们不要瞧不起他们。那些坚持下去的人，往往以勇敢者自诩，鄙视中途退却的人。但事实往往并非如此。与一个有能力捐赠50卢比却只捐了25卢比的人相比，一个只有5卢比可供捐赠却把它全部捐赠出来的人，应该说是更为慷慨的。但是，那位捐赠了25卢比的人，通常会错误地自以为比捐赠5卢比的人更优越。同理，一个已用尽全力却最终不得不退却的人，要比那些虽然继续前进却有所保留的人更为优秀。因此，即便是那些在不堪重负中退却的人们也曾对社区做过贡献。现在是考验我们的耐心与勇气的时候了——这是德兰士瓦印度人从未预料到的。这些咬牙坚持到底的硬汉们，完全配得上他们被赋予的神圣使命。

就这样，印度人面临的考验日渐沉重。政府越发残酷、粗暴地向社区施压，他们总会建立一些专门关押重犯或试图使之屈服的特殊监狱。德兰士瓦也有这样的监狱，其中有座戴佩科卢夫监狱（Diepkloof Convict Prison）专门用以关押重犯，并对重犯课以各种繁重苦役。但即便被关押在那里，印度人也完成了所有苦役。他们愿意劳动，却无法容忍某个狱警的侮辱；一旦受到侮辱，他们就进行绝食抵制。他们庄严地宣布自己决不进食，除非那名狱警被调离，或者自己被调至别的监狱。这是个完全合法的抗争。绝食者非常诚实，决不暗地里偷偷进食。应该提醒读者的是，在德兰士瓦，要发动这种动员，并不像在印度那么容易。并且，德兰士瓦的监狱管理条例十分荒谬，在这种情况下，它仍不允许外人探监。被囚禁的"坚持真"勇士，只能依靠自己的力量。这种可怜人的抗争只能以可怜的方式展开。因此，这些绝食者在兑现誓言的过程中危机四伏。但是,他们义无反顾,坚持到底。经过七日绝食,最终他们成功调换了监狱。在当时,绝食抗争是非常罕见的,这些"坚持真"勇士可以称得上是时代先锋(1910年11月)。

第三十二章　第二次派遣代表团

这样,"坚持真"勇士们不是被监禁就是被遣送。虽然形势时缓时急,但双方还是平静了下来。政府意识到,监禁无法迫使"坚持真"勇士屈服,而遣送则只会令自己处境难堪。政府甚至在一些案件上败诉了。对印度人而言,由于缺乏足够多的"坚持真"勇士,也无力采取更强劲的措施。有些印度人对胶着的局面感到厌倦,另一些人完全沦为失败主义者,他们把那些最坚定的"坚持真"勇士视为"顽石"。然而"顽石"们并不自觉愚昧,他们对上苍、对自己的事业和所采取的手段充满了信心。他们相信,伟大的上苍就是"真",他是战无不胜的。

与此同时,南非的政治出现了新的变动。布尔人和英国人为提升地位,迫切希望将整个次大陆的各个殖民地组成一个大联邦。赫兹欧将军主张与英国撇清关系,其他人则希望与英帝国保持一定关系。英国人绝不赞同完全分离,认为应向英国议会申诉以获得支持。因此,南非的布尔人和英国人决定派遣一个代表团前往英国,向内阁请愿。

印度人明白,如果殖民地联邦建立起来,自己的处境将会更为糟糕。所有殖民地都试图压制印度人。既然他们都一样敌视印度人,那么很明显,联合起来后,他们只会对印度社区更加强硬。尽管自己的微弱呼声会被英国及布尔人的"狮子"怒吼所吞没，但为了不错失任何机会，印度人决定再度派遣代表团前往英国。一位来自博尔本德尔的门蒙派（Memon）绅士——哈吉·哈比先生，被任命为我在代表团的助手。这位先生常年在德兰士瓦经营大宗生意，阅历丰富。虽然没受过任何英文教育，但他仍可轻易地听懂英语、荷兰语、祖鲁语和其他语言。他同情"坚持真"勇士，却并非完全的"坚持真"勇士。南非一位资深的政治家先生，刚好与我们同船。我们搭乘前往英国的"科尼尔维斯城堡号"（Kenilworth Castle）轮船，于1909年6月23日驶离开普敦。南非有名的政治家美瑞蒙先生为殖民地的联合事宜与我们同船前往英国。史沫资将军及其他人早已到达英国。纳塔尔印度人为了解决自己的问题而派遣的一个代表团也刚好抵达英国。

克利威（Crewe）勋爵是当时的殖民地大臣，莫莱先生是印度事务大臣。我们利用朋友的关系多方求助，拜会了自己有机会结识的各个媒体和两院议员。安普西尔（Ampthill）勋爵给我们的帮助尤为重要。他会见了美瑞蒙先生、博莎将军及其他人，最后捎来了将军的口信，他说："将军同情你们在这件事上的感受，并愿意满足你们一些小请求。但他绝不会取缔《亚裔移民法》或修改《限制移民法》。同样地，他拒绝废除南非各种法律中早就存在的种族歧视。继续维持这些种族歧视是将军的原则，况且即便他愿意废除，南非的欧洲人也不会同意。博莎将军的观点也是如此，这是他们最终的让步和决定。如果您还想有更多的要求，那么您和您的人民将会一无所获，并且处境会更加艰难。因此，无论您做什么，请充分考虑布尔领导人的这个态度。博莎将军让我向您转达这些，并请您务必谨慎行事。"

转达完信息后，安普西尔勋爵继续说："您看到了，博莎将军已经尽可能满足了您的要求。在现实世界里，我们必须能屈能伸，不能总指望满盘皆赢。我强烈建议您还是接受这个建议吧。如果非得为原则而战，您大可往后再这样做。请您和这位先生务必考虑清楚，我随时恭候您的回音。"

听到这里，我转过头向哈吉·哈比先生示意。他说："请帮我转告，作为受害方，我将接受博莎将军的建议。如果他做出这些让步，我们可以暂时知足而退，往后再为原则而战。我不想整个社区为此再遭苦难。我能代表整个社区的大多数人，也代表着社区中拥有财产的绝大多数。"

我先将哈吉的话逐字逐句进行翻译。接着，作为"坚持真"勇士的代表，我补充道："我们非常感激您的辛苦斡旋。刚才我的同事说，他能代表着社区中人数和财产的绝大多数，这是对的。而我代表的是印度人中贫困而少数的部分人，但是他们至死不屈。他们不只为了改善生活，也为了原则而奋斗。如果这两者不能兼得，那么他们宁愿放弃前者，选择后者。我们见识过博莎将军的威力，但我们更珍视自己曾经发过的誓言，我们准备接受遵行誓言所带来的哪怕是最糟糕的结局。我们将默默承受并坚信，只要信守自己的神圣誓言，上苍——我们以其名义宣誓——必定让我们的理想得以实现。"

"我完全可以理解您的立场。您已经为我们做了很多事。即便现在您停止支持这一小撮'坚持真'勇士，我们也不会介意。我们不会忘记您为我们所做的一切。但是我们相信，您能体谅我们拒绝您的建议。请务必转告博莎将军，哈吉和我已经收到他的建议，但这一小撮'坚持真'勇士将会践行誓言到最后，我们希望能够通过自己的苦难感化他，使他废除《亚裔移民法》。"

安普西尔勋爵回应道:"您千万别以为我会抛弃你们,再不理会你们。我会继续扮演这一绅士角色。要知道,英国人通常不会半途而废。你们进行的是一个正当的运动,斗争的手段也非常纯洁。我怎能对你们不闻不问呢?但是你们得体谅我的微妙处境。如果要你们遭受那么多的苦难,我有义务劝告你们接受当前的协议。但是,如果你们为了原则问题而自愿承受苦难,那我不但不会阻止,我还应该祝贺你们的伟大决心。我将继续担任你们委员会的主席,并尽我所能帮助你们。还要提醒你们的是,我只不过是上议院的年老议员而已,我的影响有限。但是请你们放心,不管我的影响多么微弱,我都会尽力帮助你们。"

我们很高兴听到这段令人鼓舞的话。

通过这次会面,读者可以看到一种令人欣慰的现象。正如我所指出的,哈吉·哈比先生和我政见不一,但是我们之间存在深厚的友谊与信任,所以这位先生会毫不犹豫地让我转达他的意见——他是通过我的翻译而准确地向安普西尔勋爵表达观点的!

我将以一段不太相关的描述来结束本章。访英期间,我不时遇见一些印度无政府主义者。我的小册子——《印度自治》[①]是在(1909年11月)返回南非的"科尼尔维斯城堡号"轮船上撰写完成的,其后在《印度舆论》上发表。这本小册子的创作是源于对他们各种论点的回应,同时也是为了对付南非存在的类似观点。我曾与安普西尔勋

---

① 《印度自治》(*Indian Home Rule*),又称"Hind Swaraj",是甘地最著名的小册子,集中体现了甘地的政治、宗教和社会思想。在这本小册子中,甘地表达了对现代工业文明的反对,阐述了印度独立运动的方法和路径、印度独立的发展道路等各种观点。

爵讨论过书中的主要观点，这样是为了避免让他误解，以为我利用他的名义及他对南非事业的支持，而把自己的观点强加在他身上。与安普西尔勋爵的这些谈话至今让我难以忘怀。即便他的家人病了，需要照料的时候，他也挤出时间与我见面。虽然不赞同《印度自治》里的观点，但他仍支持我们的运动，而直到最后一刻，他与我的个人关系也始终如一的和谐友善！

第三十三章　托尔斯泰农庄之一

代表团毫无战绩，从英国铩羽而归。至于社区对我们与安普西尔勋爵谈话的看法，我并不介意。我知道谁能伴随着我们坚持到最后。我对"坚持真"的理解已经成熟，我已经认识到它的普遍适用性和优越性。为此，我的内心非常平静。我撰写《印度自治》，目的是说明"坚持真"的高贵品质，它证明了我对"坚持真"威力的巨大信心。我并不在意我们这边仍坚持抗争的勇士的数量。

但是，我得考虑资金问题。没有资金，确实很难长久地维持一场抗争。当时我并不像现在这样清楚地看到，一场运动可以不需要资金而依然能运作下去，金钱反而常会玷污正义的抗争。上苍不会赐予"坚持真"勇士或修行者（Mumukshu）①除了最低需要以外的任何东西。我信奉上苍，相信他不仅不会弃我不顾，而且还会将我从失望的泥沼中拯救出来。尽管在抵达南非之际，我不得不告诉印度人任务失败了的消息，但另一方面，上苍及时地帮我解决了资金问题。刚刚抵达开普敦，我就收到了来自英国的电报，里面说拉坦吉·杰瑟德吉（Ratanji Jamshedji）先生——后来的拉坦吉·杰瑟德吉爵士，向"坚

---

① 向往永恒之地的朝圣者。——V. G. 德赛

持真"基金会捐赠了25000卢比。这笔款项足以缓解我们的燃眉之急，使运动可以继续下去。

但是，仅仅依靠这一点甚至再大数额的金钱也无法维系"坚持真"运动。为了"真"而抗争，主要依靠的是自我净化和自食其力。如果不按照自己的原则去获得资金，"坚持真"运动是无法开展的。正如被人丢弃的宫殿形同废墟一样，一个人如果没有内涵，所有外在条件都会毫无意义。"坚持真"勇士不知抗争到何时才能结束。斗争的一方是绝不退缩的布尔将军，另一方是决心抗争至死的一小撮"坚持真"勇士。这就像蚂蚁与大象的战争——大象只需一脚，即可踩死万千蚂蚁。"坚持真"勇士无法为抗争设定期限。不管抗争持续一年或多少年，对他们都一样。对他们而言，抗争本身就是胜利。抗争意味着入狱或被遣返，那他们的家人怎么办呢？也没有人会聘请一个不时入狱的工人。再者，他被释放后，又如何谋生并养活那些依赖自己的人？他在哪里居住？房租又从何而来？人们或许会原谅"坚持真"勇士们温饱不济，但是这个世界上有谁愿意去承担为正义奋斗而弃家不顾的"骂名"呢？

至今为止，那些"坚持真"囚犯的家人，只能依靠我们给予的仅够维持最低生活的津贴度日。我们无法平分津贴，一个需要养活五口之家的"坚持真"勇士，绝不能与那些单身汉一样。但我们又不能仅靠后者进行抗争。只能采用这种原则——向每家每户征询必需的最低额度，再进行相应分配。其中当然存在欺骗的可能，有些无赖之徒会从中牟利。另外一些更诚实但已习惯某种生活方式的人，自然希望能够维持他们原有的生活方式即可。为此，我意识到，如果对之放任不理，运动将难以为继——总有一些切实有需要的人得不到满足，而狡诈之徒却不免有机可乘。现在,唯一的办法,是将所有家庭聚集起来,组建一个共同生活的社区。这样就没有欺诈的余地,也不会有任何不公。我们能节省大笔公共资金,还能训练"坚持真"勇士的家人适应那种简朴协作的生活,来自各省、不同信仰的印度人也有机会生活在一起。

但是,哪里去找这样合适的地方呢?如果在城市里这么做,就像捡了芝麻丢了西瓜,并不划算,光房租就与食物开支一样多了,并且要在灯红酒绿的大都市保持简朴生活也不容易。再说,城市里也找不出可以让这些人工作的家庭作坊。因此,很显然,选址不应离城市太远,也不能靠得太近。凤凰村是个选项——我们在那里刊印《印度舆论》,种植农作物。选择凤凰村还有许多其他好处,但它离约翰内斯堡有300英里,有三十个小时的路程,要让这些家庭从那么远的地方来回往返,这相当困难,并且耗费高昂。况且,这些人也不愿迁居到如此偏远的地方,即便他们愿意,日后"坚持真"勇士被释放后,我们要将他们一并送回也很麻烦。

因此选址必须在德兰士瓦境内、靠近约翰内斯堡,卡伦巴赫先生(读者在前面已知道这个人了)[①]购买了一块1100英亩的农地,于1910年5月30日免费供给"坚持真"勇士使用。这块农地包括1000多棵果树,一座小山,山脚下还有一栋足够六人居住的房子,有两口井和一眼泉可以供水。最近的火车站——劳利站,距离农地只有1英里,距约翰内斯堡仅有21英里。于是,我们决定在这块农地上盖房子,邀请"坚持真"勇士的家属到此居住。

---

① 见第二十三章。

第三十四章　托尔斯泰农庄之二

（农庄的）果园盛产橙子、杏和李子，果实成熟季节，除供应"坚持真"勇士之外，还会有剩余。

泉水离我们住的地方有500码远，必须用水管接水。

我们绝不雇人做家务，包括种田、盖房。从做饭到清洗，所有的一切，都是我们亲手完成。至于住宿，从一开始，我们就决定，必须男女分开居住。因此，我们盖了两栋相隔一段距离的宿舍，按当时标准，这些宿舍足以供十个女人和六十个男人居住。接着，我们又盖了一栋供卡伦巴赫先生居住的房子，并在旁边建造了校舍和供木工、鞋匠等使用的工作坊。

这里的定居者有古吉拉特人、泰米尔纳德人、安得拉省人和北印度人，有穆斯林、印度教徒、帕西人和基督教徒，总共近四十个青年男子、两三位老年男子、五个女子和二三十个小孩子（其中有五个小女孩）。

基督教徒和其他几个妇女是肉食者，卡伦巴赫先生和我认为，最好在农庄里禁止供肉。但是，对这些自小吃肉、不以之为禁忌、现在因为境遇艰难而迁居到此的人们，我们怎样说服他们在如此短的时间内放弃这个习惯呢？但如果向他们提供肉，不会使我们的开支暴增吗？并且这样的话，我们也该向那些吃牛肉的人提供牛肉吗？那得需要几个厨房啊？在这件事上，我该怎么做呢？在为他们争取资助时，我已表明，允许吃肉甚至包括牛肉。[①]如果我制定一条法则——不允许吃肉，那么我们只能依靠素食者开展运动，这显然是荒谬的——要知道，这个运动是代表所有印度人而发起的。很快地，我就清楚了自己的职责。即便基督教徒和穆斯林要求牛肉，我也必须向他们提供。毫无疑问，农庄不能拒绝他们的要求。

爱在哪里，上苍也就在哪里。穆斯林兄弟同意厨房只提供素菜。现在，我还得与那些丈夫或儿子在监狱里的基督教徒商量。我过去常常与那些身陷囹圄的、亲密的基督教战友讨论这个问题，并获得同意只供应素食。但这是第一次，我得在他们不在场的情况下，在宿舍里与他们的家人协商此事。我向这些姐妹们解释食宿和资金的困难，以及对她们这种需求的理解。同时我保证，如果她们仍坚持，我们还是会提供牛肉。姐妹们同意不需提供肉类，并且愿意承担厨房的工作。我，或者可以再多一个男人来协助她们。我的努力制止了一次小小的纠纷。我们的食物尽量简单，用餐的次数和时间都是固定的。只有一个厨房，所有人都坐在一条排凳上吃饭。每个人洗刷自己的碗碟等餐具，共用的罐、壶则由大家轮流清洗。我必须指出，"坚持真"勇士在托尔斯泰农庄生活了很长时间，不论男女老少，从未有人再提吃肉的要求。喝酒、抽烟等更是完全禁止的。

如前所述，即便是建造房子这样的事情，我们也尽可能自己动手。卡伦巴赫先生是我们的建筑设计师，他设计了一栋欧式建筑。一

---

① 按照印度教教义，黄牛、母牛为圣牛，不可宰杀和食用，所以作者单列牛肉。

位古吉拉特木工——纳拉扬达斯·达玛尼亚（Narayandas Damania）无偿为我们工作，并请来了给我们低价优惠的其他同伴。村民们对这种工作虽不熟练，但也踊跃参与。我们当中有些人心灵手巧，简直可以说创造了奇迹。一位名叫维哈利（Vihari）的优秀的"坚持真"勇士，完成了大半的木工活。那个像狮子一般健硕的泰姆比·奈杜负责公共卫生和购买物品，为此他经常前往约翰内斯堡。

有位名为佩拉吉·坎杜拜·德赛的村民，一直养尊处优，缺少历练，但在这里却能忍受风吹日晒、酷暑严寒。开始建造房子时，我们在帐篷里住了两个月。房子的主体结构是用波纹状铁皮建造的，因此很快就搭好了。各种大小不一的木材也准备好了，只要按需取材即可。我们需要的门窗不多，因此可以在这么小的空间内建造许多房间。对佩拉吉的身体而言，这些工作简直难以承受。毫无疑问，在农庄工作，远比在狱中要辛苦许多。甚至有一次，佩拉吉还真的因为疲惫及高温而病倒了。然而在这里，他锻炼了身体，并且他最终也成为我们当中工作成绩最好的一个。

接下来是约瑟夫·罗耶宾，一位毫无高傲之气的律师。他难以承受那些沉重的苦力活。对他而言，要将货物从火车上卸下、搬到卡车上是件困难事，但他仍尽力做好。

由此，在托尔斯泰农庄，身体羸弱的人也会变得强健有力，劳动锻炼了所有人。

大家都因各种事宜前往约翰内斯堡，孩子们会跑去那里玩耍，我也常因公事来回奔波。因此我们规定，只有公事出差才能搭乘火车，并且只能乘坐三等车厢。任何因私出行的人，只能自备干粮步行前往。不允许任何人在城市里花钱吃饭。如果没有这些严厉的规定，我们辛辛苦苦在农庄节省下来的钱将会被火车票和在城市里的用餐费耗光。干粮也很简朴,主要有由带糠的粗麦自制而成的土面包、自制花生酱、自制柠檬果酱等。我们买了一台铁制的手工磨麦机,用以磨制花生酱,其成本只有市价的四分之一。至于橙子,我们在农庄种植了许多。我们很少饮用农庄自养牛只的奶,我们喝的是浓缩牛奶。

回到出行的问题。任何(因私)想去约翰内斯堡的人,每周只许一至两次步行前往并当日返回。正如我所说的,这是一段 21 英里的旅程。步行为我们节省了几百卢比。这些步行的人也获益匪浅。有些人开始养成步行的习惯。一般来说,要出去的人凌晨两点就得起床,两点半出发,大约六点或七点就可到达约翰内斯堡,最快的纪录是四小时十八分钟。

读者别以为这些规定对农庄村民来讲过于苛刻。事实是,他们非常乐意接受这些。如果强制实施,就没人愿意在这里居住了。年轻人喜欢农庄的劳务以及前往城市办理差事。我们很难制止他们在工作期间嬉戏打闹。我们让他们自由选择自己喜欢的、有兴趣的工作,在我看来,无论从质或量的标准衡量,他们的工作都完成得相当好。

也许还得介绍下我们的卫生工作。虽然村民众多,但农庄里见不到垃圾或脏东西。所有垃圾都被埋在沟渠里,我们禁止把废水泼在路上。所有脏水都储存在桶里,用于浇树。残剩的食物或菜叶则用作肥料。宿舍房外有一个 1.5 英尺深的方形坑,它是装粪便用的,上面有土层遮掩,这样就不会有异味了,也不会有苍蝇在上面乱飞,不至于让人看出这里有粪池。我们不仅解决了这个麻烦事,还使它成为农庄的无价之宝。如能正确利用粪便,人们不仅能节省几十万卢比的花费,还能避免许多疾病。然而我们的陋习却是我们任它玷污了圣河的河床，这种罪恶的疏忽为苍蝇的繁殖提供了乐土，它们在外露的粪便上滋生繁衍，而后又弄脏了我们刚刚沐浴后的身体。① 其实只需一把小铲子就能解决问题。除了粪便，诸如在马路上擤鼻涕、吐痰，也可视为对上苍不敬或者违背了人性，因为这是对别人的不便熟视无睹。即使在森林里，那些没有及时把排泄物掩盖起来的人，也是该遭受责罚的。

我们需尽快在农庄里建立产业，以便节省费用，使农庄能够自立。这样的话，我们才能跟德兰士瓦政府对峙下去。我们必须花些钱在鞋子上。在酷热天气里，穿鞋有害身体，因为汗液积在鞋子里，易使脚部受伤。在德兰士瓦不像在印度那样需要穿袜子，但我们认为，仍需用东西保护脚部，以免遭到石块、荆棘等的伤害。为此，我们决定学习制作凉鞋。松镇（Pine town）旁边有座玛利亚山（Mariann hill），山下有所德国天主教特拉比斯特派（Trappists）修道院，有人在那里制作凉鞋。卡伦巴赫先生从那里学会制作凉鞋，回来把它教给了我，再由我传授给其他人。这样，好几个年轻人掌握了这项技术。我们开始制作凉鞋，把它们卖给朋友。毋庸置疑，我的许多学徒在这项技艺上青出于蓝。另外一项必须学会的手艺是木工活。在村庄里，我们需要木凳、木箱等木具，这些我们全部自己制作。前面我们谈及的那些无私的木工，帮了我们几个月。卡伦巴赫先生是木工部门的负责人，他对此有着无比精确的判断力和精湛的技艺。

对年轻人和小孩而言，教育是不可或缺的。教学是最困难的工作，直到最后一刻，我们才在这一方面获得完全的成功。教学工作主

---

① 印度人有在恒河沐浴的习惯，以之作为神圣之意，但同时，许多粪便也被排泄到这条河流里。

要落在卡伦巴赫先生和我身上。学校在午间上课,但那个时段,我和卡伦巴赫先生已被早上的活累坏了,学生也同样如此。因此老师、学生都会在教学中打瞌睡。我们只好涂点水在眼皮上,然后带领孩子们玩耍,以使他们(及我们)不会瞌睡,但这样做有时也会无济于事——我们的身体亟须休息,不容任何抗拒。然而我们的困难绝非仅此一项。即便有人瞌睡了,课程还得继续。另外一个问题是我们必须采用三种语言(古吉拉特语、泰米尔语、泰卢固语)教育孩子吗?要如何做到这一点呢?我迫切希望同时采用这三种语言进行教学,不过我只懂得一点泰米尔语,又完全不懂泰卢固语。在此情况下,教师的问题该怎么解决呢?我试图让年轻人来担任教师,但这种尝试也失败了。佩拉吉的工作必不可少。有些小孩非常淘气和懒惰,也不爱惜书本。对这样的学生,老师很难指望他们有什么大的进步。再者,教学经常无法按时进行——卡伦巴赫先生和我必须时常为公事前往约翰内斯堡。

宗教教育成为另外一个让人头痛的问题。我教穆斯林读《可兰经》,教帕西人读《阿维斯陀经》(Avesta)。有个霍加派[①]教徒希望我能教他的孩子该教派的一些教义。我收集了伊斯兰教和拜火教的经典。我还按照自己理解写出印度教基本教义,我现在记不得当时是为了自己的孩子,还是为了农庄的学生这样做的。如果这些文本还在,我会视之为自己精神发展的一个分水岭。但是,在我的一生经历中,许多这样的东西被焚毁或丢弃了。其原因在于,我认为完全不必

---

① 霍加派(Khoja),印度的一个伊斯兰教派别,属于什叶派的一个分支,其中的多数成员由印度教"霍加"种姓教徒(主要从事商业的)改宗而来,由此得名霍加派。

保存它们，或者因为我通常是由心而发地采取行动的。我对此不觉有任何遗憾，因为如果要保存它们，就会给我带来更大负担并消耗更多费用。我被迫需要拥有柜子、箱子等物，这会令发誓贫简度日的我无所适从。

但是，这样的教学并非全无成效。孩子们改正了不宽容的态度，学会了以开阔宽广的胸襟对待别的信仰和风俗。他们懂得了像兄弟般生活在一起。他们学会了彼此服务、为人谦恭及各种手工活。虽然我对孩子们最后一项技艺在农庄中的实践情况了解不多，但我相信他们在这里接受的教育没有白费。即便并不完美，这充满思想和宗教意义的试验，仍是我关于托尔斯泰农庄最美好的记忆之一，它绝不比其他记忆来得逊色。

接下来，我们讲述一下所谓的"美好记忆"。

第三十五章　托尔斯泰农庄之三

在本章，我将罗列自己在托尔斯泰农庄里生活的一些松散回忆，希望读者原谅我的随意。

很少有老师像我一样教授如此形形色色的课程，学生来自不同年级、不同年龄段——有七岁到二十岁的男孩，有十二三岁的女孩。有些小孩还个性粗野淘气。

怎么去处理这样复杂的情况呢？怎么把知识传授给所有孩子呢？应该用什么语言呢？泰米尔和泰卢固的孩子懂得母语、英语和一点荷兰语。我只能跟他们讲英语。学生被分为两部分，来自古吉拉特的用古吉拉特语教学，其他的用英语教学。教学的主要部分是给他们讲读各种有趣的故事。我也让他们协调合作，培养他们的友爱和服务精神；我还教授一些历史、地理常识以及算术。书写也教了，还有一些印度教圣曲①——我试图以此吸引泰米尔学生的兴趣。

男女学生可以自由接触。这是我在托尔斯泰农庄最大胆的教学尝试。现在我不敢允许或训练孩子们享有在托尔斯泰农庄时那样的自由。我常常觉得自己当时的心态比现在还要纯真——或许这是我的无

---

① bhajans，印度教祈祷时所用赞美曲之名。

知所致吧。那时发生的一段惨痛经历,不时刺痛着我的心。在我看来纯洁无瑕的一些人,最终变质了。我发现了深埋在自己本性中邪恶的一面;我为自己的胆怯懦弱付出了代价。

但我绝不会后悔进行过这种试验。良知告诉我这样做并无害处。但就如被牛奶烫伤的小孩见到乳清也会惧怕一样,我现在的反应是有点过度了。

人们绝不可假手他人而获得信念和勇气。正如《薄伽梵歌》①所言,犹豫不决者注定招致毁灭。在托尔斯泰农庄,我的信念和勇气达到了最高境界。我曾经向上苍祈祷,希望自己能再次达到这种高度,但是这些祈祷从未到达上苍那里——因为指向大白宝座②的各种祈求实在太多了。唯一值得安慰的是,上苍有万千只耳,正如他有万千个祈求者一样。我对上苍仍坚信不疑,相信总有一天我的祈求必得眷顾。

我的试验是,让那些淘气的男孩和天真无邪的女孩一起洗澡。我向孩子们详细解释自我克制的意义。他们对我所传授的"坚持真"教义都很熟悉。我知道,孩子们也清楚,我像母亲一样爱着他们。正如读者所知,在厨房不远处有一道清泉。让孩子们一起洗澡,却指望他们天真无邪,这种想法不是很愚蠢吗?我像盯紧自己的女儿一样照料着女孩们。男女孩子一起洗澡的时间被固定下来了。事实上,我觉得这样做安全无虞的一个原因是,尽量避免任何人单独行动,总让他们

---

① 《薄伽梵歌》是印度教经典,出自史诗《摩诃婆罗多》中黑天与战士阿周那的对话,被部分印度教徒视为圣典。甘地对《薄伽梵歌》有自己的一套理解,具体可见《甘地文集》第三卷的相关部分。
② 见第二十二章相关注释。

全部一起洗澡。一般而言，那时我也会在这个水池旁边。

我们睡在露天阳台上。孩子们都睡在我旁边。相邻床铺之间的间距都不超过3英尺。我们对于那些年龄较大的孩子予以适当的照顾，但其程度对那些心存邪念的人而言是毫无意义的。现在我明白了，上苍决意捍卫这些男孩和女孩的名誉。之所以进行这样的试验是因为我相信，通过这种方式，男孩女孩们能毫发无损地生活在一起。当然，他们的父母对我的无限信任也才使我能拥有这样的机会。

有一天，一个男孩调戏了两个女孩，这两个女孩跟另外一个男孩一起向我申诉。当时我深为震惊。经过一番询问后，确认事实确凿，接着我责备了那男孩，但这样做仍远远不够。我希望这两个女孩能表现出绝不容许任何人亵渎的决心，并以此教育其他女孩。如何能让人不敢妄动邪念呢？虽然罗摩远在千里之外，但是淫心炽热的罗波那也始终不敢触碰悉多一分一毫。①女孩们应该表现出什么样子才能让自己安全，并让轻浮之人消除邪念呢？为此，我整夜未眠。第二天早上，我小心翼翼地请求女孩们同意我剪掉她们的长发。在农庄里，我们相互剪发，因此不乏剃刀、剪刀等工具。刚开始时，她们拒绝了。我向年龄大些的那个女孩详细解释，虽然她不赞同我的建议，但明白我的动机，因此最后两人都同意了。这两个女孩品德高尚，其中一个聪明开朗，很可惜现在已经去世了。另外一个还活着，并成为家庭主妇。听了我的解释后，她俩回心转意，同意让我剪掉长发。接下来我在课堂上严肃地剖析这件事。这样做效果显著，从那之后，再没有出现调戏事件。那些曾经遭到误解的女孩也丝毫无损、善始善终。我衷

---

① 根据印度神话，悉多（Sita）是英雄罗摩美丽的妻子，罗波那（Ravana）是十首恶魔。罗波那因贪图悉多美色而劫持了她，但始终对悉多无可奈何。

心地希望这件事能让年轻人们牢记终生，以免自甘堕落。

我所进行的试验，注定是不可仿效的。任何想仿效它的课堂，都难免风险重重。在这里，我只是想告诉人们，在某种环境下，人可以走多远，以及我们的"坚持真"多么纯洁。这种纯洁是我们获得成功的保障。要进行这样的试验，教师必须同时扮演严父慈母的角色，他必须善于防微杜渐、防患于未然，而这是需要最高苦修才能达到的境界。

我的行为难免潜移默化地影响了农庄里的村民。为了尽可能节省开支，我们改变了穿着。在城里，印度人（包括"坚持真"勇士）穿着与欧洲人一样的衣服。在农庄里，没有必要穿这么精致的衣服。我们现在都是工人了，因此都穿着根据囚服仿制的欧式工服（包括裤子和衬衫）。这些衣裤是用廉价的蓝色粗布制成的。我们多数的女士都会缝纫并负责裁缝部所有工作。

至于吃的方面，我们一般吃米饭、豆类、蔬菜，和粥配罗迪饼（Rotlis）。所有东西都装在一个"盘子"里面——这其实不是什么盘子，而是狱中犯人盛饭用的碗。在农庄里，我们还自己制作木勺子。一日三餐，我们早上六点吃面包和自制的小麦咖啡[①]，中午十一点吃米饭、豆类和蔬菜，下午五点三十分吃小麦制品加牛奶，或者面包加"咖啡"。晚饭后，在七点或七点三十分，我们进行祈祷。在祈祷时，

[①] "一种无害的、有营养的、可以替代茶、咖啡和可可的饮料。即便是咖啡的鉴赏家，也无法分辨出咖啡和这种饮品的区别。把淘干净的小麦在火上烤，直到它变红了，并开始变黑了为止。然后把它像咖啡豆一样碾成粉末，装一小勺这些粉末放在茶杯里，冲些热水进去。最好是把它放到火上再煮一分钟，按照口味加糖和奶，当然也可不加这些。"出自作者的古吉拉特语小册子《健康之匙》第五章（《印度舆论》，1913 年 3 月 8 日第 11 卷第 10 期）。——V.G. 德赛

我们咏唱印度教圣曲，有时从《罗摩衍那》或伊斯兰教经典中抽取一段朗读。印度教圣曲是用英文、印地语、古吉拉特语咏唱的。有时我们同时用三种语言咏唱，有时只用一种。所有人都在晚上九点休息。

有些人在农庄里履行叶迦达希绝食①，其中包括绝食经验丰富的P. K. 柯特瓦尔（P. K. Kotval）先生。我们中许多人跟他一起进行查特玛斯绝食②。当时适逢斋月③。农庄里住着许多穆斯林青年，我们认为必须鼓励他们绝食。我们安排他们在早晨和晚上就餐，晚上给他们粥喝。当然没有肉，他们也不会提出这样的要求。为了与穆斯林朋友步调一致，我们一日只吃一餐——只有傍晚的晚餐。我们规定，（其他人）日落前吃完晚餐。所以，仅有的差别是，穆斯林朋友等别人吃完晚餐后才开始进食。这些男孩态度谦和，他们的绝食没有给大家带来任何不便。事实上，非穆斯林朋友支持他们的绝食，令他们深深感动。我从未听说，这里的穆斯林和印度教徒之间发生过任何宗教争论或纠纷。另一方面，我也知道，虽然他们都对自己的信仰坚信不疑，但仍相互尊重，热心协助对方开展宗教活动。

虽然我们因远离都市而无法获得各种便利，但我们仍没有储备任何医药用品。当时，我对自然疗法，犹如我对孩子们的纯洁无瑕一样坚信不疑。我以为，既然生活如此简朴，我们应该不会有什么疾病，即便真的有人生病了，我自信也有办法应付。我写了一本关于健康的

---

① 叶迦达希绝食（Ekadashi Fast），印度教的一种节日，即一个月中的"第十一日"，为印度教徒的绝食日，用以纪念名为叶迦达希的女神。
② 查特玛斯绝食（Chaturmas Fast），依照印度教，每年7月至10月间四个月为雨季，教徒许下绝食或半绝食的愿望，并践行之。
③ 印度人称斋月为 Ramzan，是伊斯兰教的9月，穆斯林履行斋戒功课一个月，在此期间，从黎明到日落之间进行封斋、戒饮食、房事和丑行秽语。

小册子，记录了当时的经历，它证明了当时我对这种疗法的信心。我自信地以为，治病于我而言并非难事，所有疾病都可通过水土疗法、绝食和改变饮食习惯等方法治疗。在农庄里，从未出现无法被我治愈而不得不打针吃药的情况。有一位来自印度北部的七十岁老人，患有哮喘和感冒，我只采用改变饮食和水疗的方法就治愈了他。但是，我现在没有这个勇气了，在经历了两次重病后，我自以为被剥夺了这种试验的权利。

我们在农庄期间，戈克利曾到访南非。关于他的行程，还需另辟一章说明，但是在这里，我要介绍一段甜涩参半的回忆。读者现在清楚了我们当时的生活状况。农庄里没有帆布床，我们借来了一张供戈克利使用。这里也没有地方可供他独处。除了学校里的长排凳外，我们没有多余座位。即便条件如此，即使他身体略有不适，我们又怎能按捺住邀请他前来的冲动呢？况且，他又怎能忍住不来看看呢？我愚蠢地以为，他能够忍受一晚的舟车劳顿，从火车站步行1.5英里到达农庄。我提前向他询问，出于直率的个性以及对我的信任，他不假思索，悉数答应了。不料天意弄人，那天恰好下起雨来，我没能未雨绸缪，及时做出安排。至今我们仍难以忘怀，由于我的疏忽，那天给他带来多大麻烦！他积劳成疾，犯了风寒。我们不能让他住在厨房或客厅，只好让他住在卡伦巴赫先生的房间里。我为他特制了汤羹，柯特瓦尔精心制作了面包，可惜这些食物还没送到时就已经冷了。我们毕恭毕敬、竭尽全力地服侍他。戈克利闷声不吭，从他的脸色我看得出来，他觉得我们这样做非常愚蠢。戈克利知道其他人都睡在地板上后，就拆下专门为他准备的帆布床，也在地上为自己摊开一个床位。那一晚我无比愧疚。对我而言，戈克利先生一生中有个不太好的原则——他绝不容许除了仆人以外的其他人为他服务。这一次他没有带仆人。卡伦巴赫先生和我请求允许为他按摩脚部，但是他甚至不让我们去触碰他。他半是诙谐、半是生气地说："你们都觉得像你们这样的人天生就得受苦受难，像我这样的人天生就得让你们伺候？你们今天必须为此遭受惩罚。我不会让你们碰我的。你们觉得自己可以去外面大小便，我就得用夜壶？我也要承受一切困难，我要让你们感到羞愧。"这些话无异于晴天霹雳，让我们倍感伤心。唯一值得安慰的是，戈克利先生总是面带微笑。克里希那无疑常遭阿周那[①]冒犯，"不知道他的神圣，不晓得他的溺爱"，但是他很快忘记这一切。戈克利所念念不忘的是，我们试图服侍他，但却从未想到，能为他服务——对我们来说——是何等的尊荣！他从蒙巴萨[②]寄来的信，至今仍让我感动。他很高兴能够经历这一切，但绝不接受我们的服侍。（当然）他仍然不得不从我们手里接受他不能亲力制作的食物或其他东西。

第二天，他不让所有人有片刻休息。他对要刊发的演讲稿逐字逐句进行修正。当要写东西时，他会来回走动，反复思索。有一次，他要写一封短信，我以为他可以挥毫而就。但事实并非如此，我为此调侃了他。他盯着我，长篇大论道："你不懂我的生活方式。即便是小事，我也不会匆忙完成。我会考虑再三，构思核心思想，斟酌用词，最后才写出来。如果人人都像我这样，该省下多少宝贵时间啊！再说，我们的国家也就不会被那些半生不熟、泛滥成灾的各种观念所困扰了。

---

① 《罗摩婆罗多》故事中，毗湿奴化身为甘愿给英雄阿周那（Arjuna）御马的克里希那（Krishna）（黑天），鼓励阿周那放弃犹豫，加入战斗。
② 蒙巴萨（Mombasa），肯尼亚的一个岛名。

没有介绍戈克利之行,托尔斯泰农庄的回忆就不完整;同样地,如果漏掉了卡伦巴赫先生的品性和行动,那也是有缺憾的。他能与我们一起在农庄生活,并几乎成为我们的一分子,这简直是个奇迹。戈克利对日常小事并不在意,但是,还是为卡伦巴赫先生的巨大变化惊讶不已。卡伦巴赫先生出身豪门,从不知贫贱为何物。相反,他奢侈成性,应有尽有,只要金钱能够买到的舒适,他都毫不犹豫地去获取。

这样的人物竟与印度人一起在农庄里同吃同住,确实不同寻常。印度人为此惊叹,有些欧洲人则认为他非癫即狂,另外一些则赞美他有克己忘我之德。卡伦巴赫从不觉得自己的这种克己忘我有什么难受的。事实却是,他比以往更热爱生活。每当谈到简朴生活时,他总会欣喜若狂,听众们也会为之吸引。无论男女老少,他都与别人打成一片,以至于如果他外出办事,大家都会觉得空荡荡的。卡伦巴赫先生喜爱果树,为此亲自负责果树部门。每天早晨,他会督促众人看护果树。他常催促大家努力干活,但因他品行温和,总是面带笑容,所有人都喜欢跟他一起工作。卡伦巴赫先生同时也是经常于凌晨两点离开农庄赶往约翰内斯堡的人之一。

卡伦巴赫经常与我讨论宗教问题,我们聚焦于诸如非暴力或爱、真等核心问题进行讨论。当我说伤害蛇或其他动物是一种罪过时,卡伦巴赫和其他欧洲朋友一样感到震惊,但最终他还是接受了这个观念。在我们结识之初,卡伦巴赫先生就认为,经过理智确认的正确和恰当的原则,在实际行动中必须予以实行,因此他毫不犹豫地对生活进行重大调整。卡伦巴赫认为,既然伤害蛇或其他动物是不对的,那么我们就该善待它们。他开始收集关于蛇的书籍以辨别其种类。他从书中得知，并非所有蛇都有毒，有些还有益于庄稼。他教会我们如何识别各种蛇。有一次，他在农庄驯化了一条硕大的眼镜蛇。卡伦巴赫先生每天亲手给它喂食。我小心地告诉他："虽然您觉得自己是出于友爱这样做，但是在眼镜蛇的眼里，却未必如此——尤其当您的友爱中仍带有恐惧时更是如此。无论你我，都没有勇气在它自由时与它嬉耍，但这种勇气却是不可或缺的。因此，虽然您对它存有善意，然而驯蛇本身毫无善意可言。我们该让眼镜蛇明白我们行动的含义。正如大家经常看到的，各种动物常因人们的喜好或惧怕，而随意招致抓捕。再者，也许你不觉得眼镜蛇恶毒，只不过是为了观察其习性而圈养它。如果这样，这种出于嗜好的行为，就毫无友爱可言了。"

  卡伦巴赫先生接受了我的观点，但无法马上放走眼镜蛇。我并不想给他施压。我也对眼镜蛇的生活习性颇感兴趣，孩子们当然更对它有着无限热情。我们禁止任何人刁难它，它也尝试逃脱出去。不管是因为有人疏忽，无意间打开了笼子，还是眼镜蛇自行逃离，几天后，当卡伦巴赫先生准备喂食他的朋友时，发现笼子里已经空空如也。卡伦巴赫先生对此很是开心，我也是如此。由于这次驯养经历，蛇逐渐成为我和卡伦巴赫先生的日常话题。卡伦巴赫先生给农庄带来了一位身体残疾、穷困潦倒的德国人艾尔贝特（Albrecht），他背驼得厉害，以至于没有棍子支撑就无法行走。艾尔贝特勇气可嘉、知识渊博，喜欢钻研各种深奥问题。他与印度人打成一片，与任何人关系都融洽。他大胆玩弄各种蛇，能够把小蛇置于掌心，任其嬉戏。如果在托尔斯泰农庄待更长的时间，我们不知道艾尔贝特的未来会是怎样呢？

  这些经历令我们不再像以前那么害怕蛇了，但是不要以为所有人都不怕毒蛇，或者说我们会禁止伤害它们。要人们相信做某事粗暴或有罪是一回事，而是否有能力去实践它则是另一回事。一个怕蛇的人，如果不想妄自丧命，在情急关头，难免会伤害它们。我记得在农庄曾发生过这样的事情。正如读者所知，农庄里潜藏着许多蛇。在我们到来之前，这里渺无人烟，荒废已久。有一天，一条蛇躲在卡伦巴赫先生房间的某个角落，我们绞尽脑汁、想尽办法也无法抓住或驱赶它。一个学生跑来找我，希望我能同意他杀死它。就算未经许可，他也能杀死它，但无论是学生或别人，在没有征询我的意见之前，他们是不会随意行动的。我意识到，自己必须准许学生这样做，因此就同意了。即便现在描述这些时，我也不觉得这样做有什么不对。因为当时我没有勇气空手抓蛇，或有其他办法为村民排除危险——即便今天我也无法做到。

不用说，农庄里的"坚持真"勇士时来时往，有时，有些人要去坐牢，刚好另一些人被释放出来。曾经有这样的故事，两位"坚持真"勇士来到农庄，一位因为私下认识法官而被释放，另一位要去参加第二天的审判。他们一见如故，彼此倾慕，竟忘了火车的时刻。眼看着最后一趟火车就要开走了，两位年富力强的"坚持真"勇士与我们前去送行的人一路奔跑着追赶火车。还在路上，我已听到了火车进站的笛声。当表示火车出站的第二次笛声响起时，我们才刚刚到达站台。年轻人加快脚步，我远远地落在后面。火车开动了。幸运的是，站长看到他们，就叫停了火车，让他们上车。我到达车站后，向站长表达了谢意。这件事情有两点值得注意：一是"坚持真"勇士谋求入狱和兑现诺言的热忱；二是"坚持真"勇士与地方官员的融洽关系。如果年轻人错过了火车，就无法参加第二天的庭审。他们并没有被要求提供担保，法庭也没有要求他们缴纳保证金。只凭口头保证，他们就能获得保释——我们的"坚持真"勇士信誉如此可靠，以至于当他们谋求入狱时，法庭竟认为毫无必要要求保证金。所以，"坚持真"勇士不愿错过火车，像一阵风一样追过去。运动最初时，"坚持真"勇士确实遭到官员的百般刁难，狱政方更是严苛有加。但是，随着运动的发展，我们发现，官员的敌视态度被软化了，甚至有时对我们友善爱护起来。并且，那些长期与我们打交道的部门，就像那个火车站站长一样，也变得热心帮助我们。读者切不可以为，"坚持真"勇士通过贿赂官员来谋求便利。"坚持真"勇士从没想过要贿买这些便利。但是，如果这些便利出自官员们的友善，他们将乐意接受。"坚持真"勇士确实也在许多场合享受了这种便利。假如火车站站长心怀恶意，他可以利用不计其数的各种条文规章，采用各式各样的手段刁难乘客。并且，这种刁难是无处申诉的。不过，如果这个官员是好心的，他也完全可以在条文规章允许范围内给予种种便利。我们之所以能够从这位火车站站长——劳勒（Lawler）先生身上获得便利，原因就在于"坚持真"勇士的谦逊、耐心和默默承受的品质。

在这里谈一件不太相关的事也许并无不妥。三十多年来，我一直热衷于从宗教、经济和卫生等方面考虑进行饮食试验。这种饮食改革的热情至今不减。我身边的人自然而然地不免受到这些试验的影响。除了饮食之外，我还尝试只用土和泥作原料（而不用药品）治病。从事律师职业期间，我与雇主的关系亲密无间。雇主们因此会与我分享生活中的酸甜苦辣。那些知道我这些试验的雇主，会向我征询自然疗法。有些病人为此来到托尔斯泰农庄。其中有一位卢塔万（Lutavan）先生，他是我的雇主，起初以契约工人的身份从北印度来到这里。他年届七十，患有慢性哮喘和咳嗽等病，长期服用印度教医师①的药粉和西医药品。在那段时间，我对自然疗法有无限信心，因此不仅给他治疗，还在他身上试验自己的想法。我要求他住在农庄，完全遵从我的嘱咐。他同意了，这包括要求他戒除沉湎已久的抽烟习惯。我让他绝食了二十四个小时。每天中午，我让他在阳光下进行库赫尼澡（Kuhne Bath）②——那时天气不太热。就饮食来说，他只吃一点米饭、加点橄榄油和蜂蜜，有时吃点麦片粥、橙子配点蜜，其他的时间里，就吃葡萄和麦咖啡。盐和其他配料都被禁止了。卢塔万与我睡在同一个屋子里，不过他睡在里面一点的房间。每张床只有两个被单，一个铺在床上，一个盖在身上。每人有一个木枕头。一个礼拜过去了，卢塔万逐渐恢复了气力，哮喘和咳嗽没那么厉害了，但是晚上比白天发作得厉害。我怀疑他可能暗地里抽烟，因此询问他。卢塔万表示没有。许多天过去了，病情还是没有好转。我决心偷偷观察卢塔万。所有人都睡在地上。这里到处是蛇，卡伦巴赫先生为此给我一个手电筒，自己也留一个。我睡觉时把这手电筒放在身边。一天夜里，我决定躺在床上不睡。半夜时，卢塔万咳嗽了，他点了根烟，开始抽起来。我悄悄地走到他床前，打开手电筒。卢塔万一下子明白了，他不知所措，停止抽烟，从床上站了起来，弯下腰来触摸我的脚。③"我大错特错了，"他说，"从今往后，我再也不抽烟了。我欺骗了您，请您原谅我。"他几乎快要哭出来了。我安慰他，说抽烟对他不利，如

---

① 印度教医师（vaidyas），意即阿育吠陀医师，其治疗方法主要通过宗教反思和自省，激发内在的潜能来实现治疗目的。
② 由库赫尼发明的一种水疗疗法。
③ 印度习俗，用弯腰触摸他人的脚来表达敬意或歉意。

果听从我的安排,他的咳嗽应该早就治好了,但我发现他仍咳嗽,所以才怀疑他暗地里抽烟。卢塔万戒了烟,两三天后,哮喘和咳嗽逐渐没那么厉害,一个月后就完全好了。恢复气力后,他离开了农庄。

火车站长两岁的儿子患有伤寒症,这位绅士知道了我的疗法,跑来向我求教。第一天,我让那小孩禁食。第二天开始,只给他吃拌上一勺橄榄油和几滴橙汁的半截香蕉泥。晚上,我把未加热的泥土加工成膏状贴在他肚子上。这次我的治疗也成功了。当然这也可能是医生误诊,并非什么伤寒症。

在农庄,我做了大量这样的试验,记得从未失败过。但是今天我不敢再这样做了。现在让我用香蕉和橄榄油来治疗伤寒,我自己都会战栗不安。1918年,我患了痢疾却无法自己治愈。到现在为止,我仍不清楚到底是信心不足,还是气候原因,在南非可以适用的方法到印度就无效了。但可以明确的是,这种家庭疗法以及在托尔斯泰农庄的简朴生活,为我们节省了至少二三十万卢比的公共开支。

村民们亲如一家、相互照料,"坚持真"勇士也获得了栖身之所。这里容不得任何虚假或欺诈,稻麦与杂草泾渭分明。前面所述的饮食试验,是出于卫生考虑的,除此以外,我本人还进行了一次纯粹出于精神追求考虑的饮食试验。

我曾苦思良久,也阅读了大量关于素食者是否可以饮用牛奶的书籍。在农庄期间,我从一些书籍或报纸上得知,加尔各答人为挤出最后一滴牛奶,如何不人道地采取残忍可怕的普尔卡(phuka)方法[①]虐待母牛。我曾经与卡伦巴赫先生讨论过饮用牛奶的必要性,我告诉他

[①] 普尔卡方法,一种挤奶方法,指向母牛的生殖器或肛门强行灌入空气,以刺激其产生更多的母奶。

这种挤奶方法如何可怕，并指出停止饮用牛奶在精神上有所裨益，建议如果可能，我们应该停止饮用牛奶。卡伦巴赫先生赞同我的观点，并依着侠义心肠，马上停止饮用牛奶。他和我同一天停止食用牛奶，最后我们限制自己只吃新鲜或风干的水果，尽量避免吃煮过的东西。在这里，我不便说明这个试验后来的发展情况及结果，但我得说，在这完全吃素的五年里，我从不觉得自己虚弱不堪，也未患病。相反，在这期间，我能胜任任何体力活，有时可以日行55英里，平时也能走40英里。我坚信，这个试验让我在精神上获益匪浅。令人遗憾的是，我被迫改变了这种素食习惯，如果我无须参与政治活动，即便像现在这个年纪，即便对身体有害，我仍会继续这个试验，以探求精神的最高境界。西医和印度教医生对人的精神方面缺乏研究，使我不得不停止这些试验。

在这里，我必须结束这令人满怀欢欣和留恋的一章。这些危险的试验只能存在于一个视纯洁为核心要素的运动中。托尔斯泰农庄被证明是运动中精神净化和苦修的最后堡垒。我一直怀疑，如果没有托尔斯泰农庄的存在，这个运动如何可能维系八年，我们去哪里寻求资助，我们又怎能让几千人投入运动中来？托尔斯泰农庄从来不是什么焦点，但"是金子自然会发光"。印度人最终发现，托尔斯泰农庄的村民们能人所不能，克服了种种艰难。1913年，当我们再次大举发动新运动时，这种公众的信心成了一种巨大财富。人们无从知晓，自己是否能拥有，或何时才能拥有这种财富。但我从不怀疑，也劝告读者不要怀疑，这种潜在的财富在上苍的恩赐下确实可以变为现实。

第三十六章　戈克利到访

于是，"坚持真"勇士在托尔斯泰农庄安居乐业，准备面对即将到来的一切挑战。他们不知道也不在意运动何时结束。他们只为一个誓言——拒绝服从"黑暗法令"，并承担由此引发的一切后果。对一个战士而言，战斗本身就是胜利，因为他从中获得了满足。在战斗中，他坚信：无论胜败苦乐，一切取决于自己，在他的词典中没有失败或痛苦的字眼。按照《薄伽梵歌》的说法，就是苦乐成败，于他均无差别。

这一小撮"坚持真"勇士不时要进监狱。但在平时没入狱时，外人从其外部活动中很难看出他们在这里开展着一场运动。假如一位怀疑论者来到农庄，如果他是朋友，就会同情我们；如果是批评者，他就会责难我们，他会说："这些人变得更懒了，在这个与世隔绝的地方，他们吃惯了免费面包，他们会厌倦入狱，沉湎于这远离都市喧嚣的果园里。"怎么向批评者解释这些呢？我们"坚持真"勇士绝不会为了入狱而蓄意触犯那些合乎道德的法律，我们以内心的平静和自我约束来维系"战争"，我们绝不依靠任何人，而是把上苍当作唯一依赖。接着，事态的发展（又或是在上苍的安排下）超乎人们的预料，许多援助也不期而至。那些经历了重要考验的人们，最终可以见证有形的胜利。

我曾请求戈克利及其他领袖前来南非，研究这里的印度侨民问题。但我怀疑是否有人愿意前来。里琪先生曾邀请过一些印度领袖，然而，谁敢在运动低潮时来到这里呢？1911年，戈克利正在英国，他密切关注着南非运动。他在印度立法会（Legislative Council of India）发起动议，推动通过了禁止向纳塔尔输送契约工人的决议。

我与他频繁通信。他向印度事务大臣征询意见，表明自己想到南非调研以掌握第一手资料。大臣同意了。于是戈克利来信告知我他离开南非的时间，并让我为他安排六周行程。我们乐坏了！在这之前，没有任何印度领袖到过南非或者其他地区研究当地的侨民问题。我们很快认识到像戈克利这样的重要人物来访的意义，大家决心为他准备一场连王公贵族都会嫉妒的接待仪式，并协助他考察南非所有重要城市。"坚持真"勇士和其他印度人兴高采烈地准备着各种欢迎仪式。欧洲人也欣然接受，参加邀请。我们计划尽可能地在各个城市的大会堂举行公共集会，并且邀请当地的市长主持会议。我们精心布置他经过的各个火车站站台，多数情况下这也获得了站长们的允许。这些允许来之不易，全靠我们的辛劳感动了当局，才使他们尽力协助。例如，单单只是约翰内斯堡公园车站（包括卡伦巴赫先生设计的迎客拱门）的装饰工作，我们就花了两周时间。

在英国时，戈克利先生对南非的情况已略有所知。印度事务大臣知会了南非联邦政府戈克利在帝国的崇高地位和巨大影响力。但谁会主动为他订座并预留舱室呢？戈克利身体虚弱，需要一个舒适、独立的房间。船务公司断然宣称没有这种单间。我不记得是戈克利还是他的朋友将这种情况向印度事务部反映，印度事务部马上向船务公司负责人发送电报，后者为此史无前例地为戈克利先生预留了最好的舱位。原先的不快一扫而光。船长收到命令，必须尽力款待戈克利先生。戈克利先生因此得以享受一个愉快、平和的去往南非之旅。戈克利先生为人严格谨慎，但又不乏乐观幽默。他兴致盎然地参加了邮轮上的多数娱乐活动，成为船上颇受欢迎的人物。戈克利先生访问比勒陀利亚期间，联邦政府予以热情款待，并赋予他在火车上使用会客厅的权利。在征询了我的意见后，他接受了这个优待。

戈克利于1912年10月22日到达开普敦。他的身体比我想象的还虚弱。他必须严格控制饮食，也不能劳累过度。我安排的活动，远非他所能负荷，因此只能尽量取消。实在无法取消的，戈克利先生仍会非常乐意地按计划参加。我深责自己不该擅作主张，制定这样的计划。只有部分活动被取消，大多数是无法精简的。我完全没有意识到，应该给戈克利先生预留一点私人时间——事实上，要做到这一点也相当困难。再者，在追求"真"的过程中，我一直态度谦恭，热衷并擅长为老弱者服务。当意识到应该给戈克利先生更多个人独处和休息的时间时，我马上修改了所有计划。在他访问期间，我全程担任秘书。志愿者们（包括卡伦巴赫先生）都被告知必须注意这一点。在我看来，戈克利先生可随时获得任何服务。很显然，我们必须在开普敦召开一个会议。前面我已介绍过斯赖纳家族[①]。我邀请这个显赫家族的族长——W. P. 斯赖纳（W. P. Schreiner）参议员参加会议，并非常荣幸地获得了他的同意。许多欧洲人和印度人参加了会议。斯赖纳先生热情洋溢地向戈克利先生致欢迎辞，并表达对南非印度人的支持。接

---

① 见原文的第39页。

着，戈克利先生发表讲话，其内容精简睿智、谦逊坚定，不仅令印度人感到高兴，也让欧洲人赞叹不已。事实上，从登陆南非那一刻起，戈克利先生就获得了这片土地上不同群体的倾心仰慕。

从开普敦出发，戈克利先生乘坐了两日火车后抵达约翰内斯堡。德兰士瓦是运动的主战场。火车途经德兰士瓦的第一站便是克拉克斯多（Klerksdorp）。这里居住着很多印度人，戈克利不得不稍作停留，参加会议——在克拉克斯多和约翰内斯堡之间的波彻弗斯茹（Potchefstroom）、克利威哥斯多（Krugersdorp）等站也是如此。其后，他乘坐专列离开克利威哥斯多。这些地方的市长主持了接待会。火车在这些地方停留都不过一两个小时。列车准时到达约翰内斯堡。月台上早已布置好专门为此准备的讲台。讲台铺上了地毯。当地市长埃利斯（Ellis）先生以及其他欧洲人参加了欢迎仪式。市长先生将自己的车借给戈克利先生，让他在黄金城①使用。在车站，人们向戈克利先生致欢迎辞。当然他所到之处，都有人致欢迎辞。约翰内斯堡的欢迎标语被刻在一块外围由罗得西亚柚木装裱的心形金属板上，上面印有印度和锡兰的地图，其两侧有两块金属牌匾，其中一块刻有泰姬陵的标识，另一块刻有印度特色的风景画。现场还摆放有关于印度风景的木雕。会议内容包括：向戈克利介绍所有参会者、宣读欢迎辞、戈克利先生发表致谢辞并聆听其他欢迎辞——所有这些不超过二十分钟。欢迎辞只需五分钟就读完了。戈克利先生的致谢也不超过五分钟。在志愿者的努力下，现场秩序井然，所有人都得到妥善安排。场内毫不嘈杂，场外人山人海，但是人们仍然进出自由。

---

① 黄金城（the Golden City），约翰内斯堡南部的一个城市名。

戈克利先生被安置下榻在卡伦巴赫先生的一所离约翰内斯堡5英里外一座小山头上的房子里。那里风景怡人、空气清新，房子虽然简陋，但房里装饰了许多工艺品。戈克利很快喜欢上了那里。我们在城里专门租了套办公室，让戈克利接待访客。这套办公室有三个房间，包括私人卧室、客厅、候客室。我们指引戈克利向当地有权势的人物一一致电。欧洲人的领袖也召集了一个会议，向戈克利详细解释自己的立场。除此以外，我们还为戈克利先生举行了400人（其中包括150位欧洲人）的招待宴。晚宴上，印度人必须依票入场，每票需缴纳1几尼，以便分摊费用。宴会只供素菜，不供酒类，厨师由志愿者担任。对于饮食，实在难以考虑周全。在南非，印度教徒和穆斯林并不遵守分桌就食的习俗，但是素食者仍绝不吃肉。有些印度人是基督教徒——我对他们的熟悉不亚于对其他任何印度人，他们大多数是契约工人的后代，其中许多人在酒店担任服务员。在他们的帮助下，我们才能在规模如此巨大的宴会上成功地提供十五道菜。对欧洲人而言，在南非与这么多印度人共同进餐、只享用素菜，并且餐会上没有酒，这是绝无仅有、令人惊叹的经历。少数欧洲人曾经历过其中的两样，但三者俱备实属罕见。

会上，戈克利发表了他在南非篇幅最长也是最重要的演讲。在准备这篇演讲稿的过程中，我们经受了他的考验。他说，根据自己一生的经验，不应忽略当地民众的立场，而且应该在自己力所能及的范围内对之予以满足。因此，他问我想让他代为表达什么。我将自己的想法写成初稿，心想，即便他不用其中的一字一句或者任何观点，我也毫不在意。这篇讲稿必须长短适中、面面俱到，不能忽略任何一种情形。我必须承认，戈克利并没有采用我的稿件。事实上，我不能指望像戈克利这样善于措辞的英语高手会袭用我的文字。但他承认我的观点非常重要，因此我也认为他已将我的观点融入演说中了。戈克利的思想包容万物，犹如海纳百川一般，以至于别人无法看出自己的观点是否、以及在何处被融纳进去。听了戈克利的所有演说后，我从未发现他有任何表述不清或用词不力的情形。戈克利的演说用词清晰明确、文风雅致，这是他努力不倦的结果和不折不挠为真理奉献精神的体现。

在约翰内斯堡，我们举行了一场只有印度人参加的专场会议。我一直坚持，这种会议必须用母语或印度斯坦语（印度最通行的语言）发言，这能使南非印度人内部关系更为紧密。但我担心戈克利先生能否使用印度斯坦语发言，因此征询他的看法——他的印地语水平不敷使用，只能用马拉提语（Marathi）或英语。让他在南非讲马拉提语似乎有些造作，而且还需翻译成印度斯坦语，以让古吉拉特和北部的印度人听懂。既然如此，为何不干脆让他用英语发言呢？幸运的是，通过沟通，他最终表示想用马拉提语。在约翰内斯堡，有许多来自贡根地区的穆斯林和来自马哈拉施特拉省的印度教徒，都恳求我劝戈克利讲母语。我告诉戈克利，如果他愿意用马拉提语发言，这些朋友将会非常开心，我也会将他的发言翻译成印度斯坦语。

戈克利笑了，他说："我知道你的印度斯坦语已经好得无以复加了。可是现在你准备将马拉提语翻译成印度斯坦语，你能否先告诉我，你从哪里学来的马拉提语？"

我回答道："是的，您对我的印度斯坦语和马拉提语都相当了解。我确实连一个马拉提语单词都不会。但我非常了解会议的主题，能够把握您发言的主旨。无论如何，我敢保证，您的发言绝不会遭到误解。那里有许多熟悉马拉提语的朋友,他们也可以帮您翻译。但如果您不想这样做,就请您放心地讲马拉提语,由我来翻译。我和贡根地区的朋友们一样,期待您用马拉提语进行精彩发言。""你总有自己的办法,"戈克利说,"在这里你掌控一切,我只能俯首听命了。"

于是戈克利采纳了我的建议,自此以后,直到要离开前往桑给巴尔岛之前,他总是用马拉提语在类似的这种会议上交流,而我则专任他的翻译。我并不晓得自己是否令戈克利先生意识到,在这种场合采用母语——甚至蹩脚的印地语,也比用完美、流利的英语更能让人满意。但我知道,戈克利在南非期间使用马拉提语,只不过是为了取悦我。当完成许多这样的演讲后,我发觉,他对这个尝试非常满意。戈克利先生在南非的这种身体力行的作风教导了我们:在不违背原则的情况下,领袖人物尽量取悦追随者的行为是一种多么难得的美德!

第三十七章　戈克利到访（结尾）

离开约翰内斯堡后，戈克利先后访问了纳塔尔及比勒陀利亚。在比勒陀利亚，他被联邦政府安置在德兰士瓦酒店。在那里，他会见了几位政府部长，包括博莎将军和史沫资将军。一般来说，我必须在当日早上甚或（按照他的要求）提前一晚告知他次日行程。与联邦政府的部长会面至为重要。我们认为，即便被邀请，我也不该与戈克利先生一同前往。我的出现，必然会在戈克利和部长们之间造成某种隔阂，使部长们无法畅所欲言，无法表达他们对（包括我在内的）印度人的不满。并且，在这种情况下，如果有什么新举措，他们也不会知会我们。为此，我们认为，戈克利先生必须单独前往，这使得他的责任更大了。如果戈克利先生不经意间因应不当；如果部长们提出某些建议，他因对事实不熟悉而无言以对；又或者对方在实际负责的印度侨民领袖不在场的情况下，要求他代表印度人接受某些安排，他该怎么办呢？不过戈克利先生马上想出了解决这些难题的办法。他要求我准备一份简要介绍一直以来印度侨民的状况以及他们行动目标的报告。他说，如果在会面中，突然出现任何超出这个报告大纲的议题，他将表示毫不知情，因此劝我们不必担忧。接下来，我为他准备了这份供他宣讲的报告。但是，没有十几二十页的篇幅，我无法将印度人在这十八年中兴衰变迁的过程说清楚。现在戈克利先生没有多少时间充分考量这些文字。再说，即便阅读完这份报告，他仍会向我们询问许多问题。然而，戈克利先生记忆力惊人，这些对他易如反掌。他要大家彻夜工作，详尽告知所有细节，然后由他进行全局梳理，直到确实掌握所有情况为止。此时，我心中的大石才释然放下。

戈克利和部长们的会面长达两个小时。回来后，他说："你必须在一年内回印度。问题已经解决了，'黑暗法令'将被废除，《限制移民法》中的肤色歧视条款将会被取缔，3英镑的税收也将取消。"

"对此，我很怀疑，"我说，"您不如我了解这些部长。我也是乐观主义者，我为您的乐观感到高兴。但经过多次挫折后，我对这事已不像您那样充满期待了。不过，我并不失望。您能从部长们那边获得这些承诺，对我已经足够了。在必要的时候，我有义务抗争到底，向世人表明我们正义的抗争。他们的承诺，将证明我们诉求的正当性，也将极大地提升大家的斗志。但是，我认为还会有更多的印度人入狱，我无法在一年内回印度。"

戈克利说："我给你说的这些都会实现的。博莎将军承诺将废除'黑暗法令'，并取消3英镑税收。你必须在十二个月内回国，我绝不容许你有任何推辞。"

在纳塔尔省访问期间，戈克利广泛接触德班、马里茨堡等地的欧洲人。他参观了金伯利钻石矿。在矿区及德班，他出席了由接待委员会安排的有许多欧洲人参加的接待宴会。于是，在欧洲人、印度人的一片倾慕之下，戈克利于1912年11月17日离开了南非。他希望我和卡伦巴赫先生陪行，直到桑给巴尔岛为止。在轮船上，我们为他安排了适宜的伙食。在返回印度途中，他受到了德拉瓜湾、伊尼扬巴内

（Inhambane）和桑给巴尔岛以及其他港口人们的热烈欢迎。

在船上，我们的话题转到了祖国印度以及我们对之应尽的义务。戈克利总是言辞温和、真诚，满腔爱国热忱。我发现，即使在船上，他参加游戏也不仅仅是为了娱乐，其中包含着爱国情怀——他试图向世人表现国人的优良品质。

在船上，我们有更多时间促膝长谈。他说准备让我回国工作。他为我分析所有印度领导人的性格，其分析鞭辟入里，以致后来我亲身接触后，发现我们的判断常常不谋而合。

戈克利的南非之行还给我们留下了许多庄严神圣的记忆，但是对于与运动无关的部分，我只能遗憾地停笔不谈。我和卡伦巴赫在桑给巴尔岛与戈克利依依惜别。"天下无不散之筵席"，哪怕是与伟人再亲密的交往亦是如此——我们以此自我宽解，并期望戈克利的预言能够成真，让我们可以在一年内回到印度。但天不遂人意，事实并非如此。

然而，戈克利的南非之旅坚定了我们的决心。在运动再次发动时，我们意识到了他访问的意义和作用。如果戈克利先生没有到访，或他没有和部长们会见，我们就无法将取消3英镑税收的要求列入行动纲领。

即便运动因"黑暗法令"的废除而结束了，到时我们仍需为废除3英镑税收而发动新的抗争，届时印度社区不仅面临重重险阻，而且短时间内也无法筹备如此艰巨的运动。任何自由印度人都有义务去争取废除这个条款。我们尝试了所有合法途径，但最终都失败了。这个税收自1895年开始征收。但无论让人多么无法容忍的错误，只要持续一段时间，人们都会习以为常，那时就很难唤醒人们起来抵制，也难以向世人证明它的荒谬。欧洲人给戈克利的承诺为"坚持真"勇士扫清了道路。由于曾经许诺过，政府便有义务废除它；否则，我们就有理由对这种失信行为开展运动。事情确实这样发生了。政府不仅没在一年的期限内废除这个法令，而且多次表示根本不会废除它。

戈克利的访问不仅使我们将废除3英镑税收的诉求列入运动目标，而且他本人也被视为绝无仅有的南非问题权威。得益于他本人对南非印度人情况的了解，他在这方面的观点显得更有分量。对此，他胸有成竹，并引导母国民众采取恰当措施支援我们。当我们重新发动运动时，母国方面提供了大量资金，哈定基（Hardinge）勋爵于1913年12月向我们表达了"深切而热烈"的同情，极大地鼓舞了"坚持真"勇士。安德鲁斯和皮尔森（Pearson）两位先生也被从印度派至南非——所有这些都归功于戈克利的悉心安排。

下一章，我们将介绍部长们的背信弃义行为及其后果。

第三十八章　背信弃义

在推动"坚持真"斗争中，印度人谨小慎微地绝不违背原则行动。他们告诫自己，不能利用对己有利的形势对政府采取不合理的行动。比如说，"黑暗法令"只适用于德兰士瓦印度人，因此我们只在这个地区发动印度人抵制。我们不仅不到纳塔尔、海角殖民地等地召集队伍，并且婉拒德兰士瓦以外其他地区的志愿者。我们的抗争目标被紧紧限定于取缔"黑暗法令"。欧洲人及印度人普遍了解这一点。在运动伊始，不时有印度人试图将其他诉求纳入运动目标中。我耐心劝阻他们，这种无理增加诉求的做法有悖于"真"的本义——我们进行的是一场实现"真"并唯"真"是从的运动，在这场纯洁的抗争中，抗争者绝不能因力量的膨胀而扩大目标，也不能因为力量的削弱而放弃目标。这是一个原则的两面，在南非非暴力运动中，它都得到了彻底的贯彻。正如大家所知，当我们确定运动目标时，社区的实力远不足以实现目标，但一小撮"坚持真"勇士仍在坚持斗争。在实力对比悬殊时，专注于实现既定目标当然比较容易，但当己方力量暴涨，那时要众人克制不扩大运动目标就困难了。在南非期间，总会遭遇这样的诱惑，然而我要说的是，我们从未在这些诱惑面前动摇。正如我一直强调的，"坚持真"勇士只有一个简单的目标，他不能缩小也不能扩大它——事实上这个目标是无可变更的。世人皆懂得"以其人之道还治其人之身",当政府看到"坚持真"勇士自称要遵从这些原则后,就会以此衡量"坚持真"勇士的行为,并多次指责"坚持真"勇士的背信行为——虽然他们自己全然不受这些原则的约束。即使是小孩也能看出,如果在"黑暗法令"之后又有新的反印度人法令出台,我们就该将它列入"坚持真"的运动目标中。但即使是由于政府加强新的移民限制而使我们不得不扩大运动目标,它依然指责我们滋生事端、横生议题。既然这些新的限制针对所有印度新移民,那么我们就有权召集他们参加运动。因此,如前所述,索罗布吉和其他人进入了德兰士瓦。

虽然政府对此无法容忍,但我自信这样做仍能获得中立人士的认可。另外一个事件发生在戈克利先生离开后。戈克利先生原以为3英镑的税收会在一年内被取缔,国会将在下一次会期进行相应的立法工作。恰恰相反,史沬资将军以议员身份发表演说。他表示,因为纳塔尔欧洲人反对废除该税项,所以联邦政府无法通过任何旨在废除它的法律。但是事实并非如此——纳塔尔方面并不能将自己的意志强加给由各个省份组成的殖民地政府,并且史沬资将军应该代表内阁提出必要的议案,然后任由会议自行审议。但他没有这样做,这为我们将这个卑鄙的税项纳入"战斗"提供了绝佳机会,其理由有二:第一,如果在抗争中,政府做出承诺却又食言了,很自然地,我们就必须将这个诺言纳入运动目标并批判政府的违约行为;第二,公然对像戈克利这样的人物食言,不仅对他本人,而且对整个印度都是一种侮辱,因此我们绝不能容忍。如果只有第一个理由,并且"坚持真"勇士又确实能力不济,那么不将3英镑税收纳入斗争目标是情有可原的。但我们绝不能容忍对伟大祖国的任何侮辱，因此必须将废除3英镑税收的要求纳入运动纲领。这样契约工人就有机会加入运动了。读者应记得，至今为止，这些工人仍被排斥在运动之外。这种对运动政策的调整，一方面增加了我们的责任，另一方面也开辟了招募"队伍"的新范围。

因此，一直以来，我们都较少向契约工人谈及"坚持真"，更不用提去教育他们参加运动。他们多数是文盲，无法阅读《印度舆论》或其他报刊。但是我发现，这些可怜的人们，仍然热心关注和同情我们的运动，其中部分人还为不能参加运动而感到遗憾。然而，当我们因部长们的背信弃义而将废除3英镑税收的诉求纳入运动目标时，我仍然无法确认他们中的哪些人会参加运动。

我写信告诉戈克利关于部长们背信弃义的事。他倍感伤心。我劝他不必忧虑，我们一定会斗争到底，直到德兰士瓦政府废除这个税项为止。但现在只能放弃让我一年内返回印度的想法，不知何时，我才能回去了。戈克利确实是一位伟人。他表示要清楚知道这个"和平纵队"可能的最大及最小规模，及所有可能的参与者的名字。我记得自己给了他一张最多65人或66人、最少16人的名单。我告诉他，人数甚少，无须资金援助，恳请他保重身体，不必担忧——从报纸及其他途径，我已知道，从南非回孟买后，他身体日渐虚弱——我恳求他不必再为我们募捐了。他严肃地答道：

"我们在印度的人意识到自己的职责，正如你们在南非的人一样，我不允许你告诉我哪些我们该做，哪些我们不该做。我只想了解南非的情况，而不是向你征询我该做什么。"我明白戈克利的意思，此后就不再谈论这个问题。在这封信件里，他一边安慰我，一边警告我：

他担心针对政府背信弃义行为的斗争会持续很久；他担心，一小撮人怎能与粗暴野蛮的联邦政府为敌。在南非，我们着手准备斗争了。在即将到来的风暴中，我们毫无喘息之机。我们意识到，自己可能会长期入狱，因此决定关闭托尔斯泰农庄。一些主要劳动力被释放后，便携眷返回住处。剩下的大多数去了凤凰村，凤凰村因此渐渐成为"坚持真"勇士未来的斗争基地。选择凤凰村的另一个原因，是契约工人要参加反对3英镑税收的运动，凤凰村地处纳塔尔，能更方便地将他们集中在一起。

正当我们准备发动运动时，一个新的冤情的发生使得妇女也可加入运动。有些勇敢的女性曾经要求参加运动，有些"坚持真"勇士故意无证经营谋求入狱时，他们的妻子已表示愿意追随。但当时，我们认为，在异国他乡，不该让妇女谋求入狱，没理由让她们斗争在最前线，并且当时我也不敢让她们这样做。另外一个考虑是，如果让妇女为抵制一个针对男人的法律而做出牺牲，这有辱于我们的男子气概。但是，现在发生了一件公开侮辱妇女的事情，使我们可以毫不犹豫地允许妇女为运动贡献力量。

第三十九章　当婚姻不再是婚姻

不知不觉间，上苍已为印度人的胜利酝酿了各种条件，他出乎意料地向世人展示了欧洲人的不公。许多印度人在祖国结婚后才来到南非，有些人则在南非结婚。印度本土并没有关于婚姻登记的法律，只需举行宗教仪式就足以令婚姻生效。在南非印度人中同样流行着这种风俗，虽然已到南非生活四十多年，印度人仍普遍广泛而隆重地按照各自的宗教习俗举行婚礼。毋庸置疑，这种婚礼一直以来都被视为合法有效，直到一个法律判例出现为止。开普敦最高法院法官塞尔（Searle）先生于1913年4月14日做出判决，判令未依照基督教仪式举行婚礼，或未在婚姻登记署（the Registrar of Marriages）登记的婚姻，在法律上无效。这个令人惊恐的判决意味着，那些根据印度教、伊斯兰教和琐罗亚斯德教仪式举行的婚礼，在法律上是无效的。根据该判决，南非的已婚印度妇女，在法律上只能沦为同居者，不再是丈夫的妻子了，其子孙也被剥夺了继承权。这对于印度男士和女士而言，都同样无法容忍，整个社区被激怒了。

我依例致信政府，询问其是否赞同塞尔法官的判决；如果否认法官对该案件的解释，政府是否会出台新法律，承认印度人根据不同宗教习惯结成的、在印度国内被认为合法有效的婚姻？但当时政府对此毫不在意，也没对我的要求做出任何反应。

"坚持真"运动委员会举行了一次会议，讨论是否对塞尔判决提出上诉。结果我们认为，不应在这个问题上提出上诉。如果要上诉，就必须由政府公诉人提出；假使由印度人提出，就必须有政府检察官的公开支持才行。否则，贸然独自上诉，就意味着承认这些印度式婚姻无效。再者，如果我们上诉并失败了，到时依然要发动"坚持真"运动。因此，对这种公然的侮辱，最好不采取上诉的办法。

危机骤然而至，我们无法再拖了。众多妇女遭遇这般侮辱，令大家忍无可忍了。即便势单力薄，我们也决意要发起运动。我们不但不再劝阻，而且要发动妇女与男人并肩作战。我们首先邀请托尔斯泰农庄的妇女参加运动。她们非常乐意。我向她们说明参加运动可能带来的各种困难。我说，她们可能会在衣食住行上受到限制，可能会在狱中被苛以各种苦力活，被勒令洗衣服，乃至遭受狱警辱骂。但是姐妹们英勇无比，她们毫不畏惧。其中一位怀孕了，六位怀里还抱着孩子，这几位妇女执意要参加运动，任我百般劝解也无法阻止。这些姐妹，除了一人以外都是泰米尔人，其名单如下：

1. 泰姆比·奈杜夫人（Mrs. Thambi Naidoo）

2. N. 琵莱夫人（Mrs. N. Pillay）

3. K. 玛茹噶莎·琵莱夫人（Mrs. K. Murugasa Pillay）

4. A. 培卢玛·奈杜夫人（Mrs. A. Perumal Naidoo）

5. P. K. 奈杜夫人（Mrs. P. K. Naidoo）

6. K. 秦奈斯瓦米·琵莱夫人（Mrs. K. Chinnaswami Pillay）

7. N. S. 琵莱夫人（Mrs. N. S. Pillay）

8. R. A. 穆达林甘夫人（Mrs. R. A. Mudalingam）

9. 巴瓦丽·达亚尔夫人（Mrs. Bhavani Dayal）
10. 蜜娜慈·琵莱小姐（Miss Minachi Pillay）
11. 拜昆·玛茹噶莎·琵莱小姐（Miss Baikum Murugasa Pillay）

要将罪犯投入监狱很容易，要将无辜人士关押起来却很困难。因为罪犯试图逃避处罚，警察要千方百计予以追捕，但对那些谋求入狱的无辜人士，警察则会袖手旁观，直到无法容忍为止。姐妹们的第一次尝试没有成功。她们在维利尼京非法进入德兰士瓦，但没有遭到逮捕。她们无证贩卖商品，警察却置之不理。现在的问题是，怎样才能让女士们也被逮捕入狱：想入狱的人并不多，并且即便有人想，也未必能轻易如愿。

我们决心采用一直存而不用的撒手锏。我曾考虑过在紧要关头发动凤凰村村民。这是我对"真"之信念的最后奉献了。凤凰村村民基本上都是我最亲近的同志和亲友。除了少数几位运营《印度舆论》不可或缺的人物以及十六岁以下的孩子外，其他人都得谋求入狱——这是我当时所能做出的最大牺牲了。我在给戈克利先生信中所提及最坚定的16人名单，里面全是凤凰村的先锋队成员。我们计划让他们进入德兰士瓦，然后尝试被控非法入境而入狱。我们担心，一旦公布这个举措，政府将不愿逮捕他们，所以除了少数几位朋友外，我们对之守口如瓶。首先，这些先锋队成员要试图进入德兰士瓦，到时警官会询问姓名和地址，他们依计划不向警方暴露自己的身份——如果被察觉到他们和我的亲密关系，警察就不会逮捕他们——而拒绝提供个人信息的行为是触犯法律的。正当凤凰村先锋队成员试图进入德兰士瓦时，那些在纳塔尔没有被捕的姐妹们，也同时从纳塔尔进入德兰士瓦。正如从纳塔尔无证进入德兰士瓦是有罪的一样，从德兰士瓦向纳塔尔无证越境也是非法的。如果姐妹们在进入纳塔尔期间被捕,那是最好的。否则,她们将按计划继续前往并驻扎在纽卡斯尔——这是纳塔尔的煤矿中心,在那里,她们必须发动契约工人起来罢工。姐妹们的母语是泰米尔语,她们还会讲一点印度斯坦语。煤矿里绝大多数契约工人来自马德拉斯邦,会讲泰米尔语或泰卢固语(虽然也有些人来自北印度)。一旦契约工人被姐妹们鼓动起来罢工,政府就会将他们一并逮捕,从而点燃更激烈的斗争热情。这是我构想出来并向姐妹们传授的策略。

我前往凤凰村,向村民们说明自己的计划。首先,我征询姐妹们的意见。我很清楚送女士入狱极具风险。凤凰村的姐妹多数讲古吉拉特语,她们并不像德兰士瓦姐妹那样经过训练、富有经验。再说,她们多数是我的亲属,仅仅因为受了我的影响而想去入狱。可是,如果后来她们在生死关头动摇了,或因无法忍受监狱的艰苦生活而被诱导公开道歉的话,那将给我本人乃至整个运动带来巨大伤害。我决定不与妻子讨论这个问题,因为她从不对我的提议表示异议;即便她说"好",我也未必知道她赞同的原因何在。我很清楚,在这种重大问题上,丈夫应放任妻子自行决定;并且,即便她拒绝了,丈夫也不该予以强迫。我跟几位赞同并愿意入狱的姐妹解释了自己的想法。她们保证,无论发生什么困难,都会在狱中服完刑期。妻子无意间听到了这个谈话,她走过来问:

"这事你怎么能瞒着我呢?我很伤心。我有什么不好,为什么不配参加入狱行动呢?我真的希望自己也能和别的姐妹一样,一起按照您的指示行动!"

"你知道,我最不忍心伤害你,"我答复道,"我对你毫不怀疑。

如果你愿意入狱，我非常高兴，但你不能只是为了我这样做，你必须依靠自己的勇气和力量去做。如果我提出要求，你会因为顺从而答应。但是，如果到时在法庭上你动摇了，或者你被监狱生活吓倒了，虽不能责怪你，可我又该怎么办呢？我该宽容你吗？我又该怎样面对世人呢？基于这些顾虑，我不能向你提出入狱的要求。"

"如果我无法承受监狱的困苦而向政府认错，那也与你无关。"

她说，"既然你和孩子们能承受这种苦难，为什么我就不能呢？我一定要参加这次行动。"

"好吧，我同意你加入，"我说，"你必须明白现在的局势和我的性格。即便是现在，你仍可重新考虑自己的决定。如果你再三考虑，觉得不能参加运动，到时仍可随时退出。你该知道，即便现在改变主意，也没有什么不好意思的。"

"我没什么可考虑的，我已下定决心了。"她说。

我建议其他村民，必须完全独立地决定是否参加。我一再通过各种方式向他们强调，无论运动维持多久，无论凤凰村兴盛衰亡，无论在狱中他们的身体是否健康，任何人都不得中途退缩。大家众志成城，一切准备就绪。这次行动中，唯一一位非凤凰村村民就是罗斯敦吉·基万吉·郭克杜（Rustomji Jivanji Ghorkhodu）先生。我们无法向他隐瞒这次行动。卡卡吉（Kakaji）（人们给他的昵称）在此关头不甘落后，虽然已入过狱，他仍坚持要再"拜访"牢房。因此，这支"越境大队"的成员有：

1. 嘉斯杜白·甘地夫人（Mrs. Kasturbai Gandhi）[①]；

[①] 圣雄甘地的夫人。

2. 医生贾亚昆瓦·马尼拉尔夫人（Mrs. Jayakunvar Manilal Doctor）；

3. 卡斯·查甘拉尔·甘地夫人（Mrs. Kashi Chaganlal Gandhi）；

4. 散托克·摩干拉尔·甘地夫人（Mrs. Santok Maganlal Gandhi）；

5. 罗斯敦吉·基万吉·郭克杜；

6. 查甘拉尔·库莎昌德·甘地（Chaganlal Khushalchand Gandhi）；

7. 拉维吉拜·马尼拉尔·帕特尔（Ravjibhai Manilal Patel）；

8. 摩干拉尔·哈里拜·帕特尔（Maganlal Haribhai Patel）；

9. 所罗门·罗耶宾（Solomon Royeppen）；

10. 拉祖·郭文杜（Raju Govindu）；

11. 兰德斯·莫罕达斯·甘地（Ramdas Mohandas Gandhi）；

12. 斯夫普健·巴德立（Shivpujan Badari）；

13. V. 哥文达拉祖努（V. Govindarajulu）；

14. 库普斯瓦米·穆奈特·穆达莱尔（Kuppuswami Moonlight Mudalidar）；

15. 郭库尔达斯·汉斯拉吉（Gokuldas Hansraj）；

16. 拉维尚卡·拉坦斯·索达（Revashankar Ratansi Sodha）。

接下来的事，就得另起一章了。

第四十章　狱中的妇女

这些"越境者"很快会因无证非法入境而被囚禁。阅读过前文的读者应知道，任何人一旦暴露身份，警察都不会逮捕他们。我本人也遇到过这样的问题。我被逮捕过两三次，自那以后，边界上的警察就对我不闻不问了。没人知道这支队伍已经出发了，报纸也没有刊登这个消息。我们告诫队伍不得向警察透露姓名，直到被送至法庭为止。

警察对此早已习以为常。自从入狱成为一种风气后，印度人常以隐瞒姓名为乐，所以警察也没从凤凰村村民行动中发现蛛丝马迹。于是，村民们在 1913 年 9 月 23 日遭到审判，并被判处三个月苦役及监禁。

在德兰士瓦失败的姐妹们进入了纳塔尔，越境并没有遭到逮捕。她们继续向纽卡斯尔（Newcastle）前进，并按计划在那里开展工作。姐妹们的影响如"星星之火，可以燎原"。关于 3 英镑税项引发的诸种悲惨故事很快打动了契约工人，并激发了他们的罢工。我从电报获悉后，心中喜忧参半。我该怎么办呢？我从未料到他们会有这样的觉悟和斗志，我也没有足够的人手和经费处置此事。但我很清楚自己的职责——我必须前往纽卡斯尔尽力为之。于是，我马上赶赴那儿。

政府再也无法容忍和放任这些勇敢的姐妹们。她们（在 1913 年

10月21日）也被判处了三个月监禁，并和凤凰村村民关押在同一座监狱里。

这些事不仅令南非印度人，也令祖国沸腾起来。费罗泽夏先生以前一直对此无动于衷。1901年，他曾强烈劝阻我前往南非。他以为母国尚未自由，国人对海外移民的问题又能奈何？他对运动的最初发展并不在意，但姐妹们的入狱令他异常激动。他在孟买市政厅发表演说，表示每当想起姐妹们和罪犯一道被关押在监狱时，自己就热血沸腾——作为印度人，绝不能对此熟视无睹！

姐妹们勇气可嘉，她们在马里茨堡的监狱里饱受折磨，她们被强令清洗衣物。监狱里的食物非常糟糕，狱方禁止外面人员给她们送食物。直至刑期将满之际，要求才略有松动。有位姐妹因信仰需要节食，几经努力，狱方才允许她按照自己的想法进食。但狱方提供的食物极难消化，这位姐妹因而亟须橄榄油。起初她无法获得橄榄油，后来得到的也是陈腐发酸的。她请求向狱方购买橄榄油，狱方却回应道：这里不是宾馆，狱方给什么，她就该吃什么。结果，这位姐妹被释放时已经骨瘦如柴了，几经努力才得以保全性命。

另外一位姐妹在被释放前几天病了，被释放时（1914年2月22日）仍高烧严重。我怎能忘却她呢？——维丽尔玛·R.曼奴斯瓦米·玛达丽娅（Valliamma R. Munuswami Mudaliar），一位只有十六岁的约翰内斯堡女孩。我见到她时，她只能躺在床上。她个子很高，这使她看起来越发憔悴可怜。

"维丽尔玛，你是否为入狱而后悔呢？"我问。

"后悔？哪怕是现在，我还想再进去一趟呢！"她说。

"但是，如果你因此而丧失了性命呢？"我追问道。

"我不怕,谁不愿意为祖国牺牲呢?"她回答道。

其后不久,维丽尔玛去世了。虽然她的肉体消亡了,但精神却永驻在我们心中。我们在各处举办追悼会。印度社区通过决议要建立一个"维丽尔玛堂"来纪念这位祖国女儿。遗憾的是,这个想法最终没有化为行动。这当中有许多困难——社区被内部分歧撕裂、主事者一一离开,等等。但不管是否真有一座石头或水泥盖成的"维丽尔玛堂",维丽尔玛的贡献仍是无与伦比的。她以无私服务建造了一座自己的殿堂,许多人心中都供奉着她的神龛。只要印度人不灭亡,维丽尔玛的名字就会永远被铭记在南非非暴力运动史上。

姐妹们的奉献是纯洁无瑕的,她们对法律一窍不通,她们中有些人甚至对祖国也一无所知,她们的爱国热忱仅仅出于信仰。她们中许多人是文盲,没有任何阅读能力。但她们知道印度人的尊严正遭遇重大考验,她们知道谋求入狱的行动是一种愤怒的声讨,是内心深处的一种祈祷,是一种最纯洁的奉献。这种发自内心的祈祷总能得到上苍的眷顾。奉献越纯洁,恩惠越显著。每当人们做出奉献时,上苍都会感受到,他很乐意地接受一位寡妇的一点小东西——换言之,是那些毫无私欲的微小奉献——而赐予她百倍恩惠。不谙世事的苏达玛[①]只奉献了一小撮米饭,上苍就让她得偿所愿,永世不再挨饿。同时很多人入狱也许收效甚微,一个纯洁之人的虔诚牺牲却不会徒劳无功。我们无从辨识,谁在南非的牺牲可以通达上苍那里,得证正果。然而,(我肯定)维丽尔玛的牺牲必得正果,一如其他姐妹一般。

有多少心灵在过去、现在和将来为了国家和人类奋斗不休。然

[①] 在印度教传说中,苏达玛(Sudama)是克里希那在善蒂巴利学校的同学,其家境非常贫穷,却向克里希那奉献米饭。

而，其中究竟谁才是纯洁无私的，我们无从知晓。但是"坚持真"勇士能够平静地确信，只要哪怕一人能做到纯洁如镜，也足以使运动成功。(因为)整个世界是建立在"萨提亚"或者"真"的基础上的。阿萨提亚（Asatya）意味着"非真"，也就是不存在的，而"萨提亚"和"真"意味着事物的本性。"非真"既然从未存在，也就永不可获胜。而坚持本性的"真"则是不可战胜的——这就是"坚持真"教义的精髓了。

第四十一章 一群劳工

妇女被捕的消息震动了纽卡斯尔附近的矿工,他们放下工具,成群结队涌向城市。我收到消息后,马上赶往纽卡斯尔。

这些矿工没有私宅,矿主为他们建造了房子,安设路灯和供应用水,因此他们处于完全依赖他人的境地——而正如图尔西达斯(Tulsidas)[①]所言,依附别人的人,梦中也不敢奢望幸福。

罢工工人向我控诉自己遭受的种种虐待。有人说,矿主对他们停水停电;另外一些人说,矿主将他们的财物从家中扔了出来。赛亚德·易卜拉欣(Saiyad Ibrahim)露出背部给我看,说:"看!看!他们这样虐打我!但为了您,我放过了这些流氓,因为这是您的旨意。我是个帕坦人——我们帕坦人从来都不会忍气吞声的!"

"做得好,我的兄弟。"我回答道,"我认为,你这样做才是真正的勇敢,有你这样的兄弟,我们必然胜利。"

我接着祝贺他。但是我想,如果像帕坦人这样被虐打的人为数众多,运动将难以为继。撇开鞭打的事不说,如果矿主断电断水,或者不再提供其他设施,工人们将难以忍受。无论这些待遇是否过分,工

[①] 一位著名的印度教诗人。

人的抗争都无法继续。我必须设法解决这个问题；否则，只能举手投降，让他们即刻返工，以免遭受不必要的苦难。可我又绝非投降主义者。我认为唯一可能的办法，是让工人离开矿主，像朝圣者那样离开。

工人人数不止数十人，而是数百人，甚至随时可能增至上千人。我应该如何为他们解决食宿呢？我无法向祖国募集资金，当时还没有大批来自祖国的经费。印度商人也是常人，因为和矿主及其他欧洲人有商业往来，他们有所忌惮，不敢公开支持我们。以往我前往纽卡斯尔时，总要拜访他们。但这次我的出现会给他们带来不便，因此我决定住在别的地方。

如前所言，在德兰士瓦的姐妹大多是泰米尔人。她们挤在D.拉扎勒斯（D. Lazarus）家里——这位中产阶级的泰米尔基督教徒拥有一小块地和一套有两三间卧室的房子。在主人的热切邀请下，我欣然决定要与这家人挤在一块儿。贫贱之人，无所忌惮。主人来自一个契约工人的家庭，因此他和亲属都被征收了3英镑人头税。毋庸置疑，他和家人都能深切体会契约工人的内心呼声，并同情和支援他们。朋友要收留我也并非易事，这可能意味着麻烦不断，甚至牢狱之灾。那些富裕的商人，很少愿意如此自寻烦恼。我也看到了他们的难处，因此谨慎地与他们保持距离。即便这可能让穷困的拉扎勒斯勒紧裤腰带，但他毫不在意。他很乐意被投入监狱，但他怎么能容忍那些比自己还穷困潦倒的契约工人遭受不公呢？拉扎勒斯亲眼看见了自己的客人——德兰士瓦姐妹——因为援助契约工人而遭受牢狱之灾。他认为身为契约工人，自己应有所担当，因此自愿收留我。他不仅收留我，而且倾其所有支持这个运动。我的到来，使他的房子成为大旅社。三教九流的人来来往往，房屋里总是人头攒动，厨房里灶火不停，不分昼夜。拉扎勒斯夫人如仆人般操劳不停，但她和丈夫脸上总带着阳光般的笑容。

不过，拉扎勒斯无法收留这几百位契约工人。我告诉工人，运动耗时日长，因此建议他们离开矿主提供的住处，把能出卖的所有财物尽可能卖掉，剩下的留在驻地。矿主不会碰他们的东西，当然出于报复，有些矿主也可能把他们的东西扔到街上。对此，工人们必须坦然以对。当他们前来会合时，除了几件衣服和被单外，就不能再携带别的东西。我承诺，运动期间，在他们还没入狱之前，我会和他们同甘共苦，共同进退。我再次强调，大家必须、也只有做到这些，才能使他们坚持罢工，直至胜利。我要求那些没有勇气这样做的人立即回去复工，任何人都不应鄙视或刁难他们。工人们对我的建议毫无异议。就在我发表这个声明的当天，"朝圣者们"如潮水般涌来——他们丢弃房屋，携家带口，将一包包衣服顶在头上，跟随我开始了流浪征程。

我无法为他们安置住宿，只能以苍天为被、大地为席。幸运的是，天气宜人，无风无雨，温度适中。正如我所意料的，（印度）商人不会任由我们挨饿受冻。纽卡斯尔的商人向我们提供了厨具和一袋袋的大米和哒尔[①]。其他地方的商人也向我们捐赠了大米、哒尔、蔬菜、调味料和其他东西。这么多的捐献出乎我的意料。并非所有人都愿意入狱，但大家都认同这个运动，并尽其所能地贡献力量。那些无物可捐的，就加入志愿者行列。我们让那些颇有人缘并机智聪明的志

---

① 哒尔（Dal），一种印度食物，由豆类制成。

愿者照顾这些出身卑微、大字不识的人们。他们也确实做到了。他们的帮助弥足珍贵，甚至其中许多人也入狱了。所有人都在为运动殚精竭虑、奉献力量。

这里人群汇聚，人数还在不断增多。要将这些没有工作的人聚在一起，照顾好他们，这即便可能，也相当危险。他们缺乏基本的卫生常识。有些人曾因谋杀、盗窃或通奸等罪而锒铛入狱，但是我无权评价任何一个工人的道德水平。在我看来，那种区分绵羊与山羊的尝试是愚蠢的。我的工作不过是要引导罢工，我不应将它与其他社会改革活动相混淆。我确实有义务维系这支队伍的道德秩序，但我不该询问每位工人的过去。当然，如果不采取措施，让这些鱼龙混杂的人搅在一起，难免会发生犯罪行为。神奇的是，在我们逗留的那几天，这里平安无事。大家似乎都认识到了局势严重，因此相安无事。

后来我曾设想过一个解决方案：由我带领和监护着这支"军队"前往德兰士瓦，让他们像凤凰村村民那样和平地入狱。如果这样做，我们必须把"军队"分成几个分队，让他们分别穿越边境。但是我很快就放弃了这个想法，因为这样耗时太久，而且小分队行动也远远不如大批队伍一起入狱那样令人震撼。

这支队伍有5000人左右。我并无足够资金供这么多人乘坐火车，并且在火车上也不利于鼓舞士气。德兰士瓦的边界离纽卡斯尔只有36英里远。纳塔尔和德兰士瓦毗邻的边境小镇分别是查尔斯镇（Charles town）和沃尔克斯拉斯特。我决定带领大家步行前往。我征询那些携带妻儿的契约工人的意见，他们中有人表示迟疑。我毫无选择，只能硬下心来，请那些犹豫不决者返回煤矿。但是没人愿意回去。于是我们决定，只有行动不便者可以搭乘火车，余下手脚灵活的人则步行前往查尔斯镇。步行耗时两天。最后到达终点时,大家都雀跃不已。这让可怜的拉扎勒斯一家松了口气。纽卡斯尔的欧洲人早料到有此一"难",赶紧千方百计阻止我们。我们主动向他们伸出橄榄枝,从而避免了种种令人生厌的刁难。

大军准备出发之际,我收到了矿主们邀请我前往会面的信件。我赶紧奔赴德班。关于会面及其后的事,我将在下一章介绍。

第四十二章　会面及以后

矿主们邀请我前往德班会面。我发现罢工令他们有所动摇，但我对会面效果并不抱多大希望。然而作为"坚持真"勇士，我们谦恭有礼，只要有助于达成妥协的任何机会，我们都绝不错失，哪怕因此被误以为示弱也不以为意。自信而虔诚的人，内心自生出一种不依赖他物的力量，这种自身的力量才是他的唯一屏障。因此，他总能谦逊平和待人，并最终获得舆论的同情和世人的支持。

由此，我乐意地接受矿主们的邀请。会面现场气氛非常紧张，大家情绪激动。他们的发言人对我的解释置若罔闻，不断地质问着我。我对之一一回应：

"只有你们才能终止罢工。"我说。

"我们不是官员。"他回答道。

"即便你们不是官员，你们也可以做许多事情，"我说，"你们可以帮助工人争取权利。如果你们要求政府取缔3英镑人头税，我想他们是不会拒绝的。你们能在这个问题上说服其他欧洲人的。"

"但是3英镑人头税与罢工有什么关系呢？只有当工人遭遇矿主的虐待时，你才可以鼓励他们罢工。"

"我认为，除了罢工以外，工人毫无选择。作为矿主，你们只希望工人为你们劳动,却不希望他们成为自由人,所以这3英镑人头税实质上与你们的利益攸关。因此,工人为废除3英镑人头税而罢工,我认为,这对矿主没有什么不当或不公。"

"你不愿劝工人回去工作吗?"

"对不起,我做不到。"

"你知道,这样做会造成什么后果吗?"

"我知道,我非常清楚自己的所作所为。"

"是的,的确如此。这没给你造成任何损失。但你怎么弥补自己的误导给工人造成的伤害呢?"

"工人是经过深思熟虑、审慎权衡后才决定罢工的。在我看来,难以想象还有比失去尊严更大的损失了。令人欣慰的是,工人们已经意识到这一点了。"

还有许多类似的对话,可惜我记不清了,这里只是勾画出其中的要点。我看得出来,矿主们自认理亏——他们开始与政府沟通了。

在往返德班的路上,我觉察到,这次罢工及我们的和平态度给铁路警员及其他人留下了良好印象。我像往常一样乘坐三等车厢,即便在车厢里,铁路警员和其他官员也会将我团团围住,询问罢工情况并祝愿我们获得最终胜利。他们很乐意为我提供各种便利,我小心翼翼地和他们保持纯洁的关系,我从不主动谋求任何优待。如果他们能按着自己的良知行动,我将非常高兴,但我不会为此做些什么。官员们惊奇地看到,这些贫穷、没有文化、无知的工人,竟可以如此坚忍不拔。而这种坚毅与勇气总能给人(哪怕是对手)留下深刻印象。

我回到纽卡斯尔,工人们依然潮涌而来。我向队伍详细说明形势。我说,只要愿意,他们随时可以回去工作。我说明了矿主的威胁以及可能面对的种种艰难险阻,并强调我们不知运动何时结束,狱中生活又如何的艰苦。但他们毫不畏惧、意志坚决地答道:只要与我在一起,他们就绝不灰心气馁。他们早已久经历练,劝我不必担忧。

接下来是准备游行的工作。某天晚上,我们通知工人,次日(1913年10月28日)一早开始游行。我们公布了游行的纪律。要管理好五六千人,这绝非儿戏。我不知到底有多少人,也无法掌握每个人的名字和住址。我只为他们能全部留下来而感到欣慰。除了每天派以每人1.5磅面包和1盎司糖以外,我们什么也给不了。在路上,我会尝试向商人们请求更多支援。否则,他们只能满足于这点面包和糖了。从布尔战争和祖鲁人"叛乱"的经验中,我学会了如何处理这种问题:所有"越境者"只能携带尽可能少的衣物;任何人不得妄动他人财物;在路上,如果遭到欧洲官员或平民的责骂乃至殴打,他们都必须耐心忍受;如果警察试图逮捕,他们也不得反抗;即便我被捕了,队伍也必须继续前进。我向他们申明这些要求,以及可以接替我继续领导队伍的人选。

大家口耳相传,相互转告这些要求。队伍顺利抵达了查尔斯镇——在那里,印度商人给了我们巨大帮助。他们把我们安置在自己的房子里,准许我们在清真寺的空地烧饭做菜。当我们到达那里时,干粮即将耗尽,因此急需厨具做饭。商人们很乐意地为我们供应这些。虽然我们仍有不少大米等食物,他们仍向我们捐赠了许多。

查尔斯镇是一个只有1000多人的小村庄,从来没有驻扎过这样几千人的"朝圣队伍"。我们只允许妇女和儿童在房子里休息,其他人则露天扎营。

在查尔斯镇,我们的回忆苦乐参半。当地的卫生和健康事务长官——贝里斯科（Briscoe）医生是位令人敬佩的绅士。当他看到人数不断扩大后，并没有刁难我们，而是直接前来与我协商或帮助我们解决问题。有三样东西，欧洲人很在意而印度人却毫不放在心上：洁净的水源、保持道路及卫生设施整洁等。贝里斯科医生要求我防止队伍沿途乱丢杂物、污染环境和乱倒垃圾。他还建议我们最好在他指定的区域居住，并由我负责该地区的卫生工作。我满怀感激地接受了这个建议，心里松了一口气。

要让我们的人遵守这些规定，这相当困难。但是，朝圣者和工作人员帮了我的大忙。我一直以来的经验是，如果工作人员确实为他人服务而不颐指气使，事情通常能马到功成。只要工作人员以身作则，其他人自然会依例遵行。在这次行动中，我们确实做到了这一点。工作人员和我都毫不犹豫地做清洗、打扫等工作，结果其他人也跟着做起来。如果自己袖手旁观，却在一旁指挥他人，这是不对的。所有人都去指挥，事情自然功败垂成。而如果领导人身体力行，别人就不会去质疑他了。

我的同事中提前抵达查尔斯镇的有：卡伦巴赫先生，史丽新小姐——她是无与伦比地勤快、朴实和细心；印度人中，我记得有 P. K. 奈杜先生（已故）、阿尔伯特·克里斯托弗（Albert Christopher）先生等；还有许多其他默默无闻、无私奉献的人们。

我们的主食包括大米和哒尔。我们有很多蔬菜，但因时间紧迫、缺乏厨具，我们无法将它们分开煮食，只能连着哒尔一起混煮。厨房二十四小时不停歇，无论白昼黑夜，总有饥饿不堪的人们前来就餐。工人们不愿留在纽卡斯尔，大家都知道目的地，因此一离开煤矿，就直奔查尔斯镇来。

每当念及人们的耐心时，我总被上苍的伟大所折服。我同时也是厨师们的领导。有时哒尔中水分过多，有时饭没煮熟，有时蔬菜乃至米饭全都煮烂了。我从未见过，有人可以像他们那么开心地吃下这些食物。但另一方面，在南非监狱里，我却发现，某些受过优良教育的人，却会因食物分量不够、质量恶劣或晚点送来而大发雷霆、辱骂不止。

分配食物（如果可能的话）的工作甚至比煮饭还难，这个责任只能摊在我的肩上了。无论食物煮得怎样，我都得为之负责。与此同时，我还得努力讨好所有人，因为有时僧多粥少，我不得不减少每人的份额来保证人手一份。我永远不会忘记，当我把食物递到姐妹们面前时，她们一脸愤怒，但了解到这是我自讨苦吃的差事后，她们随即又转怒为笑了。"我实在没有办法了，"我说，"可以煮的东西太少了，而我得供应那么多人，只能平分给大家了。"听到这里，她们释然地笑着转身走开，并说自己已经很满意了。

目前为止，我一直都在说着一些令人愉悦的回忆。其实，也有不愉快的经历，比如：我发现人们只要略有闲暇，就会热衷于内部倾轧，更严重的是，还曾经发生了通奸事件。我们的人数如此众多，所以没办法让男女分隔居住。但当情欲膨胀时，人们常常不知廉耻。那事正在进行时，我刚好赶到现场。犯错的双方窘迫不堪，两人马上被分隔开了。但天知道还有多少我不知道的这类事情呢？继续探讨这个问题毫无意义，我之所以提及此事，只不过要试图说明并非所有事情都井然有序，并且我们也不宜对他人的过失津津乐道。经过了许多类似的经历后，我发现，只要氛围良好，那些原本野蛮、漠视道德的人是可以变得循规蹈矩、品行优良的。而认识到这一点，对我们的工作更重要，更有裨益。

第四十三章　穿越边境

1913年11月初，我们抵达目的地。在继续讲下去之前，我必须介绍两件事。德班的拜·法特玛·美塔巴（Bai Fatma Mehtab）女士听说泰米尔的姐妹们在纽卡斯尔被捕后，内心极为不安。因此她和母亲哈尼法拜（Hanifabai）女士、七岁的儿子一同前往沃尔克斯拉斯特谋求入狱。母女俩一道被判入狱，但政府拒绝将孩子关押。检控官在办公室里要求她按指印，被她断然拒绝，于是从1913年10月13日起，这对母女被送至监狱并关押了三个月。

此时此刻，工人的斗志达到了高潮。人们纷纷从矿区涌向查尔斯镇。有两位带着孩子的姐妹，其中一位的孩子在队伍行进中去世了。另外一位的孩子在渡河时，不慎从母亲怀里滑落被淹死了。但是这两位勇敢的母亲并没有退缩，继续前行。其中一位说，死去的人已经回不来了，我们不必再为他们痛苦不已，我们该为活着的人继续奋斗。在这些穷困潦倒、默默无闻的人们身上，我常可发现这种英雄主义和坚忍不拔、质朴真诚的精神。

查尔斯镇的男男女女高度自制，坚守岗位。我们历尽艰辛到此边境小村庄，目的不是为了求得平静。那些需要平静的人，只能求诸本心。从表面上看，"这里并不平静"总被到处挂在嘴上——事实也是如此。但即便在这激流涌动之下,一个真正的奉献者也会像米拉拜[①]一样面不改色,笑饮毒酒;或像苏格拉底一样,一边在阴森冰冷的囚房拥抱死亡,一边启发朋友及后人那个神秘的教义——"真正的平静暗藏于人的内心深处。"正是在这种岿然不动的平和心态下,"坚持真"勇士在营地里安定了下来,全然不知风雨将至。

我致信政府,表明我们来到德兰士瓦的目的并非移民,而是抗议部长们背信弃义、践踏我们尊严的行为。如果政府能够大发慈悲,马上就地(即查尔斯镇)逮捕我们,我们就可以松一口气。否则,到时我们中有人偷偷潜入德兰士瓦,责任就不在我们身上。我们的运动毫无隐秘而言,更无任何秘密手段。我们确实不希望有人偷渡进入德兰士瓦,但我们无法约束这几千个彼此陌生的人,除了诉诸友爱的呼吁外,我们没有任何节制他们的手段。最后,我向政府保证,只要废除3英镑人头税,我们会马上停止罢工,契约工人也会立刻返工——我们不要求他们为其他不公继续抗争。

此时局势并不明朗,没人知道政府会何时逮捕我们。但在与政府进行一两次通信后,我们无法继续等待了。我们决定,如果短时间内未被捕,就离开查尔斯镇,进入德兰士瓦;如果路上仍未被捕,我们就以日行 24 英里的速度前进,在八天后抵达托尔斯泰农庄,随后,我们准备在那里耕种定居,直至运动结束。卡伦巴赫先生早已准备好了一切。我们计划让这些"朝圣者"自己建造土屋,造屋期间,让老弱者住在帐篷里,身强体壮者则露天而居。唯一的难题是,有时候会

---

① 米拉拜(Mirabai)是 16 世纪的一位著名诗人、舞蹈家及克里希那的崇信者。据说,她曾因崇信克里希那而遭到丈夫的兄弟(一个北印度的王公)迫害。后者令其饮毒酒,但米拉拜因克里希那的恩眷幸免于难。

突然倾盆大雨，到时大家需要避雨的地方。不过，卡伦巴赫先生显然对此早有安排了。

我们还安排了游行途中的其他事宜。好心的贝里斯科医生为我们准备了像我这种外行人也会使用的简易药箱。我们没有运载工具，只能用手提着药箱，因此必须尽量地少携带药品——我们只携带仅供100人同时使用的药品。不过，这并不要紧，因为每天我们都会在一些村庄旁安营扎寨，在那些地方，我们可以补充药物。另一方面，我们将病人和行动不便者安置在村庄里，不再携其同行。

我们的主食是面包和糖，但如何保证八天行军中的面包供应呢？面包无法贮藏，而且必须每日派发，因此只能由他人逐日按时供应。但是，谁来供应呢？路上没有印度面包师，也不可能在所有村庄找面包师——面包师的数量取决于附近城区的面包需求，因此必须在面包店预购，并由火车送到指定车站。沃尔克斯拉斯特镇有查尔斯镇的两倍大，那里有家很大的面包店，他们答应帮我们把面包运送到各地。面包店没有趁我们行进艰难之际索要高价，他们为我们供应了优质的面包，并准时运至火车站。火车站的工作人员（也是欧洲人）不仅如实地将面包运送给我们，途中还小心照料，甚至提供了专门的设备。他们清楚，我们并无敌意，也无心伤害任何生灵，只不过要通过受难来寻求正义而已。因此，我们周遭的氛围得到了净化，并始终保持纯洁。在这种氛围下，所有人内心的仁爱都被唤醒并且诉诸行动了。所有人意识到，大家本是一体——无论基督教徒、犹太教徒、印度教徒、穆斯林或是其他人。

为游行准备完毕，我仍需为争取妥协再做一次努力。我已写过不少信，发过不少电报，但即便可能再遭侮辱，我仍决意再打一次电话。在查尔斯镇，我致电史沫资将军。我告诉他的秘书："请转告史沫资将军，我们已做好游行准备。沃尔克斯拉斯特的欧洲人情绪激动，他们甚至会伤害我们——他们曾这样威胁过。我们相信，将军不愿看到这种事情发生。如果他愿意废除3英镑人头税，我将会停止这次游行——我们无意破坏法律，只不过除此以外，我们别无他法。对这么一个小小的请求，将军难道不愿意再考虑一次吗？"半分钟后，我收到答复："史沫资将军爱莫能助，无论你想做什么，悉听尊便。"说完，电话便挂断了。

我早料到会有这样的答复，只不过没想到其内容会如此轻率。开展"坚持真"运动以来，我与史沫资将军的政治交往已经长达六年，因此不免奢望他也能以礼相待。但是，我不会因为他的礼遇而有所松懈，也不会因为他的无礼而有所动摇。现在我别无选择，前路是如此清晰明确。次日一早（1913年12月6日，六点半钟），我们准时祈祷，然后奉上苍的名义开始游行。这支"朝圣大军"浩浩荡荡、人数众多，其中成年男性2037位，成年女性127位，孩童57位。

第四十四章　伟大征程

队伍依时出发。查尔斯镇一英里外有条小河。越过小河，我们便进入了沃尔克斯拉斯特或德兰士瓦。一队骑马巡警早在边境上严阵以待。我要求"大军"未经我示意不可越境，然后便上前交涉。交涉正在进行时，队伍突然骚动起来，大家蜂拥而上越过边界。巡警将他们围住，但群情汹涌，难以遏制。巡警无意要逮捕我们。于是，我让大伙儿冷静下来，努力恢复秩序。几分钟后，一切井然有序，我们开始进入德兰士瓦。

两天前，沃尔克斯拉斯特的欧洲人曾召集一次会议，他们在会上百般威胁印度人。有人说，一旦印度人进入德兰士瓦，他们就会向其开枪射击。卡伦巴赫先生参加了会议，他竭力向欧洲人解释一切，但是欧洲人不为所动。事实上，有人站出来试图袭击他。卡伦巴赫先生是体育家，他曾接受过健身训练，所以毫不畏惧。当一个欧洲人要求与他决斗时，卡伦巴赫先生答道："我已信仰和平，绝不接受这种挑战。你们想怎样处置我，悉听尊便。但我仍要在这会上说几句公道话。你们公开邀请所有欧洲人参加会议，在这里，我要告诉你们，并不是所有欧洲人都愿意对这些无辜的人施以毒手。这里有个欧洲人要说，你们对印度人的指控完全立不住脚。印度人不像你们想象的那样，他们不想与你们争斗或者淹没这个国家。他们是、并且只是为了寻求正义而已。他们进入德兰士瓦，目的不是要迁居此地，而是要极力抗议施加在他们身上的不公正税收。他们英勇无畏。他们不会伤害你们的人身和财产，也不会和你们打斗，但即便迎着枪口，他们也要进入德兰士瓦。你们的子弹或剑矛绝不能使他们屈服。他们只不过要——在我看来，他们确实也能够——通过自己的受难来融化你们的心。我的话说完了。我相信这样做的出发点，也是为你们好的。请三思而行，别一错再错。"说完后，卡伦巴赫先生回到座位。在场的人都显得局促不安。那位试图挑战卡伦巴赫的人，最后也与他化敌为友了。

我们知悉这个会议后，就准备好应对沃尔克斯拉斯特欧洲人的所有攻击。也许边境上布置大量警力的目的，只是为了防止他们胡作妄为。但不管怎样，队伍还是平静地越过了边境。我记得并没有欧洲人出来嘲讽我们，他们倾巢而出，只是要来见证这个空前的场面，有些人眼神里还流露出友好的笑意。

游行开始的第一天，我们在离沃尔克斯拉斯特8英里的帕福特（Palmford）过夜。下午五点，我们到达该地。队伍就地享用面包和糖，大家自由活动、各自休息。有些人在聊天解闷，另外一些人在唱"巴贾恩"[①]。有些妇女在舟车劳顿中精疲力竭，她们抱着孩子游行，已经无力继续前行了。按照计划，我将她们托付给一位好心的印度店主，并叮嘱道：如果我们一路直达托尔斯泰农庄，就请将她们送到那里；如果我们被捕了，就请把她们送回各自家里。

---

① 巴贾恩（Bhajan），印度教的奉献歌曲。

夜渐渐深了，周围一片静寂，我也准备入睡了，这时突然传来脚步声，我看到有欧洲人手提灯笼走来。我知道这意味着什么，但难免感到有些意外。警官说：

"我接到命令，现在就要逮捕你。"

"什么时候？"我问。

"马上。"

"您要带我去哪里？"

"先到附近的火车站，再送你去沃尔克斯拉斯特。"

"我可以悄悄跟你们走，但是在这之前，我得向我的同伴交代一下。"

"随你吧。"

我唤醒了旁边安睡的 P. K. 奈杜。我告诉他自己即将被捕，请他天亮后再告知大家。天一亮，他们就必须动身，在日出前继续前进。等到休息吃东西时，他再公布我被捕的消息。那时，他必须回答所有关于我被捕的询问。如果警察想拘捕他们，他们必须束手就擒；否则，就按照计划继续前进。奈杜并不胆怯。我还盼咐他，即便他自己也被捕了，也要仍然依此行动。其时，卡伦巴赫先生已在沃尔克斯拉斯特了。

我跟着警官离开了，次日一早乘火车前往沃尔克斯拉斯特。我在沃尔克斯拉斯特法庭接受审讯。检控官以证据不足为由，要将我关押至 14 日才正式指控。案件只好被推迟了。因为还要指挥 2000 多个男人、122 个女人和 50 个小孩前往目的地，所以我申请保释。检控官表示反对，法官也想否决我的申请，但却无可奈何。因为根据法律，除死刑犯以外，其他囚犯都有权要求保释，我当然也不能例外。因此法官准许我以 50 英镑的保证金获得保释。卡伦巴赫先生已经为我准备好一辆车，马上送我加入"越境"大军。一位《德兰士瓦领袖人物》的记者也想一同前行。我们便让他随车同去。大伙儿看到我后非常激动，兴高采烈地继续前行。这位记者撰写了一篇关于事件、游行以及对游行者访谈的生动报道。卡伦巴赫马上赶回沃尔克斯拉斯特，他必须照顾滞留或新到查尔斯镇的印度人。

我们继续前进，但是政府已无法容忍我自由行动了。当月 8 日，我在史丹德顿（Standerton）再次被捕。史丹德顿是个更大的地方。此次逮捕我的方式尤为奇特。当时我正向大家派发面包。当地的印度商人送给我们一些果酱，因此分派的工作比往常更为耗时。这时，当地的治安法官①来到我身边，等到食物派完后，他才让我到一旁说话。我认识他，以为他要跟我聊几句，但他笑着说：

"您是我的阶下囚了。"

"好像我的级别提升了，"我说，"这次是法官您亲自前来，而不是警察呢。你们想马上审判我吗？"

"跟我走吧，"法官说，"法庭正等着你呢。"

我吩咐队伍继续前进后就跟法官走了。当我到达法庭时，发现有 5 位同志也被捕了，包括 P. K. 奈杜、比哈里拉·马哈拉吉（Biharilal Maharaj）、罗姆纳拉扬·辛哈（Ramnarayan Sinha）、拉格胡·纳拉苏（Raghu Narasu）和拉希坎（Rahimkhan）。

很快地，我被带到了法庭，与在沃尔克斯拉斯特一样，我请求保释。检控官依然强烈反对，我照样提交 50 英镑获得保释。这案件也

---

① 原文 magistrate。按照英美的司法传统，是指具有部分司法及执法权的地方官员。

将在 21 日开庭。印度商人早已备好车辆,在队伍继续行进 3 英里后,我又加入了他们。大家和我一样,都天真地以为可以顺利抵达托尔斯泰农庄。事实证明,这只不过是一厢情愿。但是,无论如何,让这些"越境者"在我被捕的情况下仍保持井然有序,这确属不易,况且我们还有 5 位同志被关在牢房里呢。

第四十五章　全部入狱

离约翰内斯堡越来越近了。读者应记得，我们原计划八天完成游行。我们照计划行动，目前只剩四天的行程了。我们的斗志与日俱增，政府却越发焦虑了。如果任由我们到达目的地再予以逮捕，他们会被指责软弱、失策，因此只能提前逮捕我们。

政府发现，将我关押起来并不能使队伍惊慌失措或丧失斗志，也不能使其失去控制。如果队伍发生暴动，政府就有借口开枪镇压。但我们的坚忍不拔让史沫资将军大失所望，尤其是当我们一直保持和平时，更是如此，他甚至说过这样的话：面对和平民众，你又能如何？你怎能伤害那些甘愿奉献自己宝贵生命的人们？没人愿意杀害那些视死如归的人，士兵宁愿活捉这样的敌人。如果老鼠见猫并不逃窜，猫只能捕捉其他动物了。如果所有羊羔都安然无惧地躺在狮子面前，狮子也只能放弃捕食羊羔了。同样地，如果狮子毫不反抗，伟大的猎手也会于心不忍，放下屠刀。我们胜利的秘诀，就在于成功地将坚定不移与非暴力紧密结合起来。

戈克利先生发报想请波拉克先生返回印度，帮他把当前局势的情况呈送给印度与英帝国政府。无论身在何处，波拉克先生都能大有作为，他总是全力以赴，恪尽职守，出色地完成任务。我们准备送他回印度。但是，他不愿在没有和我会面之前离开南非，为此请求前来会面。我回电报告诉他，我们可以会晤，但这样，他会有被捕的危险。真的勇士绝不逃避那些无可避免的风险。我们的运动有个基本原则——只要政府有兴趣，任何人都随时恭候拘捕；反过来说，我们甚至千方百计地通过直接的、合乎道德的手段"挑衅"政府，直至其忍无可忍，最终逮捕我们为止。因此波拉克宁愿冒着被捕的风险，前来见我。

9日，在史丹德顿和格雷岭斯塔德（Greylingstad）之间的提克沃斯（Teakworth），波拉克加入了队伍。我们一起讨论问题，直至下午三点才结束。波拉克和我走在队伍前列，有些同志也来旁听。波拉克已准备乘当晚火车前往德班。但上苍的意图难以预测，他不会使人轻易完成大任，就如罗摩在加冕之日却被迫逃进森林一样。正当我们谈兴正浓时，一辆敞篷车辆驶来，停在我们面前。德兰士瓦的首席移民事务官——查尼先生和一位警官下来了。他们把我叫到一边，其中一人说："我要逮捕你。"

我在四日内竟被逮捕了三次！

"这支队伍怎么办？"我问。

"我们会负责这事的。"他们回答道。

我无话可说，只好让波拉克跟着队伍前进，并负责指挥工作。警官只允许我向队伍通知自己被捕的消息。当我试图告诉他们必须保持和平等事项时，警官打断了我的话：

"你现在是个囚犯，不该再发表演说了。"

我很清楚自己的身份，警官毫无必要这样训斥我。我话音未落，警官就要求司机全速驾车离去。一瞬间，队伍就在我的视野中消失了。

警官知道我掌控着整个局面，因为相信我们的非暴力，他才敢在这荒野中，对着2000多名印度人孤身前来。他也知道，即便只送来一张逮捕证，也足以使我就范。既然如此，他就毫无必要提醒我，我是个囚徒。再者，我给队伍的训示，对政府与对我们同样重要。但是，又会有哪个长官甘愿放过炫耀权力的机会呢？我不得不说，许多官员比这位长官更了解我们。他们晓得，我们不仅不会躲避逮捕，我们甚至视之为通往自由的必经之路。因此，只要在不触犯法律的范围内，他们允许我们享有各种自由，并且不无感激地寻求我们通情达理的各种配合——在接下来的段落里，读者能看到这两种情形。

我被押解到格雷岭斯塔德，然后经巴尔弗（Balfour）抵达海德尔堡（Heidelberg）。我们在海德尔堡过夜。

波拉克领导队伍重新启程。他们在格雷岭斯塔德过夜，并在那里遇到了艾哈迈德·穆罕默德·卡查理亚先生和阿玛德·巴亚特（Amad Bhayat）先生。这两位先生告诉他们，政府已经准备将整个队伍全部关押。波拉克先生认为，如果整支队伍被关押起来，自己就完成任务，当天就可以到德班乘坐轮船前往印度。但上苍另有安排。10日上午九点，队伍到达巴尔弗。那里停靠着三辆货运列车，准备将他们运载至纳塔尔。队伍岿然不动，拒绝服从，要求必须由我出面发布命令，才肯束手就擒、乘坐火车。这时如不加以阻止，运动必遭玷污和重挫。队伍怎能要求我当场发号施令才肯入狱呢？作为士兵，是不该要求自己选举长官的，或宣称只服从某位长官。查尼先生请求波拉克先生及卡查理亚先生督促他们服从逮捕。这几位同志苦口婆心，好话说尽，才向队伍说清局势。他们告诉队伍，牢房才是游行的归宿，他们早该准备好被捕并欣然入狱。这样才能体现"坚持真"勇士的独特品质，并最终赢得胜利。大家必须明白，现在毫无办法征求我的意见。于是，大家平静了下来，他们安静而平和地被带到火车上拘禁起来。

我本人再次被押至法庭。与队伍分开后，我再也没有他们的消息。我再次请求保释。我申诉道，既然前两次法庭都批准了保释，并且队伍离目的地也不远了，因此请求政府要么将整个队伍拘捕起来，要么让我护送他们安全抵达托尔斯泰农庄。这次法官否决了我的诉求，但同意向政府转达这个建议。这次是敦提（Dundee）方面发出命令批捕我的，检控的主要罪行是鼓动契约工人迁离纳塔尔。就在当天，我被囚禁在敦提。

在巴尔弗，波拉克先生没有遭到逮捕，当局对他的协助表示感谢。查尼先生甚至宣称，政府根本无意逮捕他。但这不过是查尼先生个人的想法，或者是他对政府意图的臆断。事实上，政府总是朝三暮四、朝令夕改。最后，他们决意阻止波拉克先生前往印度，将他连同为印度人鞠躬尽瘁的卡伦巴赫先生一起关押起来。波拉克先生在查尔斯镇等候火车时被捕了。卡伦巴赫先生也遭到逮捕，他们被关押在沃尔克斯拉斯特的监狱里。

我在敦提再次受审，被判决九个月苦役监禁。我仍需到沃尔克斯拉斯特接受关于协助和教唆民众非法进入德兰士瓦的指控和审判。为此，13日我被从敦提押解到沃尔克斯拉斯特。令人兴奋的是，在那里，我与卡伦巴赫和波拉克在狱中会合了。

我于14日在沃尔克斯拉斯特出庭受审。有趣的是，法庭对我的指控材料，全部来自我自己在克伦德拉埃（Kromdraai）提供的证据。

警察很难找到证据，只能寻求我的协助——法庭无法仅凭嫌疑人认罪证词就予以定罪。

法庭可以这样处理我的案件，但谁来指证卡伦巴赫和波拉克先生呢？如果证据不足，就不能判他们有罪，并且在这么短促的时间内也无法找到证据。卡伦巴赫先生也想与队伍同甘共苦，所以自愿认罪。但是波拉克先生要返回印度，他本不想入狱。经协商后，我们决定，当被质询有关波拉克先生的案件时，我们都不置一词。

我向法庭提供卡伦巴赫先生的罪证，同时担任波拉克的证人。我们不希望案件拖延太久，所以争取一日内完成审判。当月14日，法庭完成对我的判决，15日、17日分别完成对卡伦巴赫、波拉克的审判，我们都被判处三个月的监禁。我们原以为可以在沃尔克斯拉斯特一起度过三个月的牢狱生活，不料政府不让我们得偿所愿。

即便如此，我们依旧在沃尔克斯拉斯特监狱中度过了一段愉快的时光。每日总有新人入狱，他们告诉了我们外面的情况。在这些"坚持真"勇士中，有位七十五岁的老人哈巴特辛（Harbatsinh）先生。哈巴特辛并非矿工。许多年前，他就已经完成契约，所以并非罢工工人。我被捕以后，印度人群情激愤，他们中许多人通过穿越纳塔尔进入德兰士瓦以求被捕入狱。哈巴特辛就是这样的一个例子。

"您为什么要入狱呢？"我问他，"我并没有请求像您这个年纪的人入狱啊。"

"我怎能袖手旁观呢？"哈巴特辛说，"当您、您的妻子乃至您的孩子为了我们而去入狱的时候。"

"但是这狱中的艰苦并不是您所能承受的，我建议您还是离开吧。我可以安排您出狱吗？"

"不,您千万别这样做。我不会离开的。我愿意死在这儿,能在牢狱里死去,那该有多好啊!"

他的决心如此坚定,即便是我,无法也不该去撼动。我满怀敬意地向这位大字不识的圣人深深鞠躬。哈巴特辛夙愿成真,他于1914年1月5日在德班监狱去世。我们以印度教最高礼仪为他举行火葬,几百人参加了他的葬礼。在"坚持真"运动中,不止有一位,而是有无数位像哈巴特辛这样的勇士。但只有他能够享受在狱中牺牲的伟大荣耀,他的事迹成为南非非暴力运动史上不可忽略的篇章。

政府不愿看到人们就这样被"教唆"着去谋求入狱,也不愿看到我的信息被传出监狱,因此将我和卡伦巴赫、波拉克分开关押。他们把我们从沃尔克斯拉斯特押解到别处,把我关押在与所有印度人隔绝的地方——奥伦治亚首府布隆方丹的监狱里。布隆方丹的印度人不足50人,他们多数在酒店里从事服务工作。我是狱中唯一的印度人,其余都是欧洲人或黑人。我并不为此苦恼,反而将之视为一种赐福。在这里,我耳根清净、无事一身轻,可以感受新的体验。再者,自1893年以来,我多年没读书了,一想到自己可以心无旁骛、专心致志读书一年,我就满心欢喜。

我被送到了布隆方丹,在那里我感受到了难以想象的孤独。虽然有许多不愉快,但我都能承受,这些就不向读者透露了。我要说的是,狱医成为我的朋友。狱政方面只想着作威作福,但是医生有责任保持犯人身体健康。在那段时间,我是完全的素食主义者。我不喝牛奶,不吃酥油和谷食,只靠香蕉、马铃薯、生花生、柠檬和橄榄油为食生存。如果这些东西质量太差,我只好挨饿了。这位医生因此细心地为我选购这些食物,并派以杏仁、胡桃和巴西坚果等物。他亲自检查我的所有食物。我所住的牢房通风不足，医生要求狱警打开牢门，但被拒绝了。狱警威胁说，如果要求打开牢门，他自己将会辞职。这人本质不坏，只不过循规蹈矩，不敢冒险而已。他要面对许多难缠的囚犯，如果他对像我这么温和的犯人另开小灶，那些桀骜不驯的犯人定然不服。我清楚他的处境，因此在医生和狱警的这次争执中，我更同情狱警——他是一位经验丰富、直白坦率而有远见的人。

至于卡伦巴赫先生，他被押解到比勒陀利亚，波拉克先生被送到杰米斯顿。

其实，政府完全不必这样大费周章。他们像帕廷顿（Partington）夫人那样，试图用拖把抹干汹涌而来的巨浪。[①] 纳塔尔印度人已经广泛地觉醒了，世上已没有任何力量可以让他们沉寂下去了。

---

① 据英国传说，帕廷顿夫人在海滩上抹地，试图阻止巨浪浸湿海滩。

第四十六章 考 验

金匠用砾石磨砺金石，以去除杂质。如果纯度不足，他会将其抛入烈火，再加以千锤百炼，直至炼出真金。南非印度人也经历了类似的磨炼。他们也要遭受锤打、穿过热焰，直至通过所有工序，最终修成正果。

于是这支"朝圣队伍"被押上火车。他们不是去参加野餐，而是去接受烈火洗礼。一路上，政府对他们漠不关心，甚至连饮食也不予供应。到达纳塔尔后，政府径直将他们投入监狱。这是我们热切期盼能够出现的结果。几千工人一同入狱，会给政府增加巨额开支，在此期间，煤矿也只能被迫关门大吉。如此，不需多久，政府势必只能废除3英镑税收。政府因此只能采取新举措，他们把印度人成群关押起来，宣布煤矿是敦提和纽卡斯尔监狱分部，并任命欧洲矿主为典狱长，让其逼迫工人劳作，从而使煤矿重新运作起来。大家应该知道，仆人和奴隶是有所区别的：如果仆人擅离职守，主人只能诉诸民法予以制裁；但如果奴隶逃跑了，主人可以直接采用武力强迫其劳动。这一次，契约工人被迫沦为奴隶了。

政府的丑恶行径远非如此而已。勇敢的契约工人断然拒绝在煤矿工作，从而遭到各种毒打。那些穿着简单狱警制服的人，狠狠地踢打、辱骂他们，并以各种史无前例的方法折磨他们。但是，我们这些可怜的契约工人默默忍受，绝不还手。这些情况被通过电报送到了印度的戈克利处。戈克利不仅查阅了电报，还对不清楚的部分反复询问。他在病床上向外界公布了这些消息——他当时已是病魔缠身了。即便如此，他仍坚持亲自过问南非事务，并在收到信息的当天晚上或次日一早就做出安排。因此，渐渐地，全印度都被唤醒了，南非侨民问题成为印度国内最热门的话题之一。

不久后，在1913年12月，哈定基勋爵①在马德拉斯发表了一场在南非和英国都产生巨大影响的演讲。一般而言，总督是不能公开地批评英帝国其他成员的。但哈定基勋爵不仅对南非联邦政府提出激烈批评，而且全力拥护"坚持真"勇士，支持他们反对不公正和歧视性法律的文明不服从运动（civil disobedience）。哈定基勋爵的演讲，在英国国内遭到许多批评，但他毫不在意，反而认为这是自己应采取的恰当行动。哈定基勋爵的坚定立场令各方印象深刻。

我们暂且把视线从这些勇敢而不幸的、被迫在矿场工作的契约工人身上转移开去。让我们谈谈纳塔尔的情况吧。纳塔尔的矿场主要分布在西北部，而许多印度契约工人则在西部或北部的海岸工作。我对北部海岸，主要包括凤凰村、维努兰（Verulam）、彤噶特等地②的契约工人非常熟悉，他们中许多人曾经跟随我在布尔战争中服务过。至于从德班到伊斯宾格（Isipingo）、阿姆金托（Umzinto）等地③南部海岸的印度工人，我则完全不认识，我们只有几位工作人员在那里。印

---

① 哈定基勋爵在1910年至1916年间任印度总督。
② 皆是南非地名。
③ 皆是南非地名。

度工人罢工和被捕的消息，像大火燎原一样以迅猛之势快速传播开来了，从南到北海岸边上的同胞们不约而同站了出来。他们中有些人卖掉了家里的牛——他们以为斗争将旷日持久，无法照顾牛只。我在入狱之前，已多次提醒其他同事不要再发动别的工人罢工。我认为，矿工的支持足以使我们制胜。如果召集所有工人（大约有六万人）罢工，我们将难以控制局面。我们无法组织这么多人游行，我们没有足够的人员指挥他们，也没有足够的钱财供应伙食。况且，要控制如此规模巨大的人群，令其保持井然有序、和平稳定，这将比登天还难。

但是，只要水闸一开，洪水自会滚滚而来，势不可挡。各地工人纷纷罢工，许多志愿者也自发涌现，大家都在为运动贡献力量。

政府现在采取铁血政策。他们简单粗暴地打压罢工工人。武装到牙齿的警察到处追捕罢工工人，将他们拉回岗位。工人中的任何骚动，都会引来子弹的"招呼"。曾经有一小伙工人拒绝回去工作，其中有人投掷了石头，警察马上开火反击，造成了人员伤亡。但是工人们拒绝屈服。志愿者几经努力才在维努兰阻止了一场冲突。但并非所有工人都回去返工，当中也不乏因畏惧而潜逃，不敢回去的情况。

这里还必须记录一起事件。维努兰的许多契约工人跑了出来，政府用尽九牛二虎之力也无法迫使他们回去返工，于是卢克钦（Lukin）将军率领军队赶赴现场，准备开枪射击。这时，刚到德班、不满十八岁、已故的帕西·罗斯敦吉的儿子索罗布吉，勇敢地上前拉住将军的马，喊道："请您别下令射击。我会让我的人民平静地回去工作的。"卢克钦将军被这孩子的勇气感动了，因此给他时间尝试"仁爱之法"。索罗布吉让工人冷静下来，并成功说服他们回去工作。就这样，一个年轻人凭借着勇敢、智慧和爱心，避免了许多伤亡。

读者定会发觉，政府对沿海地区罢工工人的射击和虐待是非法的。从法律上看，政府以无证非法进入德兰士瓦为由（而非罢工）逮捕矿工的做法无可非议，但是，在北部和南部的沿海地区的罢工只能视为是对政府权威的挑衅，而非违法行为。当权者总将法律视作最后撒手锏。英国的法律传统中有一句格言——"王者无过"。法律的最终目的无外乎便利行使权力而已。这一点所有政府都心知肚明。事实上，有时将某些普通法律束之高阁，并不总会招致异议；有时严格执行某些普通法律，反而可能遭到各种质疑。当法律不利于政府所谓的"公益"时，它便授权自己甄别对待和实行不同法律，以使自己不受约束。当然，这种情况是必须严格限制的。如果当权者总是习惯于将施加在自己身上的约束抛之脑后，那么最终只能损害公共利益。因此，审慎地说，政府是无权胡作非为的。自古以来，工人都有罢工权利。政府也深知，这些工人是"威武不能屈"的。罢工的目标也无非是废除3英镑人头税而已。对于这些和平罢工的人，政府只应以和平的方法对待。再者，南非政府的行为并非出于公益，而只是为了欧洲人的利益，他们普遍敌视印度人。因此，这种狭隘政府的越法行为，是完全不当并且不可原谅的。

在我看来，这种随意滥用权力的政府，最终只能一败涂地。它或许会一时得志，但毕竟未得其法，最终仍无法解决问题。南非政府通过征收3英镑税收的法令造成了民怨沸腾，最后自己也不得不在六个月后废除它。甜蜜往往从苦涩中来。现在南非印度人的悲惨遭遇已是路人皆知。事实上，我相信，正如机器的部件须各得其位一样，在社会运动中，每个成员都有自己的位置；同样地，如同机器会被飞尘、烟雾等所干扰，社会运动也会受到许多因素的干扰。我们都只是上苍的工具,因此无法全面知晓什么于我们有益,什么阻碍了我们。我们只能满足于关乎手段的一丁点知识,只要它是纯洁的,我们就毫无畏惧、静待天命了。

在这次运动中,我发觉反抗者境况越惨烈、无辜越明显时,他们就越接近于胜利。我也看到了,在这种纯洁的、毫无武装的非暴力抗争中,所有物资——无论人、财或物——都会适时自发涌来。许多志愿者自发前来帮忙,直到今日,我还无法知晓他们中许多人的姓名。这些工作者全无私心、默默奉献。没人留意他们,没人授予他们勋章以表彰其高尚品质。他们中有些人甚至不知道,自己默默无闻但弥足珍贵的博爱早已被那些神通广大、机敏的天使记载了下来[①]。

就这样,南非印度人成功经受住了考验。他们蹚过烈火,淬炼出真金。关于这次抗争结局的到来情况,将在下一章介绍。

[①] 在犹太教、基督教和伊斯兰教的神话里,都有天使记载人的言行举止,以作为末日审判依据的传说。

第四十七章 结局浮现

读者已经看到，印度人尽其所能，甚至是出人意料地进行了抗争。这些消极抵抗者中的绝大多数是生活贫困、任人鱼肉、前途渺茫的普罗大众。读者还会记得，在凤凰村里负责的同志，除两三位以外，其余都被关押起来了。只有住在凤凰村外的艾哈迈德·穆罕默德·卡查理亚先生（已故），住在村里的韦斯特先生、韦斯特夫人和摩干拉尔·甘地仍是自由的。卡查理亚是总负责人，史丽新小姐负责掌管德兰士瓦的账目和照料那些穿越边界的印度人。韦斯特先生负责《印度舆论》的英文版面以及与戈克利的通信联系——当时局势发展迅速，依靠邮寄已无法满足需要，我们只能发送篇幅不亚于信件的电报，因此只能由韦斯特先生担此重任了。

一如矿区所在的纽卡斯尔，凤凰村成为北部海岸的罢工中心，每天都有数百人前来讨教或入住。毋庸置疑，这引发了政府的关注和附近欧洲人的愤怒。在凤凰村居住变得有些危险了。但即便是那里的孩童，也能临危不惧，勇敢完成任务。很快地，韦斯特先生被捕了，虽然事实上（政府）这样做毫无根据。在我们看来，韦斯特和摩干拉尔·甘地不仅不该谋求入狱，还应尽量避免被捕。因此，韦斯特先生总是小心翼翼，以免让政府找到逮捕自己的借口。但是政府从来不会为"坚持真"勇士考虑，对那些令其担忧害怕的自由人，他们也不会静候逮捕的合适机会。政府总是肆无忌惮，为所欲为。戈克利获悉韦斯特被捕后，决定采取新策略——从印度派遣更多精明干练的人前来南非。在拉合尔召开的一次声援"坚持真"勇士的会议上，C.F.安德鲁斯捐出了身上所有的钱，自那以后，戈克利对他另眼相看。听说韦斯特被捕后，戈克利马上发电报询问安德鲁斯是否愿意前来南非。安德鲁斯回电表示同意。他的挚友皮尔森先生也愿意同往。这两位先生立即乘坐最早邮轮前来南非。

运动即将进入尾声。联邦政府没能力长期关押这些成千上万的无辜人士。对此，印度总督无法容忍，全世界也在注视着史沫资将军的下一步行动。南非联邦政府只能像所有面临这种窘境的政府那样采取行动。所有人都知道这些不公以及纠正它们的必要。史沫资将军也意识到了，但他已陷入了类似"贪食蛇"的困境——既无法将口中的巨鼠吞入，也无法将其放走。他必须秉公办事，但他无法亲力为之，因为在南非欧洲人心目中，已经牢固树立起了一个他不会废除3英镑税收并且反对任何有关变革的形象。现在，他发现自己不得不这样做了。在这种情况下，政府通常会建立一个调查委员会帮助自己摆脱困境。一般而言，这种委员会的建议是最终结论，并且通常也会被政府加以采纳和实施，由此，政府便可更弦易辙、矫正错误，为那些遭遇不公者恢复正义。于是，史沫资将军任命了由三名成员组成的委员会。但印度人对此宣布，除非政府接受自己的要求，否则，将不配合这个委员会的工作。这些要求包括释放"坚持真"勇士，以及在委员会中任命至少一位印度代表。某种意义上，委员会接受了第一个要求，它建议为了确保"调查尽可能彻底到位"，政府无条件释放卡伦巴赫、波拉克和我。政府同意了，并于1913年12月18日（即我们被关押六个星期后）将我们三人同时释放。韦斯特也被释放了——政府无法起诉他。

这些事情发生在安德鲁斯和皮尔森到来之前，所以我才能前往德班迎接他们。他们对旅程期间发生的事情一无所知，见到我时又惊又喜。这是我和这两位英国绅士的首次会面。

我们三人对突然被释放感到失落，至于外面的局势我们更是一无所知。委员会的建立是个好消息，但我们反对与其进行任何合作。我们认为，委员会中至少应有一名由印度人提名的代表。因此，到达德班后（1913年12月21日），我们马上致信史沫资将军：

"我们欢迎政府建立调查委员会，但我们强烈抗议将艾斯林（Esslen）和威礼（Wylie）两位先生列为委员。我们对两人的为人并无异议，他们都是声名卓著、才华横溢的公民。但是，他们经常表现出对印度人的厌恶，这很可能导致他们在有意无意间歧视印度人。正所谓'江山易改，本性难移'，我们不能指望这两位先生在短时间内改变其立场。但是，我们并不要求他们辞去在委员会内的职位，我们只是建议增加一些更公道的委员。比如，我们希望像詹姆士·罗斯·恩尼斯（James Rose Innes）、W. P. 斯赖纳那样以公道著称的人士可以进入委员会。其次，我们要求必须立即释放所有'坚持真'勇士。否则，我们无法安心待在监狱之外——你们没有理由将他们关押在牢房里。再次，请允许我们进入契约工人的矿场和工厂，以便收集向委员会提供的证据。如果您无法满足这些要求，那么很抱歉，我们将重新谋求入狱。"

史沫资将军拒绝增加任命委员会成员，他同时表示委员会是为了政府的需要，而非为任何一方而设立的。接到这个回应后（12月24日），我们别无他法，只能筹备新的入狱行动。我们发布指示，要求部分印度人于1914年1月1日在德班游行，以谋求入狱。但史沫资将军答复中的一句话，促使我再次写信，其原文是："我们已任命一个中立的、和具有判断力的委员会。任命他们时，我们既没有征询印度人，也没有征求矿主或糖业商人的意见。"我以个人名义向史沫资将军回信，表示如果政府愿意公正处理此事，自己愿意与其面谈，协商此事。史沫资将军同意了，为此我们推迟了这次游行活动。

当戈克利先生听说了我们即将举行新的游行后，马上发来一份篇幅很长的电报。他表示，这个行动会让哈定基勋爵和他陷入窘境，因此强烈建议我们放弃游行，并且通过提供材料支持委员会的工作。

现在我们进退两难。印度人已经发誓，如果这个委员会的成员构成不能令人满意，我们就必须抵制它。不过，这样做会使哈定基勋爵不满，也会令戈克利先生伤心。可是我们又怎能食言呢？安德鲁斯先生建议我们慎重考虑戈克利先生的感受及其虚弱的健康状况，这次行动可能给他带来打击。事实上，我对此已考虑再三了。我们领导层召集了一次会议，最后决定，如果越来越多的人不愿与这个委员会合作，我们就不惜一切代价抵制它。接着，我们向戈克利先生发送了一份费额100英镑的长篇电报。这份电报获得了安德鲁斯先生的赞同，其主旨为：

"我们明白您会感到伤心。为了遵从您的教导，我们甘愿付出一切代价。哈定基勋爵为我们提供了宝贵支援，我们热忱期望还能继续获得他的支持。但是我们衷心希望您能理解我们当前的处境。现在的问题是，我们几千人毫无例外同时对此进行了宣誓。我们整个运动是建立在遵守誓言的基础上。如果没有这些誓言，我们中许多人早已中途退出了。如果几千人能在一瞬间抛弃自己曾经发过的誓言，那么我们运动的道德意义将荡然无存了。这个誓言是经过深思熟虑的，其道德性也是毋庸置疑的。我们社区完全有权宣誓抵制这个委员会。我们真切地希望您能建议我们不要违背这样的誓言，并且无论结局如何，每个人都应奉行到底。请您将这份电报转给哈定基勋爵。我们衷心希望您能体谅我们的立场。我们所发动的是一个请上苍来见证，并且只依赖于上苍的眷顾的运动。我们同时也希望并争取获得前辈和大人物的支持，并且以之为荣。但无论是否真的获得这些支持，愚意以为，我们都该小心翼翼、虔诚谨慎地奉行誓言。因此，我们热切期盼您能支持和祝福我们的这次行动。"

出人意料的是，戈克利对这份电报的反应并不消极，他反而一如既往，甚至更热情地支持我们。他向哈定基勋爵发电报转告此事。他没有在电报里把责任推卸给我们，反而捍卫了我们的立场。哈定基勋爵的立场依然没有动摇。

我和安德鲁斯一同前往比勒陀利亚。其时恰逢联邦火车公司的欧洲工人正在举行大罢工，政府陷入焦头烂额的境地。有人劝我趁机发难，发动游行。但我宣布，印度人不能支援铁路工人，因为后者的目的并不只是要让政府难堪——他们斗争的性质以及他们对斗争的设想都与我们的完全不同。如果发动新游行，我们只能等铁路工人罢工结束后的一段时间才能这么做。这个决定给各方留下深刻印象，路透社在英国报道了这个消息。安普西尔勋爵也从英国给我们发来贺信。史沫资将军的一位秘书不无诙谐地说："我不喜欢你们这些人，也不想帮你们。但我能怎样呢？你们在我们危难之时施以援手。我们怎能再对你们施加毒手呢？我常希望你们能像英国罢工工人一样采用武力，这样我们就马上知道如何对付你们。但即便是敌人，你们也绝不伤害他们。你们通过自己的受难来谋求胜利，并且总是克制地保持谦恭态度和君子风范，这让我们完全不知所措。"史沫资将军也发出过类似的感慨。

不用多说，读者也知道，这并非外人第一次赞美"坚持真"勇士的君子风范了。当北部海岸的印度人罢工时，刚砍下的甘蔗如果未能及时运至工厂压榨，艾基康山（Mount Edgecombe）附近的农场主将会损失惨重。为此，1200名印度工人回到岗位，与其他工友一起完成这项工作。另外一个例子是，德班市政当局雇用的印度工人罢工时，我们将负责市政卫生工作或在医院里照料病人的工人全部派遣回去。他们欣然地回去履行职责。如果卫生工作出现问题，或者医院里的病人无人照料，城市将会爆发流行病，病患也得不到治疗，这不是"坚持真"勇士所乐见，为此，那些与此有关的工人都被要求停止罢工。所以，"坚持真"勇士在采取每个步骤时，都会充分考虑对手的情况。

在我看来，许许多多的这种具有君子风范的事例，无形中给人留下了深刻印象。它提升了印度人的威信，并最终为决议的达成创造了适当的氛围。

第四十八章 初步协议

当前的氛围越来越倾向于达成协议。哈定基勋爵派遣本杰明·罗伯森（Benjamin Robertson）先生前来南非。当罗伯森先生的轮船即将靠岸之际，我和安德鲁斯已在前往比勒陀利亚的路上了。我们之所以决定不等他抵达就自行出发，是因为史沫资将军要求我们在指定时限内到达比勒陀利亚。事实上，我们也不必等他，因为结果是掌握在我们自己手里的。

安德鲁斯先生和我到达比勒陀利亚。但只是我一人与史沫资将军会面。这位将军正被严重的铁路罢工搞得焦头烂额，联邦政府不得不宣布戒严。欧洲工人不仅要求提高工资，而且试图推翻政府。我与将军的会面非常短暂，但我发觉，在我们游行最初时他那副趾高气扬劲儿已经荡然无存了。另外，他的话也不多。"坚持真"运动对他的威胁全然没有变化，但往日他不屑于协商，今日却只能屈尊妥协。

印度人要求，必须再推选一名代表印度人利益的人士进入委员会。史沫资将军拒绝了。"这一点做不到，"他说，"这样会损害政府的威信，我无法这样做。你们该清楚，艾斯林先生是我们的人，他只会赞同而不会反对政府想要做的调整。威礼上校在纳塔尔地位显赫，他常被视为反对印度人的人。但如果他也赞同废除3英镑人头税，政府就很容易这样做了。现在我们困难重重，无法分心，所以想先解决你们印度人的问题。我们决定满足你们的要求，但仍需根据这个委员会的提议来解决。我明白你的立场。你曾经公开宣称，只要委员会里没有印度人的代表，就不愿提交资料。你可以不提交资料，我无所谓，但是你不该宣传和阻止别人提交资料，与此同时，在这期间你们应停止所有非暴力运动。我相信，这样对你们有益，也可以让我缓口气。但是，如果你们不愿提交材料，你们就无法证明印度工人遭到虐待。关于这点，请你仔细考虑。"

这些就是史沫资将军的建议。从整体上讲，我愿意接受。我们已对许多士兵或典狱长虐待工人的事件进行申诉。但是因为我们要抵制委员会，所以就无法（去向这个委员会）证实这些指控。对此，印度人内部出现分歧。有人认为，必须将士兵虐待印度人的事公之于世，既然不向委员会提交材料，那么即便冒着犯下诽谤罪的危险，我们也该自行发布手上已掌握的可信证据。我不同意这些朋友的观点。委员会不太可能提出政府不喜欢的建议。而诽谤罪的指控将会使社区麻烦不断，其效果最多无非证明存在虐待行为而已。身为律师，我很清楚，冒着诽谤嫌疑去证明某个事实的行为，在法律上是有瑕疵的。更重要的是，我认为"坚持真"勇士注定必须承受苦难。早在运动开始之前，"坚持真"勇士就知道，他们可能并且愿意承受包括死亡在内的各种苦难。如果事实确实如此，他们就完全没必要证明自己曾遭受的虐待。在"坚持真"勇士的词典里没有"报复"一词。在无法证明虐待时，"坚持真"勇士只能保持平静。"坚持真"勇士只为核心目标而斗争。而这个核心的目标就是废除或改正邪恶法律，当这在他的掌控范围之内时，他就不再为其他事项花费心思了。再者，"坚持真"

勇士在协议达成期间的沉默无为,是抵制恶法的最好方法。于是,我说服了持不同意见的同志,我们决定放弃证明自己曾经遭受虐待的努力。

第四十九章 信件往来

我和史沫资将军的多次通信记录了协议达成的过程。在1914年1月21日,我回信的主要内容如下:

"目前呈送给您的是我们经过谨慎考虑而向委员会提交的材料。您曾赞赏和珍视我们的谨慎,却没有改变您的决定。然而,既然您已愿意与印度人协商解决问题,我将劝告我的同胞不再抵制委员会,也不会采取'消极抵抗'对抗政府。我们将静候委员会的报告,以及下次会议期间的立法纲要。这样,我们也才能协助印度总督的特使本杰明·罗伯森先生开展工作。

"至于纳塔尔罢工工人遭受虐待一事,我们已宣誓不再追究,所以不向委员会提交有关材料。作为'坚持真'勇士,我们尽可能不怨恨任何个人对我们施加的恶行。但是为了不使我们的沉默遭到误解,能否请您体谅我们的良苦用心,并且作为回报,不让那些反对我们的材料送至委员会?

"我们决定停止'坚持真'运动,同时热切希望您能释放所有被囚的'坚持真'勇士。

"请容许我在这里复述我们对解决问题的几点请求,包括:

1. 取消3英镑人头税;

2.承认按照印度教、伊斯兰教等宗教仪式举行的婚礼在法律上有效；

3.受过教育的印度人可以进入南非；

4.保证修正奥伦治自由邦政策；①

5.保证按照正义和保障公民权利的原则对所有关乎印度人的现行法律进行恰当调整。

"如果您同意这些请求，我将建议我的同胞按照这封信的宗旨行事。"

史沫资将军在当天回复了电报：

"对您不能向委员会申诉的做法我表示遗憾和理解。我明白您不愿甘冒诽谤的风险旧事重提以致引发新争议的善意。政府批评那些粗暴对待印度罢工工人的做法。但是，既然你们不愿向委员会提交资料，政府也无法反对有关官员进行自我辩护。在收到您的信件前，政府已经发布命令释放'坚持真'勇士。至于您信中所提最后几点要求，政府将在收到委员会的建议后，再决定下一步的行动。"

在交换这些信件之前，安德鲁斯和我已与史沫资将军进行了多次会面。正在此时，本杰明·罗伯森先生也抵达比勒陀利亚。本杰明先生被认为是一位声名在外的英国官员，他带来戈克利的推荐信。但我发现他身上难免留有英国官僚的一些缺点。刚到南非不久，他就开始在印度侨民内部制造分裂，威胁"坚持真"勇士。我们在比勒陀利亚的初次会面也不欢而散。我告诉他，自己收到了指责他威吓民众的电报。我对他（事实上，我对所有人也如此）直接而坦率，这使得我们

---

① 作者曾提及奥伦治自由邦曾驱逐印度人，见第七章。

最终化敌为友。我发现官僚们喜欢对那些卑躬屈膝之辈呼喝威慑，却愿意在那些威武不屈、敢言直谏的人面前改正错误。

于是，我们达成一个初步协议，并最终停止"坚持真"运动。许多英国朋友为此欣喜若狂，并愿意促成最终协议。然而，要说服印度人接受协议，却困难得多。人们不愿看到几经艰难才激发起来的斗争热情就此消逝无踪。再说，又有谁愿意相信史沫资将军呢？有人提醒我1908年的那件事①，他说："史沫资对我们并不友善，他经常指责您制造事端，致使社区苦难不断。遗憾的是，您到现在还不能吸取他曾经给我们的惨痛教训！这人会再次背信弃义的，到时您还得再次发动'坚持真'（运动）。我们怎能做到任何人随时入狱呢？又怎能坦然面对每次失败呢？对于史沫资这样的人，只有行动才真正可靠，他的任何诺言都毫无意义。我们怎能相信一个食言而肥的人呢？"

我知道许多人有这样的想法，所以对此并不奇怪。但是，无论被欺骗多少次，只要没有十足的把握证明欺诈的存在，"坚持真"勇士总会倾向于相信对手。他不会因害怕受骗而做出错误判断。另外，他相信自己的力量，所以不介意对手的欺诈行为，即便一再被骗，也仍会相信对手，他认为信任只会增强"真"的力量，让自己越发强大，乃至最终获胜。于是，我们在各地召集会议，我试图说服印度人接受这个协议。印度人现在更深入地领会了"坚持真"精神。安德鲁斯先生是当前这个协议的协调人和见证人，而本杰明·罗伯森先生则代表了印度政府。毋庸置疑，最终会达成此协议。但如果我顽固不化，不肯接受协议，公共舆论将会往不利于印度人的方向发展，六个月后我

---

① 指史沫资将军1908年的背信弃义行为，见第二十五章。

们也将难以获得最终胜利。正如有句梵语格言所说："宽恕是勇者的武器。""坚持真"勇士从经验中明白，不应放弃给对手改正错误的任何机会。不信任源自软弱，"坚持真"意味着禁绝软弱，因此也拒绝不信任，因为在"坚持真"中，对手不是被消灭了，而是被赢得了[①]。

当协议被印度社区接受后，接下来的工作就是等待联邦议会下一轮会议的审议了。与此同时，委员会也在忙碌工作中。只有很少的印度人试图举证证明社区采取罢工的合法性。本杰明·罗伯森先生鼓励更多的人去提供证明，但除了坚决反对"坚持真"运动的少数几个人外，没人愿意这样做。对委员会的抵制未产生任何不良后果。委员会很快完成工作并发布了调查报告。委员会批评印度人不配合工作，它否定了关于士兵恶劣行为的指控，但建议立即满足印度人的诸多诉求，如取缔 3 英镑税收、使印度式婚姻合法化，以及做出其他无足轻重的让步。因此，果然不出史沫资将军所料，这份报告得到了印度社区的拥护。安德鲁斯先生启程回到英国，本杰明·罗伯森先生也返回了印度。我们得到了保证，即根据执行委员会建议，议会将通过相关立法。具体议案及其通过过程将在下一章介绍。

---

① 指的是"赢得对手的心"，从心灵上战胜对手的不正确、不真实。

第五十章 运动结束

委员会报告出台后不久,政府在《联邦政府公报》上发布了《印度人救济议案》,旨在解决政府与印度社区长期以来的冲突。我马上前往联邦议会所在地开普敦。这个议案内容涵盖各个方面,却只有《印度舆论》两卷那样的篇幅。关于印度人婚姻问题,该议案认定印度人在南非的婚姻有效;如果印度男人拥有多名妻子,则只有其中一位可以被认定为合法。议案的第二部分取消了每年3英镑的人头税,取而代之的是只对那些契约期满、在南非定居、不愿回去的印度工人课以此税。第三部分规定,纳塔尔政府为印度人发放带有持证人手印的居住证件,可作为持有人的身份证明,任其自由进出联邦。经过冗长而愉悦的辩论,联邦议会最终通过了这个议案。

关于《印度人救济议案》并未规定的执行细节,由我和史沫资将军通过通信协商解决,包括确保受过教育的印度人有权进入海角殖民地、"特别容许"受过教育的印度人进入整个南非、关于在南非居住三年以上且受过教育的印度人的身份问题、同意已经举行过婚礼的其他妻子在南非与丈夫同住等问题。所有这些问题解决了以后,史沫资将军在1914年6月30日的信中说:

"关于现行法律的执行,政府将一如既往地希望它得到切实而恰当的执行,并确保它能维护相关民众的利益。"

对此,我答复道:

"我很高兴收到您当天的来信,我非常感谢您在协商过程中所表示出来的耐心和谦逊。

"《印度人救济议案》的通过和这些通信,最终宣告自1906年9月开始的'坚持真'运动结束了——这场运动给印度人带来巨大的人身和财产损失,也给政府带来焦虑和不安。

"正如您所看到的,我们中有些人希望能走得更远,他们对在各省通行的《经商许可法》《德兰士瓦黄金法》《德兰士瓦镇区法》,《德兰士瓦1885年第3号法令》等法律感到不满,这些法律限制其拥有完全的住宅、商贸和土地所有权。有人还对跨省之间的移民限制表示抱怨,有人甚至以为《印度人救济法案》对婚姻的规定与原先的法令并无实质区别。他们请求我将这些诉求纳入'坚持真'斗争中。我无法满足他们的要求。但是,这次'坚持真'运动没有提出这些诉求,并不意味着,将来政府就无须考虑和支持这些或更多的诉求。在印度侨民的公民权利没有完全实现之前,他们是不可能安于现状的。

"我已提醒同胞,他们必须保持耐心,必须采取得体适当的方式教育公众,以促使政府将来能改善得更多。我衷心希望,南非欧洲人能高兴地认清以下几个事实:印度政府已禁止输出契约工人,去年实施的《限制移民法》目的无非是为了禁止自由印度人的移民,我的同胞并没有任何政治野心。这样,他们(欧洲人)就会看到,有必要并且应当公道地给予我的同胞上述权利。

"另外,如果这几个月来政府所体现的秉公得体的精神能够继续保持下去，并且正如您所承诺的那样，有关法令能得到切实执行，我敢保证整个联邦的印度社区将安享和平，不会再给政府制造任何麻烦。"

结　语

　　于是，经过八年的奋战，这场伟大的"坚持真"运动终于结束了。南非印度人平静了下来。1914年7月18日，我前往英国拜见戈克利。在返印途中，我悲喜交加：喜的是，终于可以重返远离多年的故土，并在戈克利的教导下为国家服务；悲的是，我对南非依依不舍——这是我经历二十载悲欢离合的地方，这是我找到人生使命的地方！

　　此时南非侨民的悲惨遭遇，[①]与当年非暴力运动的胜利结局形成了强烈反差，使人觉得仿佛当年的一切苦难都毫无意义，进而怀疑"坚持真"解决社会问题的有效性。让我们就此进行简单分析吧。天之道，以其道得之，必以其道维系之。用暴力获得的东西，只能用暴力维护它；以"真"之道取得的，就只能依靠"真"的力量来维持。南非印度人只要仍然运用"坚持真"的方法，当然能够保护自己已经获得的权利。即便在"坚持真"中，也不存在那种奇迹般的力量，可以使以"真"取得之物在抛弃"真"的情况下也能得到维系。假如果

---

① 在20世纪20年代，随着印度移民在南非的快速增加，南非各地政府纷纷出台限制印度移民的各种措施，包括限制印度移民购买土地、遣返印度人和建立印度人隔离区，等等。

然存在这种可能,我也认为,它丝毫不值得期待。因此,如果说现在南非印度人的处境恶化了,那是因为他们已经没有"坚持真"勇士了。在此,我只是就事论事,并非有意指责当代南非印度侨民。个人或群体的品质是不可移植或转借的。那些经验丰富的"坚持真"勇士一个接一个地去世了。索罗布吉、卡查理亚、泰姆比·奈杜、帕西·罗斯敦吉及其他人都不在了,亲身经历上次"坚持真"铸炼的人已经不多。剩下仅有的几位仍然斗争在最前线,但我从不怀疑,只要"坚持真"的熊熊烈火仍在人们内心燃烧,他们就能在危难之际力挽狂澜,拯救整个社区。

最后,读者会发现,如果没有这场伟大的运动,如果没有印度人俯首以待、默默承受这些苦难,所有印度人将会被驱逐出南非。况且,印度人在南非的胜利,或多或少有助于保护英帝国其他地区的印度移民。如果他们真的不幸遭到压迫,那是因为他们中没人晓得"坚持真",或者因为印度本国无法保护他们,而绝非"坚持真"利器存在任何缺陷。在本书中,我一直想说的是,"坚持真"是一种无与伦比、无坚不摧的武器,那些能够驾驭它的人将夙愿成真,永不失败。如果在这些篇幅里,我能清晰明确地说明这一点,那于我而言,就是莫大的安慰与奖励了。

我在南非二十年
WO ZAI NANFEI ERSHI NIAN

图书在版编目（CIP）数据

我在南非二十年 /（印）莫罕达斯·卡拉姆昌德·甘地著；黄迎虹译. -- 桂林：广西师范大学出版社，2025.1.（梵澄译丛 / 闻中主编）. -- ISBN 978-7-5598-7676-8

Ⅰ. K833.517=5

中国国家版本馆 CIP 数据核字第 2024VD9039 号

广西师范大学出版社出版发行

广西桂林市五里店路 9 号　邮政编码：541004

网址：http://www.bbtpress.com

出版人：黄轩庄

全国新华书店经销

北京博海升彩色印刷有限公司印刷

北京市通州区金桥科技产业基地环宇路 6 号

邮政编码：100076

开本：710 mm × 960 mm　1/16

印张：19.75　　　字数：220 千

2025 年 1 月第 1 版　2025 年 1 月第 1 次印刷

印数：0 001~5 000 册　定价：68.00 元

如发现印装质量问题，影响阅读，请与出版社发行部门联系调换。